대한민국
희망의
코드

# 대한민국
## 희망의 코드

지은이 | 박영종
펴낸이 | 김원중

편　집 | 이민수, 손정아
디자인 | 송혜련
마케팅 | 손광섭
관　리 | 이지영

초판인쇄 | 2006년 8월 16일
초판발행 | 2006년 8월 21일

출판등록 | 제301-1991-6호(1991.7.16)

펴 낸 곳 | 도서출판 선미디어
　　　　 상상예찬 (주)
주　　소 | 서울시 마포구 상수동 324-11
전　　화 | (02)325-5191 팩　　스 | (02)325-5008
홈페이지 | http://smbooks.com

03320

9 788986 089103

ISBN 89-86089-10-6　03320

값 10,000원

# 대한민국 민국

자긍심 강한 국민, 정상에 서다!

# 희망의 코드

| 박영종 지음 |

상상예찬

민주주의가 성숙되고 민간의 역량이 강화되면서 언제부터인가 우리 사회 저변에 공공조직은 특히 정부는 비효율적이고 태만하다는 인식이 퍼져있는 것 같다. 그러나 지난 6개월 여간 정부에 들어와 일해 본 느낌은 '우리 공직 사회가 여전히 활력과 생동감을 갖고 있고 비록 누가 알아주지 않더라도 국익을 위해 밤을 지새우며 자신의 업무에 매진하고 있구나' 하는 것이었다.

이 책의 저자인 박영종 사무관도 지난 20여 년간 공직을 천직으로 알고 한결같이 자신을 희생해 가며 일해 온 성실한 공무원이다. 공직 생활을 통해 겪었던 다양한 정책 수립 및 집행 경험들을 토대로 저자는 이 책에서 우리나라 경제, 사회 전반에 걸친 주요 이슈들을 분석하고 이에 대한 해결책을 제시하고 있다.

특히, 저자는 무려 1,000명 이상의 학생과 직장인들을 대상으로 설문을 실시하여 그 조사 결과와 그 속에 숨겨진 의미를 이 책에 담음으로써 우리 국민들의 현재와 미래에 대한 생각과 모습을 생생하게 그려주고 있다.

격무에도 불구하고 부단하게 자신을 연마해 나가는 저자의 모습에 저자가 속한 직장의 장관으로서 격려의 박수를 보내며 국가와 국민의 미래를 생각하는 공직자들에게 이 책의 일독을 권하고 싶다.

2006년 8월
산업자원부 장관 정세균

　　공무원 시절 함께 근무하던 때로부터 10여 성상, 박영종 사무관은 언제나 한결같은 모습이었습니다. 그에 대해 말해보라 한다면 현실에 안주하거나 타협하지 않는 강직함, 새로운 도약과 발전을 위해 끊임없이 노력하는 혁신의식, 미래를 바라보면서도 현실을 놓치지 않는 균형감, 그러면서도 다른 사람들과 함께 나아가려는 따뜻한 마음을 가졌으며 미래와 장래가 촉망되는 훌륭한 공무원이라 할 것입니다.

　　그런 그가 눈코 뜰 새 없이 바쁜 공직생활 속에서도 틈틈이 짬을 내 『대한민국 희망의 코드』를 출간한 것은 참으로 대단하고 높이 평가받을 만한 일입니다.

　　우리 사회는 그 패러다임이 크게 바뀌었습니다. 아날로그 시대에서 디지털 시대로, 산업사회에서 지식정보화 사회로, 그리고 권위주의 사회에서 수평적 네트워크 사회로 변화하였습니다. 한마디로 혁신주도형 사회로 탈바꿈되었다 할 것입니다. 이제 혁신 없이는 경쟁력도 더 나은 미래도 얘기할 수 없으며, 참여정부에서 주창하는 혁신은 이미 생존의 필수조건이자 시대정신이 되었습니다.

　　이러한 때 그동안의 혁신의 경험을 모아 우리에게 희망의 새 길을 보여줄 『대한민국 희망의 코드』는 대한민국이 세계에 우뚝 설 수 있도록 나침반 역할을 할 것입니다.

세계인들은 대한민국의 이미지를 '고요한 아침의 나라'가 아닌 '한강의 기적'에서 찾고 있습니다. 전쟁의 참혹한 잿더미 위에 이룩한 눈부신 경제성장에 놀라고 그것을 일구어낸 국민적 저력에 감탄하였습니다. 하지만 지금 우리는 국민소득 2만 달러 시대를 앞두고 제2의 한강의 기적을 이루기 위하여 어렵고 힘든 시기를 거치고 있습니다.

제2의 한강의 기적은 남이 가져다주는 것이 아니라 우리가 이루는 것입니다. 누군가 대신해 주겠지 하는 생각은 버리고 우리 모두가 주인의식을 갖고 개혁해 나간다면 우리의 꿈은 반드시 이루어질 것입니다.

새로운 기적의 창조라는 문으로 들어서는 열쇠인 『대한민국 희망의 코드』가 출간됨을 진심으로 축하하며, 이 나라의 진정한 자원인 젊은이들과 특히 공직에서 일하시는 분들에게 필독해야 할 책이라고 감히 추천해 마지 않습니다.

2006년 8월 한국전력공사 사장 한준호

# 머/리/말

대한민국은 춘하추동이 뚜렷하고 삼면이 바다로 둘러싸인 천혜의 자연환경을 가지고 있다. 이로 인해 농산·수산·축산물을 골고루 섭취할 수 있으며, 최근에는 수명 연장 비율도 세계 최고인 것으로 나타났다. 또 영국이 250여 년간 이룬 근대화 과정을 불과 40여 년 만에 해낼 정도로 모든 국민이 부지런하고 의욕적이며 자긍심이 강하다.

이제 대한민국은 이러한 천혜의 자연조건과 우수한 국민성을 바탕으로 세계의 중심 국가로 발돋움하기 위한 중요한 기로에 서 있다. 세계가 대한민국을 주목하고 있는 것이다. 하지만 실제로 대한민국은 국내의 분열과 대립으로 혼란에 빠져 있다.

하여 본서에서는 이러한 분열과 대립 현상의 원인을 찾아보기 위하여 언론 등에서 회자된 국민의 주요 관심사항을 중심으로 이슈를 선정해 보았다. 그런 후 그렇게 선정된 주요 관심사항에 대하여 국민 각 계층(초·중·고생, 대학생, 기업인, 공기업, 공직자 등)에 설문 조사를 실시하여 그 결과를 바탕으로 분야별 주요 이슈에 대한 대중의 인식을 파악했다. 또 같은 분야에 대한 기본적인 사항과 쟁점사항 등을 기술하고 바람직한 방향도 제시해보았다.

이에 대해서는 자연법칙이나 사물의 흐름, 위대한 지도자와 석학들의 철학, 이념, 방향, 고사성어와 명언 등을 참고하였으며 아울러 본인의 가치와 철학 등을 반영시켰다.

우리 국민은 1960~70년, 그 가난했던 시절에 '잘살아 보세' 라는 이념 아래 근면성과 성실성으로 혼신을 다하여 지금 이 자리에까지 섰다. 이제 다시 우리는 대한민국호의 강한 욕구를 충족시킬 수 있는 새로운 이슈를 찾아 정상에 서야 한다. 이것이 바로 우리의 Blue Ocean 이며, Win-Win 전략이고, 살아남을 길이기 때문이다.

대한민국과 대한민국 국민을 향한 연심으로, 대한민국호가 한마음으로 단합하여 세계 속에서 확실하게 정상에 서기를 바라는 충정으로 이 글을 독자 여러분께 바친다.

2006년 8월, 관악산 기슭에서

# 목/차

# 제3부 정상에 서다

### - 백년대계를 내다보는 나라, 진정한 1등 국가를 향하여

# 제1부 우리는 할 수 있는 국민

## - 우리는 자긍심 강하고 결집력 있는 국민이다

한국인에게는 한국인만의 정서와 성향이 있다.
역사와 지리적 특성을 배경으로
한국인만의 장점을 파악, 개발하자.

**한반도**는 춘하추동이 뚜렷하고, 어느 곳을 가나 산과 바다, 계곡을 쉽게 볼 수 있으며, 예로부터 의식주와 농·수산물 등이 풍부한 천혜의 나라다. 또한 근대화를 서구에 비해 놀라울 정도로 빠른 시간에 이루어 내기도 했다.

이처럼 우리는 무슨 일이든지 하면 할 수 있는 민족이다. 최근에는 첨단 산업과 정보화 수준, 기능면, 학생들의 창의력 등 여러 가지 분야에서 세계 제1위가 많이 늘어나고 있다. 이러한 탁월하고 우수한 국민 정서의 배경과 원인은 무엇일까?

이러한 정서는 우리의 자연적인 환경과 지정학적인 지리적 위치는 물론, 특히 유교문화에서 영향을 많이 받았다. 예를 들어 중도를 지향하는 항아리 형 문화에서 권선징악을 떠올릴 수 있고, 염치를 알고 철면피를 싫어하는 중용의 유교문화 정신, 호연지기에 따른 공명정대한 마음 등을 볼 수 있다.

그중에서 항아리 문화는 임진왜란 등 나라의 위기가 있었던 과거에는 평민이 중심이 된 의병의 봉기로 나타났으며, 최근에는 투명한 절차와 과정을 중요시하고 참여를 소중히 여기는 국민정서를 형성시키고 있다. 이러한 결집력에 있어서 우리 국민은 역사적으로도 여성들의 앞치마로 돌을 운반하면서 전쟁에 참여하던 행주대첩, 강강술래를 통하여 남녀노소가 다 같이 일심으로 협동하여 작전에 일조하는 명량대첩 등에서 한국인 특유의 근성을 보였다.

또한 빨리 빨리 문화(조급성)는 비좁은 영토와 지정학적 특수성으로 인하여 위기에 신속하게 대처해야 했던 민족적 습관에서 자연스럽게 몸에 익힌 관습적인 행동이라고 보이는데, 이러한 문화는 David McClelland가 분류한 성취동기가 가장 높은 행위라고도 볼 수 있다. 이러한 긍정적인 정서는 반드시 좋은 방향으로 활용하여 $+\alpha$ 효과를 거둘 수 있도록 하여야 할 것이다.

이제부터 우리 초 · 중 · 고생과 대학생들이 미국이나 일본에 비교해 한국의 미래상을 어떻게 보고 있는지, 삶에 대한 비전을 어떻게 보고 있는지 등을 알아보는 등의 설문결과를 바탕으로 우리 정서의 우수성을 설명하고자 한다.

참고로 이 글에서 항아리 문화의 범위는 주변 환경에 대한 변화 성향 중 중도성향층과 자신이 지지하는 계층 중 중간층을 표현하였다.

## 주변 환경에 대한 변화 성향 : 항아리 형 문화 I

삼밭에 난 쑥은 곧게 자라고, 먹 가까이에 가면 검은 물이 든다는 말이 있다. 천하의 명검도 녹슨 칼집에 넣으면 금방 무뎌지게 된다. 명검이 녹슨 칼집을 빛나게 하는 것보다 녹슨 칼집이 명검의 날을 부식시키는 힘이 더 강하기 때문이다. 이처럼 주변 환경은 변화에 많은 영향을 미친다고 볼 수 있는 데, 우리 국민들은 이러한 환경변화에 어떠한 성향을 갖고 있는지를 알아보자.

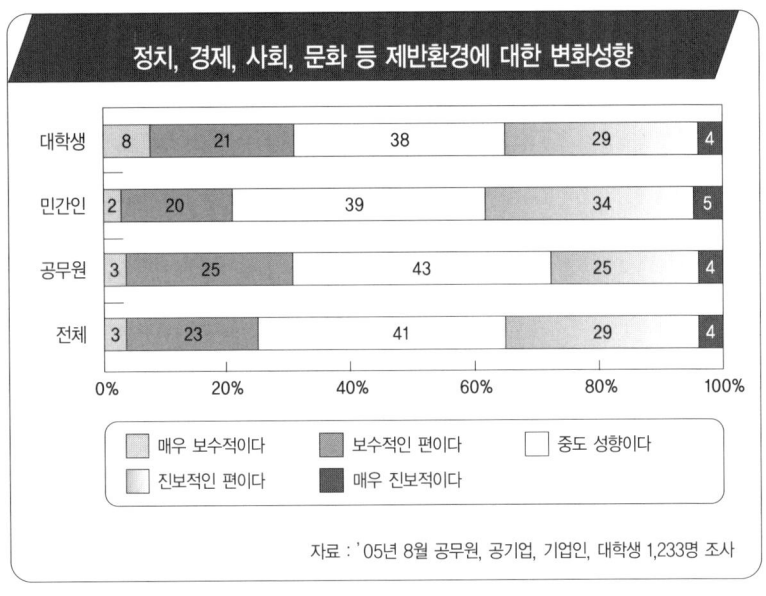

**정치, 경제, 사회, 문화 등 제반환경에 대한 변화성향**

| | 매우 보수적이다 | 보수적인 편이다 | 중도 성향이다 | 진보적인 편이다 | 매우 진보적이다 |
|---|---|---|---|---|---|
| 대학생 | 8 | 21 | 38 | 29 | 4 |
| 민간인 | 2 | 20 | 39 | 34 | 5 |
| 공무원 | 3 | 25 | 43 | 25 | 4 |
| 전체 | 3 | 23 | 41 | 29 | 4 |

자료 : '05년 8월 공무원, 공기업, 기업인, 대학생 1,233명 조사

## 통상 자신이 지지하는 계층 : 항아리 형 문화 Ⅱ

　　예로부터 한국인은 서양인과는 달리 특수성에는 반감을 갖고 있으며, 보편성 입장에서 사물을 보고 판단하는 데 익숙했다. 비록 자신의 생활수준이 아주 부유하다고 하더라도 쉽게 상위층이라고 얘기하지 않으며, 또한 생활수준이 약간 중간층에 못 들어가더라도 중간 정도라고 얘기하는 것이 바로 우리 한국인의 정서다.

　　일단 여기서는 우리 국민들이 통상 어느 계층을 지지하는지를 알아보자.

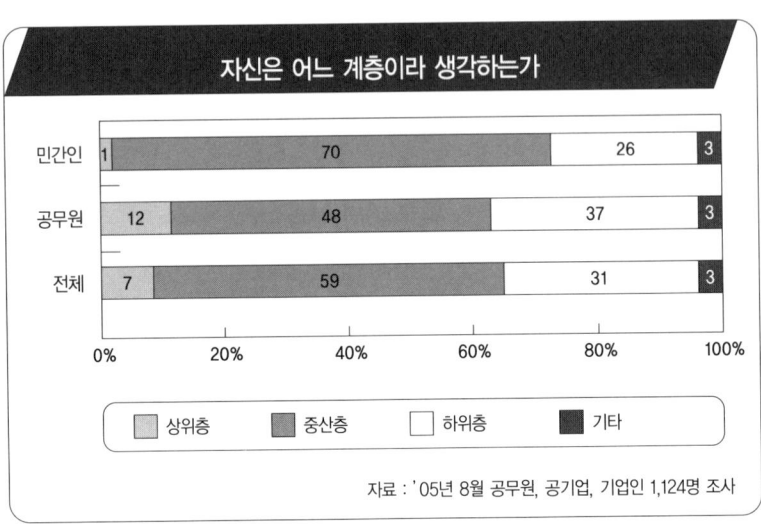

**자신은 어느 계층이라 생각하는가**

| | 상위층 | 중산층 | 하위층 | 기타 |
|---|---|---|---|---|
| 민간인 | 1 | 70 | 26 | 3 |
| 공무원 | 12 | 48 | 37 | 3 |
| 전체 | 7 | 59 | 31 | 3 |

자료 : '05년 8월 공무원, 공기업, 기업인 1,124명 조사

● 시사점

　　통상 지지하는 계층 성향을 보면 중산층 지지가 59%, 하위층 지지가 31%, 상위층 7%, 기타 3%로서 우리 국민은 주로 중산층을 선호하는 것으로 나타나고 있으며, 하위층에도 31%로 비교적 적지 않는 비율을 보이고 있는 가운데 중·하위층의 비율이 90%로서 상위층이라는 비율보다 압도적으로 많은 것으로 분석되었다. 특이한 것은 중산층 선호비율이 48%인 공직자보다 민간인이 70%로 많다는 점이다.

## 한국인의 결집력

"운명을 겁내는 사람은 운명에 먹히지만, 운명에 도전한 사람은 운명을 개척할 수 있다."는 명언을 남긴 독일 재상 비스마르크는 당시 여러 개의 봉건국가에 분산되어 있던 게르만족의 통일에 정진한 결과 마침내 독일제국의 통일에 성공하였다.

영국의 토인비(A. Toynbee)는 「도전과 응전」에서 문명의 발생에서 멸망까지 각 사회는 일련의 도전을 받고, 이에 대처하여 응전과정에서 그 집단의 결집력 여하에 따라 문명의 성쇠가 좌우된다고 하였다.

또한 칼툰(I. Khaldun)은 14세기경 이슬람문명의 흥망성쇠를 연구하였는데 두 개의 대조적인 사회조직인 유목민 집단(nomadic group)과 정착민 집단(sedentary group) 중 유목민 집단인 북아프리카의 베두인족을 중심으로 그들의 저돌적인 용맹성과 강한 연대의식 등이 그곳의 정착민을 차례로 정복하는 과정을 소개하였다.

한국인의 결속력은 갖은 침략에 저항한 역사에서 두드러지고 있으며, 특히 2002년 월드컵에서는 붉은 악마 서포터가 된 시민들의 길거리 자율 응원의 힘을 입은 대표팀이 4강 달성이라는 결과를 이루기도 했다. 온 국민이 하나로 단결하여 세계의 이목을 끌 이러한 국민적인 응원 열기는, 최근 2006년 독일월드컵에도 또 다시 나타났다.

그렇다면 유사시 우리 민족의 결속력은 어떨까?

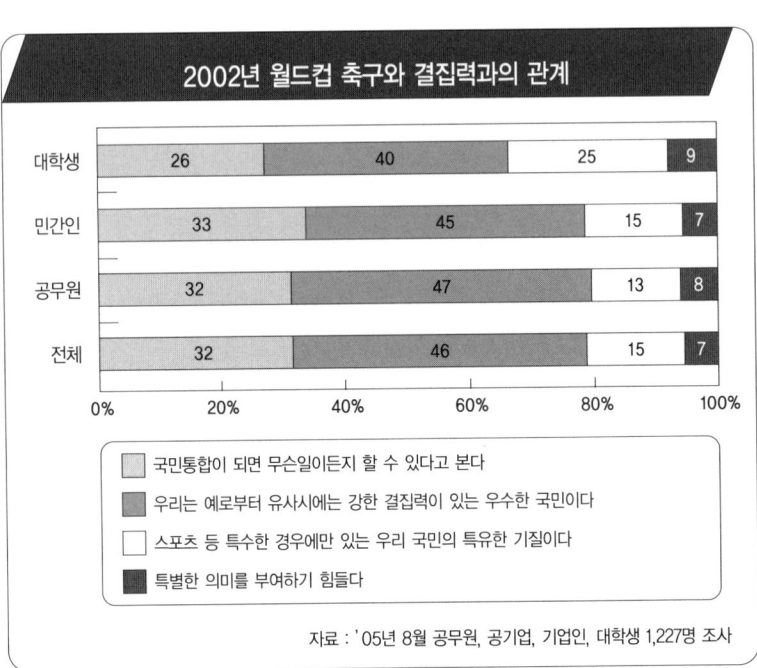

## 2002년 월드컵 축구와 결집력과의 관계

| 구분 | 국민통합이 되면 무슨일이든지 할 수 있다고 본다 | 우리는 예로부터 유사시에는 강한 결집력이 있는 우수한 국민이다 | 스포츠 등 특수한 경우에만 있는 우리 국민의 특유한 기질이다 | 특별한 의미를 부여하기 힘들다 |
|---|---|---|---|---|
| 대학생 | 26 | 40 | 25 | 9 |
| 민간인 | 33 | 45 | 15 | 7 |
| 공무원 | 32 | 47 | 13 | 8 |
| 전체 | 32 | 46 | 15 | 7 |

자료 : '05년 8월 공무원, 공기업, 기업인, 대학생 1,227명 조사

● 시사점

　월드컵축구 시 한국인의 결속력에 대하여 예로부터 위기나 유사시에는 강한 결집력 있는 우수한 국민 46%, 국민통합이 되면 무슨 일이든지 할 수 있는 국민 32%, 스포츠 등 특수한 경우에 있는 특유의 기질 15%, 특별한 의미가 없다 7%로, 한국인의 결집력은 예로부터 위기나 유사시에 결집력이 강하고 국민통합이면 무슨 일이든지 가능하다가 총 78%로서 결집력이 우수한 국민으로 나타났다. 기타 우리 국민의 특유의 기질, 특별한 의미가 없다가 22%로 나타났다.

# 한국인의 빨리빨리 문화

우리 국민의 조급성 문제는 천혜의 자연적인 환경과 역사적·지정학적 환경에 따른 영향이 크다고 볼 수 있다. 우리는 아름다운 강과 바다, 산을 구경하고 마음을 정리할 수 있는 여유로운 정서가 있는 반면 예로부터 줄곧 외부의 침입이 잦아 그에 대한 신속한 대응, 판단이 필요했다. 이러한 빨리 빨리 문화의 정서는 David. McClelland가 분류한 성취동기가 강한 국민성이라고 보아야 하며, 이러한 국민의 정서를 중기·장기·단기분야 등 적재적소에 잘 활용하고 일부 기초 여건(fundamental)을 보완한다면 많은 상승(Synergy)효과를 거둘 수 있다고 본다.

본서에서는 이러한 우리 국민 특유의 조급성을 최근 「황우석 신화 붕괴」 등 몇 가지 사례를 통해 알아보고, 그와 관련된 설문내용 결과를 소개하고자 한다.

양치질을 할 때에 통상 3분 정도 이를 닦아 주어야 치아에 좋다고 하는데 사실 제대로 3분 이상을 닦는 사람은 드물 것이며, 버스나 기차 등에서도 도착지 안내방송이 나오자마자 버스나 기차가 완전히 정차가 되지도 않았는데 승객이 자리에서 일어나 출구 방향으로 향하는 것을 많이 볼 수 있다. 영화관에서도 영화가 끝나는 즉시 극장 내부에 불이 켜지며 관객들이 일어서 나가는 것도 익숙한 풍경이다. 앞 자동차가 도로에서 조금만 지체해도 경적을 울리는 것은 또 어떤가.

최근의 황우석 신화 붕괴 역시 빨리 빨리 문화, 물불 안 가리고 앞서 가겠다는 조급증, 결과만 내면 된다는 결과지상주의 등 우리 국민 모두의 정서를 반영한 것이라고 볼 수 있다.

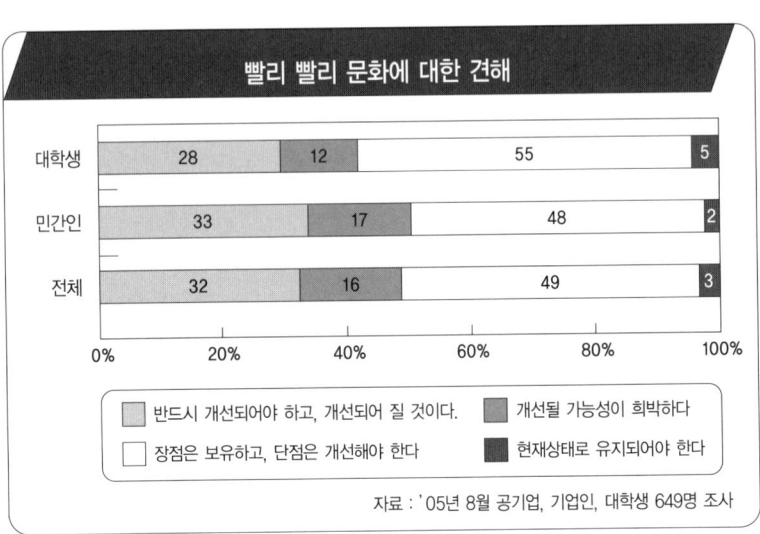

빨리 빨리 문화에 대한 견해

| | | |
|---|---|---|
| 대학생 | 28 | 12 | 55 | 5 |
| 민간인 | 33 | 17 | 48 | 2 |
| 전체 | 32 | 16 | 49 | 3 |

0%    20%    40%    60%    80%    100%

반드시 개선되어야 하고, 개선되어 질 것이다.    개선될 가능성이 희박하다
장점은 보유하고, 단점은 개선해야 한다    현재상태로 유지되어야 한다

자료 : '05년 8월 공기업, 기업인, 대학생 649명 조사

● 시사점

우리 국민의 빨리 빨리 문화에 대하여 장점은 보유하고 단점은 개선필요 49%, 개선되어야 하고 개선가능성이 높음 32%, 개선가능성이 희박 16%, 현상유지 3% 등으로 나타났다. 우리 국민은 조급성 문제에 대해서 낙관적으로 생각하고 있으며, 향후에도 긍정적으로 개선한다면 괜찮은 것으로 나타난 셈이다.

## 학생들의 자긍심과 자신감, 장래 비전

유명한 수학자 아르키메데스는 "나에게 긴 지렛대와 지렛목이 주어진다면 지구를 들어 올릴 수 있다."고 하였고, 마르크스는 "다른 사람이 갖춘 모든 것을 나도 갖추고 있다."고 자신감을 피력하였다.

햇볕이 차단된 바닥에서 자라난 호박넝쿨과 오이넝쿨은 굵고 튼튼한 열매를 맺지 못한다. 굵고 튼튼한 열매를 맺으려면 넝쿨이 햇볕을 향하여 과감히 위로 솟아 올라와야 하는 것이다.

여기서는 우리의 꿈나무인 초등학생과 중·고등학생들이 과연 우리나라의 미래를 미국이나 일본처럼 부강해질 수 있는지에 대해 어떻게 생각하는지와 대학생을 포함한 학생들이 우리 사회에서 열심히 노력한다면 성공할 수 있는지 여부를 알아보자.

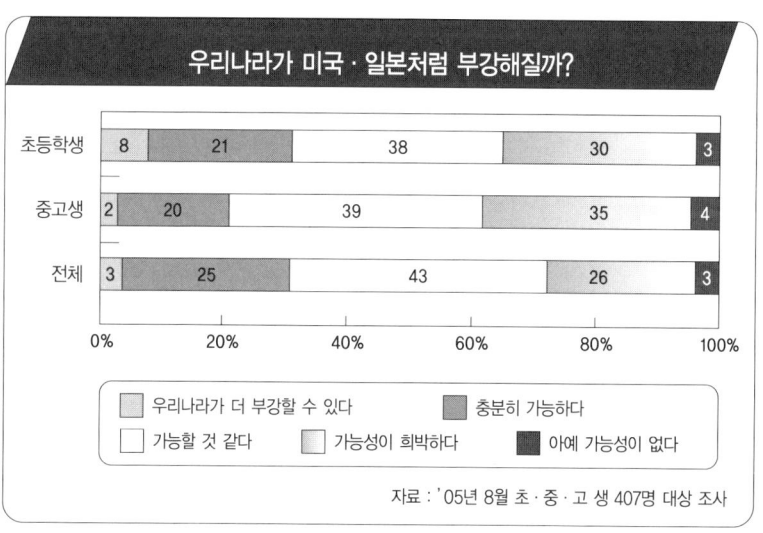

우리나라가 미국·일본처럼 부강해질까?

| | | | | | |
|---|---|---|---|---|---|
| 초등학생 | 8 | 21 | 38 | 30 | 3 |
| 중고생 | 2 | 20 | 39 | 35 | 4 |
| 전체 | 3 | 25 | 43 | 26 | 3 |

0%　　20%　　40%　　60%　　80%　　100%

□ 우리나라가 더 부강할 수 있다　　□ 충분히 가능하다
□ 가능할 것 같다　　□ 가능성이 희박하다　　■ 아예 가능성이 없다

자료 : '05년 8월 초·중·고 생 407명 대상 조사

● 시사점

　　향후 미국이나 일본보다 부강해질 수 있는지 여부에 대하여 오히려, 우리가 더 부강할 수 있다 28%, 충분히 가능하다 33%, 가능할 것 같다 28%, 가능성이 희박하다 8%, 가능성이 없다 3%로 나타났다. 향후 미국이나 일본보다 부강할 수 있다는 긍정적인 답변이 90% 가까이 나타나 향후 우리의 꿈나무들의 자긍심과 자신감은 매우 강한 것으로 보이며, 우리 기성세대들의 책임감이 큰 것으로 보인다.

　　실제로 우리 중·고등학생의 우수성은 여러 면에서 증명되고 있다. 경제협력개발기구(OECD) 산하 국제학생실력평가기구(PISA)가 지난 5년간 OECD 41개국의 중·고생 (한국 12,000명 포함 88만 명)의 학력을 평가해 본 결과 한국 학생들이 문제해결(problem solving) 능력에서 세계 1위, 또한 수학과 과학 실력에서 세계 3~4위 수준에 있다고 보고했다.

　　기성세대들은 우리 젊은 꿈나무들이 자신들의 꿈을 실현할 수 있도록 용기와 격려, 따뜻한 칭찬을 주저하지 말아야 할 것이다.

　　바보온달의 성실성과 힘을 강하게 믿어준 반려자 평강공주. 그녀의 끈질긴 격려의 힘으로 온달은 마침내 대장군이 되어 고구려를 빛냈다. 또한 레오나르도 다빈치에게 건넨 할머니의 격려, "넌 무슨 일이든 해낼 수 있어, 할머니가 너를 믿는다." 그 한마디로 그는 자신감을 얻어 훌륭한 예술가가 되었다. 이제 우리 사회도 젊은이들에게 '가능성을 믿어주면 기대에 부응한 결과가 일어난다'는 피그말리온 효과(Pygmalion Effect)를 시도해봐야 하지 않겠는가.

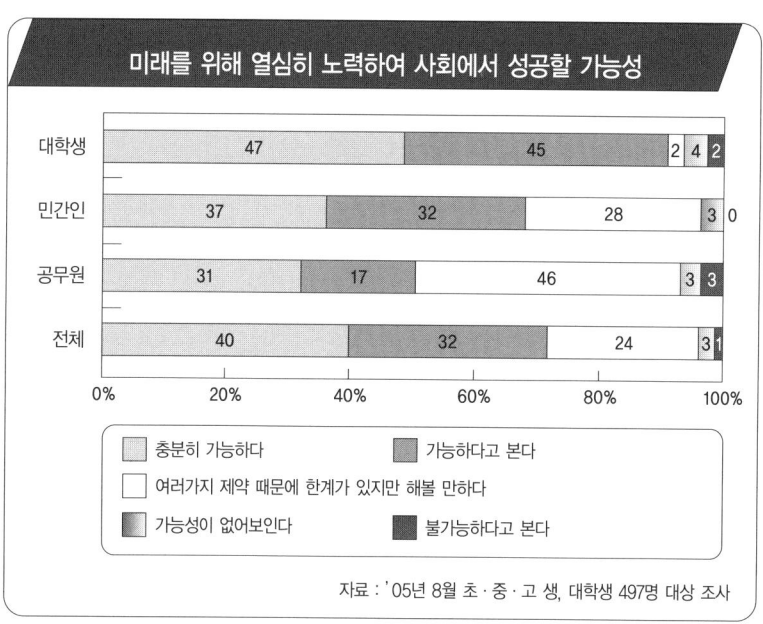

미래를 위해 열심히 노력하여 사회에서 성공할 가능성

| | | | | |
|---|---|---|---|---|
| 대학생 | 47 | 45 | 2 | 4 2 |
| 민간인 | 37 | 32 | 28 | 3 0 |
| 공무원 | 31 | 17 | 46 | 3 3 |
| 전체 | 40 | 32 | 24 | 3 1 |

0%　20%　40%　60%　80%　100%

- 충분히 가능하다
- 가능하다고 본다
- 여러가지 제약 때문에 한계가 있지만 해볼 만하다
- 가능성이 없어보인다
- 불가능하다고 본다

자료 : '05년 8월 초 · 중 · 고 생, 대학생 497명 대상 조사

● 시사점

　　미래에 뜻하는 바를 위하여 노력할 때 성공가능성 여부에 대하여 충분히 가능하다 40%, 가능하다 32%, 한계가 있지만 해볼 만하다 24%로, 96%이상이 장래에 자신의 뜻하는 바를 위한 비전이 긍정적으로 나타나, 향후 우리나라의 젊은이들의 진취성과 장래성은 매우 밝은 것으로 보여 고무적이다.

## 한국 국적보유 선택 문제

"여우도 죽을 때는 고향을 돌아보고 생각을 한다", "수구초심(首丘初心)"이라는 말을 아는가? 우리나라를 비롯하여 중국 등 유교권문화의 나라들은 정기적으로 매년 설과 중추절에 고향을 방문한다. 이 순수하고 단순한 진풍경의 힘은 대체 어디에서 나오는 것일까?

대부분의 국민들은 우리의 문화를 보존하고 우리의 국적을 보유하려는 의식이 강한 것으로 나타나고 있다. 그러니 이제 자신이 다시 태어났을 시 한국 국적을 다시 선택할 것인지에 대한 설문결과에 대해 이야기하고자 한다.

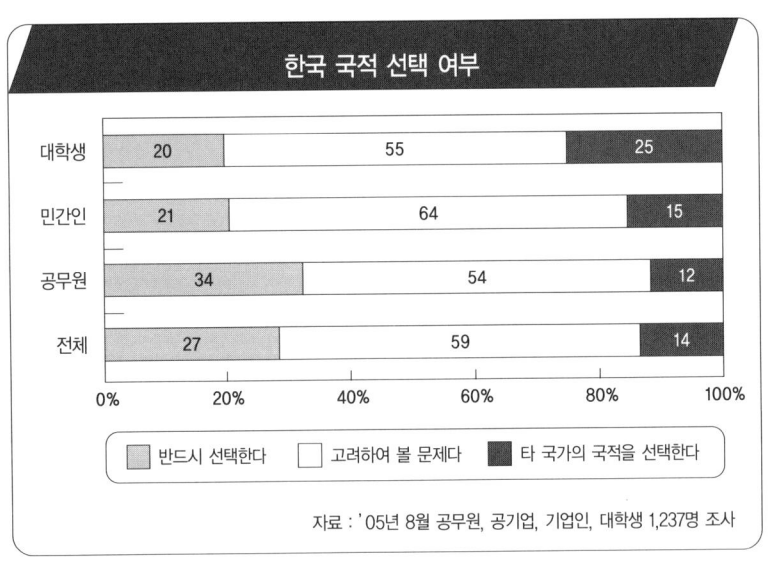

한국 국적 선택 여부

| | 반드시 선택한다 | 고려하여 볼 문제다 | 타 국가의 국적을 선택한다 |
|---|---|---|---|
| 대학생 | 20 | 55 | 25 |
| 민간인 | 21 | 64 | 15 |
| 공무원 | 34 | 54 | 12 |
| 전체 | 27 | 59 | 14 |

자료 : '05년 8월 공무원, 공기업, 기업인, 대학생 1,237명 조사

　　다시 태어나도 한국국적 선택여부에 대하여 반드시 한국의 국적을 선택하는 비율이 27%, 고려하여 볼 것이라는 비율이 59%, 다른 국적을 선택한다는 비율 14%로서, 상황에 따라 변동 가능성은 있지만 그래도 다시 한국을 선택한다는 비율이 2배 이상으로 나타났다.

　　다시 한 번 국적을 고려하여 보겠다는 층은 대학생, 공무원보다도 민간인 신분이 더 많은 것으로 나타났다

# 02 한국인이여, 위기를 기회로 만들어라

위기의 다른 한 쪽에는 기회가 기다리고 있다.
위기를 오히려 도약의 기회로 삼아온
한국인의 저력을 믿어라.

**우리** 국민성의 장점은 국가가 어려움에 처하게 될 때에는 항상 '강한 결집력'을 발휘한다는 것이다.

이러한 우리 국민 특유의 보이지 않는 힘은 역사적으로 수차례 외적의 침입을 저지하였고, 국난극복을 지켜온 강한 정신적 지표다. 우리 국민들은 국가 위기 시에는 자기 자신보다도 국가와 민족을 위하여 기꺼이 희생과 봉사를 감수하는 것이다.

과거에 우리 국민들이 국가가 어려움에 처했을 때 보여준 사례인 대 몽고 항쟁에서의 하류층의 활약, 임진왜란 시 자율적인 의병활동, 행주대첩, 강강술래의 유례, 3·1운동, 금모으기 운동 등을 예로 그에 대한 국민의식을 알아보기로 하자.

# 어려움이 있을 시에 결집하는 국민성

## 고려 무인정권시대 하류층의 대몽고 항쟁

무인정권의 대몽항쟁은 처음에는 농민이나 천민들의 뒷받침을 받아서 수행되었다. 몽고의 제1차 침입 시에는 관악산의 초적들이 합류하여 몽고군과 싸웠으며, 지광수(池光守) 등이 지휘하는 충주 노예군의 항쟁에서는 귀족관리들은 모두 도망치는데도 끝까지 성을 지켰다.

고종 41년(1254년) 몽고군 차라대(車羅大)가 침입 시 그 피해가 가장 심하여서 포로로 잡혀간 자만도 20여 만이었고, 죽음을 당한 자는 수를 셀 수 없을 지경이었으며, 몽고군이 통과한 지방은 모두 재가 되었다고 한다. 이렇게 농촌이 황폐해지면서 농민들의 생활은 곤란해질 수 밖에 없었으나, 강화정부는 농민에 대한 적극적인 보호대책보다는 가혹한 수취를 일삼아 그 생활은 더욱 더 곤란해졌으며 마지막으로 남은 무인을 중심으로 한 삼별초(三別抄)군만 끝까지 대몽투쟁을 계속하다가 함락되었다(원종 14년 1273년).

이처럼 대몽항쟁에서 농민 등 서민계층은 어려운 여건 아래서도 나라가 어려움에 처하자 위기극복을 위하여 몸과 마음을 던졌다.

## 임진왜란 시 의병(義兵)들의 투쟁

전쟁 초기에 관군이 형편없이 무너진 상황에서 반격의 실마리를 마련한 것은 각지에서 일어난 의병들이었다. 이들은 스스로 향토방위를 위하여 무기를 들고 일어났다.

대개 같은 지방에 사는 양반·농민·노비 등이 모여서 의병장을 중심으로 부대를 편성하였고, 병력이 늘어나자 그 작전 지역을 점점 확대시켰다. 의병장은 대체로 그 지방에서 명망이 높은 사람들이었다.

조헌은 충청도 옥천에서 일어나 청주의 왜병을 축출하고 금산의 왜병을 공격하다가 전사하였다. 곽재우는 경상도 선령에서 거병을 하여 선령·창령 등지에서 적을 물리치고 나아가 진주에서 김시민과 함께 적들을 격퇴하였다. 고경명은 전라도 장흥에서 거병하고 금산을 공격하다가 전사하였다. 김천일은 수원에서 자주 적병을 괴롭히다가 뒤에 제2차 진주전에 참가하여 전사하였다. 그리고 정문부는 함경도에서 활약하여 경성·길주 등을 회복하고, 또 관동지방의 적도 축출하였다. 또한 서산대사(휴정)는 당시 고승으로서 묘향산에서 수도 중이었는데, 선조 임금의 소명에 따라 응하여 격문을 8도 승려들에게 보내어 그의 제자 사명대사(유정)와 함께 1,700여 명의 승병을 이끌고 명군과 연합하여 평양 탈환에 성공하였다.

의병은 농민이 주축을 이루었으나, 그들을 조직하고 지도한 것은 대개 지방의 사림과 전직 관리들이었다. 이들은 향촌에서 자신들의 경제 기반과 영향력을 이용해 짧은 시간 안에 많은 병력을 모을 수 있었다. 의병은 향토의 지리와 사정에 밝은 점을 활용해 유격 전술 등을 구사하여 왜군의 진격과 보급로를 차단하는 데 크게 기여했다.

### 행주대첩

평양에서 대패한 고니시 유끼나가의 왜군과 함경도에서 쫓겨 내려온 가또오 기요마사의 군대가 본진으로 집결하자 그 군세가 대단하였다. 이 때 관의군을 이끌고 남하하는 명군과 호응하여 서울을 탈환하려고 서울 근교에서 고군분투한 장수가 바로 전라감사 권율(權慄)이다.

권율은 난초에 광주목사로서 군사를 일으켜 싸웠는데, 진산 배고

개에서 대첩하여 전라도 순찰사가 되었으며, 이어서 군사를 이끌고 북상하여 수원 독산성에 웅거, 명군과 계책을 세워 서울을 회복하려다가 이여송이 벽제관 싸움에서 패퇴하였다는 소식을 듣고는 한강을 건너 행주산성으로 이거하였다.

이 행주산성은 강안에 우뚝 솟아 있는 고산으로, 한쪽은 강에 직면하고 그 외에는 광막한 평야에 둘러싸여 있어 동쪽은 준험하고 서북쪽은 완만하여 입구를 이루고 있다. 권율의 병사는 만여 명에 불과하였으나 도망갈 길이 없는 험지에 웅거하였으므로 결사의 투지를 갖고 있었다.

서울의 왜군은 벽제관 싸움에서 이미 대승을 거둔 터라 교만해졌고, 또 군세도 3만여 명으로서 일거에 이 산성을 빼앗고자 산성을 겹겹으로 포위하고 있었다. 우리 편 군사는 권 장군의 지휘아래 조금도 동요하지 않고, 적군이 가까이 육박해 오기를 기다려 화살과 돌을 우박같이 퍼부으며, 또 각종 총기를 발사하여 왜군에게 큰 손해를 입혔다. 권율은 친히 물통을 들고 다니며, 병사들의 목마름을 달래주었다. 특히 이 싸움에는 부녀자들까지도 총동원하여 앞치마로 돌을 날라 주고 물을 끓이고 하여 싸움을 도왔는데, 이때부터 부녀자들이 앞에 두르는 치마를 행주치마라고 부르게 되었다.

이 행주싸움에서 권율은 대승을 거두어 서울을 탈환하는 데 결정적인 역할을 하였고, 일본 왜적은 대패하여 서울을 버리고 남쪽으로 퇴각하게 되었다.

### 임진왜란 시 – 강강술래
강강술래가 어느 때 어떻게 하여 시작되었는지 그 유래에 대해서는 이렇다 하게 밝혀볼 수 없고 다만 고대 부족사회의 공동축제 등과 같은 모임 때 서로 손과 손을 맞잡고 뛰어들던 단순한 형태의 춤이 오늘날에 보이는 강강술래의 시원(始原)이 아닌가 생각된다. 이와 관련해 진수(陳壽)의 《삼국지三國志》〈동이전東夷傳〉에 마한(馬韓)의 습속에 관한 기록이 보인다.

「5월에 씨를 다 뿌리고 귀신을 제(際)한다. 떼를 지어 모여 노래하고 춤추며 술을 마신다. 밤낮 쉬지 않고 수십 명이 함께 춤을 추는데, 다 같이 함께 일어나 서로 따르며 가락에 맞추며 손발을 맞추어 몸을 높였다 낮췄다 하면서 땅을 밟는다. 이와 같이 탁무(鐸舞)와 비슷한 춤을 10월 농사를 끝낸 후에 또다시 춘다.」

위와 같이 마한의 습속에는 파종을 끝낸 5월과 추수를 끝낸 10월에 여러 사람이 모여 술을 마셔가며 밤낮으로 춤추고 노래 부르며 즐기는 것이 있음을 알 수 있다.

이와 함께 강강술래 또는 강강수월래 등으로 구전(口傳)되어 내려오는 강강술래 노래로 미루어, 강강술래놀이는 이미 원시 공동체 사회로부터 비롯되었음을 추측할 수 있다. 그리고 이것이 임진왜란 때 충무공의 전술(戰術)과 결부되어 그 뜻이나 내용에 대한 폭이 넓어진 것으로 추측된다. 임진왜란 때의 충무공과 강강술래를 관련지어 전해오는 이야기를 소개하면 다음과 같다.

명량(鳴梁)바다에서 왜적을 무찌를 때 충무공이 거느린 전선(戰船)은 불과 12척밖에 없었고, 왜선(倭船)은 3백50여 척이나 되었다고 한다. 중과부적(衆寡不敵)으로 왜적과 맞서기 어렵게 되자 충무공은 아낙네들을 모아 군복을 입히고 수십 명씩 무리를 지어 산봉우리를 돌게 하여, 멀리 떨어져 있는 왜적에게 마치 수만의 대군이 산봉우리를 내려오는 것처럼 보이게 하는 의병술(疑兵術)을 이용하여 왜적을 물리쳤다고 한다. 이것이 강강술레의 기원이라는 설이다.

또 위와 같은 이야기지만 산봉우리를 돌지 않고 갯마을에서 아낙네들이 노래 부르며 춤을 추면서 왜적의 눈을 속였는데 그 후 현지 주민들이 충무공의 승전을 기리기 위해서 이때 의병술로 쓰였던 춤을 놀이화하여 강강술래가 시작되었다는 설도 있다.

이순신은 그 후 옥동(玉洞) 앞바다에서 왜적을 크게 격파하여 왜적의 피로 바닷물이 물들은 이곳을 〈피바다〉라고 일컫는 등 처절한 싸움을 할 때 병력이 적은 충무공은 왜적의 눈을 속이기 위하여 진도(珍島) 둔절리 뒷산을 곡창(穀倉)으로 의장(擬裝)하여 군량이 많음을 과시하고, 한편 아낙네들을 동원하여 각기 색옷을 입혀 산 둘레를 돌게 하였다. 이를 끝없는 군사의 행렬로 착각한 왜적은 크게 놀라 달아났다고 한다. 이와 같이 의장된 군사행렬이 강강술래의 기원이라는 설도 있다.

다른 이야기로는 임진왜란 때 남자는 모두 전쟁에 동원되어 전쟁터에 나갔고 마을에는 아낙네들만이 남았는데 충무공은 아낙네들에게 남자 옷을 입히고 좌수영 동쪽에 있는 옥매산(玉埋山)에 올려 보내 강강술래를 시켰다고 한다. 이 같은 의병술에 속아 왜적이 물러났다고 한다. 이처럼 충무공이 의병술로 창안한 강강술래가 민속놀이화 되어 그 후 계속하여 전승되었다고 하며, 강강술래라는 말은 〈강한 오랑캐가 물을 건너온다〉는 뜻의 강강수월래(强羌水越來)라고 한다.

위의 몇몇 속설(俗說)에 따른다면 강강술래 놀이는 임진왜란 때 충무공의 의병술에서 연유되었고, 전쟁 중에 부녀자들까지 나라를 위하여 혼연일체가 되어 왜적을 물리치는 데 중요한 역할을 하였다는 것이다.

### 3·1 운동

1919년 3월 1일 일본식민지 지배하의 한국에서 일어난 거족적인 민족독립운동은 기미독립운동이라고도 한다.

손병희를 대표로 하여, 천도교·기독교·불교의 지도적 인사로 구성된 민족대표 33인은 마침 고종황제의 인산(因山:국장)이 3월 3일로 결정되자 많은 사람들이 서울에 모일 것을 예측, 3월 1일 정오를 기해 파고다공원에 모여 「독립선언서」를 낭독한 후 인쇄물을 뿌리고 시위운동을 펴기로 했다.

이들은 각 지방에도 미리 조직을 짜고 독립선언서와 함께 운동의 방법·날짜 등을 전달해두었다. 독립선언서와 일본정부에 대한 통고문, 미국대통령·파리 강화회의 대표들에게 보낼 의견서는 최남선이 기초하고, 비용과 인쇄는 천도교측이 맡아 2월 27일 밤 보성인쇄소에서 2만 1천 장을 인쇄, 은밀히 전국 주요도시에 배포했다.

손병희 이하 33명의 민족대표는 3월 1일 오후 2시 정각 인사동의 태화관(泰和館)에 모여 한용운이 독립선언서의 낭독을 끝내자 만세삼창을 부른 후 경찰에 통고하여 자진 체포당했다. 한편, 파고다 공원에는 5천여 명의 학생들이 모인 가운데 정재용이 팔각정에 올라가 독립선언서를 낭독하고 만세를 부른 후 시위에 나섰다.

이들의 시위행렬에 수많은 시민들이 가담함으로써 서울시내는 흥분된 군중과 만세소리로 들끓게 되고, 만세운동은 삽시에 전국적으로 번져나가 오후 6시 진남포·선천·안주·의주·원산·함흥·대구등지에서 시위가 벌어졌으며, 다음날에는 전국 방방곡곡에서 독립만세와 시위운동이 전개되기에 이르렀다. 서울에서는 3일의 국장 당일에만 잠잠했을 뿐 매일 가두시위가 벌어졌으며, 학생은 휴교, 상인은 철시, 노동자는 파업, 관리는 퇴직으로 운동에 적극 참여하였다.

이에 총독부는 군대와 경찰을 동원, 비무장 평화적 시위를 벌이는 군중에 대해 무자비한 공격을 가해 곳곳에서 수많은 사람들이 학살·부상·투옥되는 참사가 벌어졌다. 화수리, 정주, 맹산, 강서, 대구, 밀양, 합천 등 많은 곳에서 일제에 의해 잔인한 집단학살이 저질러지고, 유관순의 참살 등이 자행되었으며, 민족대표를 위시한 지도자 47명은 내란죄로 기소되었다.

3·1운동 이후 전국을 휩쓴 시위운동 상황을 보면 집회회수 1,542회, 참가인원 수 202만 3,089명, 사망자 수 7,509명, 부상자 1만 5,961명, 검거자 5만 2,770명, 불탄 교회 47개소, 학교 2개교, 민가 715채나 되었다.

이 거족적인 독립운동은 일제의 잔인한 탄압으로 비록 많은 희생자를 낸 채 목표를 달성하지는 못했지만, 대내외적으로 우리 민족의 독립정신을 선명히 드러낸 바가 되어, 우리 근대민족주의 운동의 시발점이 되었다.

그 결과 대내적으로는 일제의 무단정치가 끝나고 보다 교활한 문화정치가 등장하게 되었으며, 대외적으로는 상해의 임시정부탄생, 해외 무장독립운동의 촉진, 그리고 아시아의 다른 식민지 및 반식민지의 민족운동 등에 강한 영향을 끼쳤다.

특히 중국의 5·4 운동, 인도의 무저항 배영운동인 제1차 〈사타그

라하)운동, 이집트의 반영자주운동, 터키의 민족운동 등 아시아 · 중동 지역의 민족운동을 촉진시킨 것으로 높이 평가된다.

## 1907년 국채보상운동 전개와 IMF 시 금모으기 운동

광무 11년 '국채보상기성회'가 조직되어 대대적인 국채보상운동이 전개되었다. 일본에 의하여 교묘한 수단으로 빌리게 된 국채는 상당한 액수였고 이것이 국가의 독립을 위협한다 하여 국민의 힘으로 이를 갚아 버리자는 운동이다. 이를 처음 발기하기는 대구의 서상돈 · 김광제 등이었다. 이 운동은 곧 서울을 비롯한 전국 각지로 번져갔다. 특히, 「대한매일신보」, 「제국신문」, 「황성신문」, 「만세보」 등 여러 언론기관이 모금모집에 적극적으로 나섰다. 이를 위하여 금연운동이 전개되었고, 부녀자들은 비녀와 가락지를 팔아서 이에 호응하였다.

일본 통감부는 이 운동이 배일운동이라 하여 탄압수단을 쓰게 되었고, 국채보상기성회의 간사인 양기택을 보상금 횡령이란 누명을 씌어 구속까지 했었다.

최근, 지난 IMF시절에 외화 부족해결을 위하여 온 국민이 하나가 되어 '금모으기 운동'을 전개하였는데, 미국의 뉴욕타임지는 나이 드신 꼬부랑 할머니가 결혼반지를 내놓고, 애기 업은 아주머니들이 돌반지를 내려고 은행 앞에 장사진을 친 경우를 소개하면서 우리 한국 국민들의 위기 시 결집력의 저력을 표현했다.

참고로 국가위기 시 국민들의 대응 성향에 대한 설문결과를 소개하도록 하겠다.

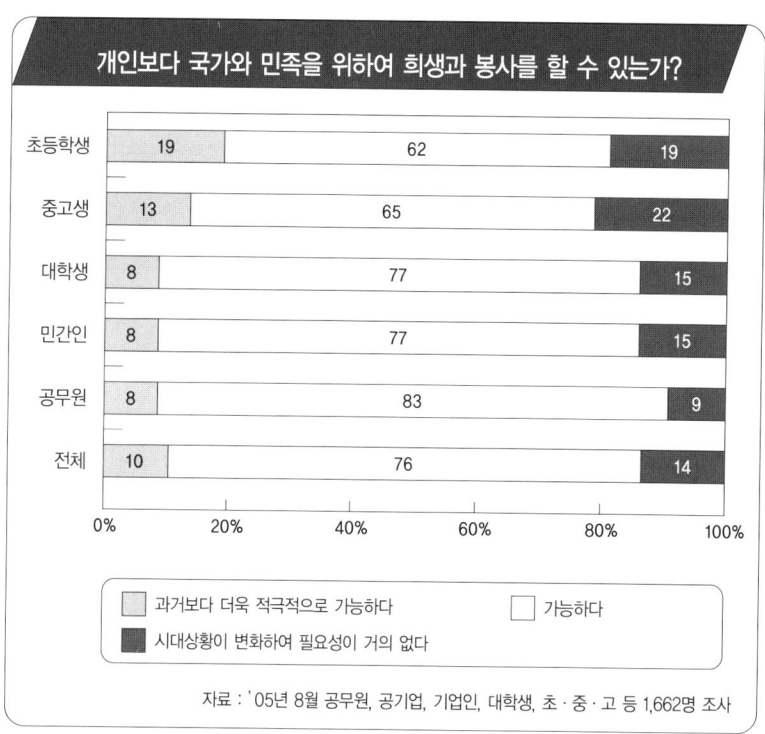

개인보다 국가와 민족을 위하여 희생과 봉사를 할 수 있는가?

| | 과거보다 더욱 적극적으로 가능하다 | 가능하다 | 시대상황이 변화하여 필요성이 거의 없다 |
|---|---|---|---|
| 초등학생 | 19 | 62 | 19 |
| 중고생 | 13 | 65 | 22 |
| 대학생 | 8 | 77 | 15 |
| 민간인 | 8 | 77 | 15 |
| 공무원 | 8 | 83 | 9 |
| 전체 | 10 | 76 | 14 |

과거보다 더욱 적극적으로 가능하다    가능하다
시대상황이 변화하여 필요성이 거의 없다

자료 : '05년 8월 공무원, 공기업, 기업인, 대학생, 초·중·고 등 1,662명 조사

● 시사점

　　국가와 민족을 위하여 "희생과 봉사"할 수 있는지에 대해서 과거보다 더욱더 가능 10%, 가능하다 76%, 시대상황이 변화하여 불필요 14%로 국가가 위기 시에는 언제든지 희생과 봉사를 할 수 있는 국민이 86% 나타나, 역시 우리 국민들은 위기 시에 뛰어난 결집력이 있는 국민으로 나타났으며, 특히 초등학생과 중·고생이 과거보다 더욱더 희생과 봉사를 할 수 있다가 많아 매우 고무적이다.

# 제2부 우리가 넘어야 할 山

## - 거친 소나무 껍질은 줄기를 튼튼히 하여 생명을 연장한다

# 01 인간성이 존중되는 사회

신뢰는 크게는 국제관계에서 작게는 개인 대 개인의
관계에까지 가장 중요한 요소다.
그리고 신뢰는 서로를 존중하는 것에서부터 시작된다.

**최근** 한국도 물질만능주의 풍토에 휩쓸려 대립과 반목, 시기와
질투, 불신 등 인간성 파괴행위가 곳곳에서 많이 나타나고 있다. 인간
성이 무시되고 죽어 있는 사회에서는 개인과 가족, 사회, 국가 등 모두
가 결국은 희망이 없는 파멸의 길로 갈 것이 불 보듯 뻔하다. 그러니 우
리는 이제라도 인간의 본래의 모습을 되찾고 '사람이 고귀하고 존엄하
다는 것'을 깨달아 상호간에 신뢰하고 믿을 수 있는 사회를 가꾸도록
해야 한다.

이번 장에서는 인간성 존중의 필요성, 주요 석학들의 인간성 강조
내용, 인간성 존중의 국내·외의 사례, 시사점 등을 알아보고자 한다.

## 인간성 존중의 필요성

공자는 약 2,500년 전에 '인(仁)'을 강조하면서 전쟁 중에도 바쁘게 각 국을 철환하며 전쟁억제와 평화를 위해 헌신했다. 공자의 이러한 훌륭한 철학은 우리 동양권에 '사람이 무엇보다도 제일 중요하다는 인본주의 전통'과 함께 특유한 유교문화를 탄생시켰다. 이러한 문화는 개인보다는 가족, 가족보다는 공동체, 공동체보다는 국가를 먼저 생각하는 보다 큰 마음을 태동케 하였다. 이러한 인본주의 사상의 기저에는 물질보다는 보이지 않는 정신과 사람을 중요시하는 바탕이 깔려 있다고 볼 수 있다.

최근 한국은 근대화의 물질문명 덕분에 상당한 경제적인 풍요와 혜택을 누리고 있다고 보지만 그것은 아름다운 가정과 건전한 사회를 위한 필요조건은 될지언정 충분조건은 아니다.

과거 30~40년 전에는 할아버지, 할머니, 부모, 손자 등 대가족이 난방도 되지 않는 화로 아래서 덕담을 들으면서 따뜻한 정과 순수함을 느끼고 인생을 올바르게 사는 지혜 등을 익혀 자신감을 터득하였다. 하지만 지금은 어떤가? 훌륭한 난방시설과 가전제품, 자동차 등이 많이 있어 편리한 물질문명의 혜택은 있지만 핵가족화로 인한 외로움, 불안과 초조. 수험준비를 하는 학생들의 고통 등에 더 나아가 삭막해져 버린 인심, 상호불신으로 제대로 사람을 믿을 수 없는 사회가 되어가고 있다. 이러한 모습이 충분히 행복하다고 볼 수는 없을 것이다.

지금까지 피땀 흘린 우리 국민들의 노력으로 외연적으로는 한국의 경제능력을 세계 유수의 선진국과 같은 수준으로 끌어 올려놓았다. 하지만 이제부터는 이러한 외연적인 성장과 더불어 내부적으로 국민 스스로가 새로운 반성과 함께 새로운 변화를 위한 도덕적 펀더멘털 등을 정비할 필요가 있다고 본다.

예를 들면 조선시대 중반의 우리 향약제도는 「덕업상권(德業相勸), 과실상규(過失相規), 예속상교(禮俗相交), 환난상휼(患亂相恤)」 등을 주장하여 세계에서 유례없는 인간존중과 상부상조의 윤리문화를 창달하여 왔으며, '97년 IMF 시의 금모으기 운동 때에는 꼬부랑 할머니가 결혼반지를 내놓고, 애기 업은 아주머니들이 돌 반지를 내려고 은행 앞에 장사진을 이루는 감탄스러운 나라 살리기 운동도 있었다.

하지만 최근 우리 국민들은 정서적으로 너무 메마르고 차가워졌다. 자기를 중심으로 너무 강한 보호막이 설치되어 있는 것 같다. 이제는 서로간의 마음의 벽을 허물고 자기 주변에 대해서 관심을 갖고서 가슴이 따뜻한 마음, 자기보다는 상대방을 이해하고 배려하는 마음, 서로를 사랑하는 마음을 갖는다면 우리 사회는 반드시 희망을 가득 실은, 믿을 수 있는 멋진 사회가 될 것이다.

## 유명한 석학들의 인간성 존중 강조사항

심리학자 에리히 프롬은 "머리뿐만 아니라 모든 감각과 눈과 귀, 그리고 몸 전체로서 세계를 파악하지 않으면 안 된다."고 강조하였다. 사물의 내면을 투시하고 통찰하는 능력, 세계의 흐름을 보고 파악하는 능력, 창의력과 건전한 비판력을 길러주는 원동력 등은 모두 다 순수한 인간성에서 비롯된다고 볼 수 있다.

미국의 성공학자 스티븐 코비박사는(성공하는 사람들의 7가지 습관의 저자) '대부분의 사람들이 변화를 외부에서부터 시작하고 외부세력의 힘이 매우 중요하다고 생각하지만, 실제로는 각자의 사람들의 가

습과 마음을 변화시키는 내부에서부터 변화가 가장 중요'를 강조하면서 외적인 조직이나 시스템을 바꾸어도 조직원들의 내면은 그대로 있는 경우가 허다하다고 했다.

20세기의 현대경영학의 아버지라고 불러지고 있는 피터 드러커('05년 11월 향년 95세로 타계)는 90번째 생일날 "나는 기계나 건물이 아닌 사람을 주목했다."는 말을 남기면서 "노동자를 기계부품이 아닌 인간으로 대우하라."고 하여 인간의 중요성을 강조하였다. 지식의 가치를 중시하고 노동자의 재교육과 인성화 된 생산방식을 방식을 강조한 그의 경영기법은 후에 미국의 인텔 같은 대기업들에게 널리 받아들여졌다.

## 인간성 존중의 주요 사례

### 외국의 사례

아테네 민주정치의 황금시대를 연 가장 위대한 지도자라고 추앙받고 있는 페리클레스(B.C. 495~429)의 인간적인 지도자의 모습을 소개하여 보고자 한다.

그의 임종이 가까워왔을 때였다. 친지와 병사들이 문병차 왔다가 병상을 둘러싸고 그의 높은 덕망과 지조와 권세를 칭송했다. 싸우면 이기는 지략과 용기 등에 대해서 말이다. 그는 기력이 쇠잔해 혼수상태에 빠져 있었지만 "내가 자랑스러워하는 건 그러한 공적이 아니오. 그건 나의 자질이라기보다는 운이 따랐던 거요. 내 유일한 자부심은 백성을 폭력이 아닌 말로 다스릴 수 있었으며 단 한명의 아테인도 내

마음대로 죽이지 않았다는 데 있소. 또한 질투나 증오의 감정을 가지지 않았으며, 아무리 심한 비난과 적대행위를 한 사람일지라도 장래 좋은 지기(知己)가 될 수 있으리라는 생각을 권력의 절정에 있을 때조차 결코 버린 일이 없다오.” 라고 스스로 말한 바가 있다.

그는 이처럼 온유하고 공정하여 권력을 남용한 적이 없으며, 결코 부패한 일이 없는 인물이었기에 올림피아라고 불려도 조금도 잘못됨이 없었던 것이다. 사랑이 없는 권력은 폭력이 되기 십상이다. 권력이 클수록 사랑도 커야 한다. 그것이 사후 2435년이 지난 오늘날까지 페리클레스가 후인들에게 따뜻하고 인간적인 지도자로 평가받는 비결일 것이다.


’95년 미국에서 실시된 조사에 따르면 실리콘밸리의 판매액 기준 100대기업 중 10년간 지위를 유지하고 있는 기업은 39개에 지나지 않으며, 자취를 감춘 기업 61개 가운데 29개는 다른 기업에 흡수합병 되었고 12개는 파산했다고 한다. 그러니까 판매액 상위 100사 가운데 41개는 10년조차 유지하지 못한 것으로 밝혀졌다.

이 연구결과에 따르면 창업 이래 몇 년 안 되어서 자취를 감추는 기업의 특징은 경영정책이나 운영이 너무나 경제적 사고에만 의존한다는 점이었다. 경영자가 상품이나 서비스의 생산만을 중시하고 기업은 인간집단이라는 것을 경시하면 그 수명이 길지 않다는 것이다. 여기서 ‘인간의 향기가 나지 않는 기업은 장수하기 어렵다’는 결론을 내도 좋지 않을까.

역으로 장수하는 기업 27개사의 특징을 보면 기업 구성원이 창업정신으로 똘똘 뭉쳐 외부환경 변화에 기민하게 대처하고 새로운 아이디어를 열린 마음으로 과감히 수용한다는 공통점이 있다. 한마디로 장수비결은 기업의 가치를 자산에 두지 않고 인간에 둔다는 것이다.

춘추전국시대의 장수 오자(吳子:오자의 병법 저술)는 부하를 사랑하기로 널리 이름이 알려졌는데, 그는 말하기를 "상관이 부하를 사랑하여 골고루 혜택을 베푸는 나라는 공격하지 말라."고 하였다. 그는 부하와 같이 식량을 짊어지고 다녔으며, 야영 시에도 땅바닥에서 잠자리를 같이 하기고 하였고, 어떤 때는 부하의 상처를 입으로 빨아 주는 등 자애심이 뛰어난 장수였다. 그는 당시에도 전쟁에 있어서는 반드시 "백성들의 자발적인 참여가 있어야만 승리할 수 있다."고 말하는 인간 개개인에 대한 깊은 성찰로 용병 전략을 구사하는 장수로서 유명하다.

중국에서는 만리장성(萬里長城)을 비교하여 '인현장성(人賢長城)'이라는 말이 있다. 당나라 태종은 그 당시에 만리장성을 높게 쌓아 놓았음에도 불구하고 국경주변에서는 전쟁이 끊이지 않아 고민 끝에 적과 직접 화친을 맺어야겠다고 결정, 이세적(李世勣)이란 인재를 선발하여 적진에 보냈는데 그가 놀라운 기지를 발휘해 화친에 성공하고 돌아왔다. 그 이후로 당태종은 이세적에게 '인현장성' 이란 네 글자를 써 주며 그 공을 치하하였는데, 이 글의 뜻은 '사람의 노력이 만리장성보다 낫다' 는 의미로 전해온다.

또 미국의 뉴헤이븐에 위치한 예일대 앞에 자리 잡은 한국인의 사례도 있다. 그곳은 백인들이 모두 떠나 가난한 흑인들만이 사는 할렘이 되어버렸는데, 언제부터인가 한국인들이 운영하는 구멍가게들이 생겨나기 시작했다. 밤에는 치안이 불안해 할렘가의 모든 가게가 문을 닫는데도 그들은 24시간 문을 열었다. 손님이 찾는 물건이 없으면 손짓 발짓을 섞어가며 미안해 어쩔 줄 몰라 하며 내일 반드시 그 물건을 갖다 놓겠다고 약속했고 어김없이 그 약속을 지켰다. 그래서 주변의 예일대 교수, 학생들이 모두 한국인 가게의 단골손님이 되었다는 인간 적인 사업성공의 사례이다.

## 국내의 사례 : 좋은 사례

먼저 '93년 7월 해남 화원반도 상공에서 일어난 아시아나항공사의 비행기 추락사고에서 110명 탑승자 중 44명을 기적적으로 구출한 해남군 화원면 마천부락 주민의 뜨거운 인간애를 소개하고자 한다.

'93년 7월 26일 14시 37분경 110명의 승객을 태우고 김포공항을 출발한 비행기는 악천후로 인해 착륙에 실패, 화원면 마천리 뒷산에 추락했다. 탑승자 중 생존한 승객 한 사람이 혼신의 힘으로 다친 몸을 이끌고 1시간 이상을 헤매다가 마을 농민을 만나 참사의 사실이 처음 알려졌다.

50여 가구의 농민들은 농번기의 바쁜 일손에도 아랑곳없이 곧바 로 험한 산등성이를 타고 현장으로 달려갔다. 그리고 군 · 경 구조대가 올 때까지 부상자들을 부축하여 병원으로 옮겼다. 이러한 구조작업을 계속하던 중 드디어 기동력을 갖춘 군 · 경 구조대가 가세, 밤늦게까지 구조작업을 마무리하여 기적적으로 부상자 44명의 생명을 살려낸 것 이다.

이 마을의 갸륵한 인간애는 남의 고통과 아픔을 마치 자기 것처럼 생각하여 행동하는 따뜻한 우리 한국의 온정주의의 표본이다.

다음으로는 같은 직장 내에서 사장이 자신의 직원 자녀에게 콩팥 을 기증한 뜨거운 인간애를 소개하고자 한다.

'05년 3월, 건설업을 운영하던 김 사장(47세)은 건설소장으로 일하고 있는 손 소장(56세)의 얼굴이 매우 안 좋은 것을 지켜보다 손 소장의 자녀 손 씨가(27세) 신부전증 증세로 매우 위독하다는 것을 알았다. 김 사장은 힘든 공사를 마무리한 보답이라도 하듯 "장기이식 검사를 받아 보겠다."며 선뜻 나섰다.

김 사장은 "열심히 정직하게 일하시는 분이 아들의 병 때문에 힘들어 하는걸 보니 마음이 아팠다."며 그 날로 병원에 가서 장기이식을 위한 검사를 신청하여 3주 뒤 서울아산병원에서 적합판정을 받아 손 소장의 아들 손 씨에게 이식수술을 해주었다. 김 사장은 그때까지도 가족에게 수술사실을 숨겼다.


대기업인 유한킴벌리는 인간존중 경영으로 평생직장을 보장한 대표적인 기업이다. 부하직원이 입사하여 특별한 이유 없이 사직을 한 경우는 상사를 문책하는 책임전담제 인사관리를 시행하고 있으며, 회사의 경영이념도 공식적인 업무규정보다도 따뜻한 인간애를 구현하는데 중점을 두고 있다(Hard→Heart).

이러한 대표적인 사례가 '4조 2교대 시행(4조 2교대 → 1주기 16일 (4개조×4), 휴무 4일(교육 1일), 1일 12시간 근무, 4개조 편성(A, B, C, D)하여 A조가 주간 근무시 휴일 4일 → 야간근무 → 휴무 4일 → 주간근무'으로 직원들에게 평생 학습하는 기회를 보장하고 적당한 휴식으로 자기계발 기회를 주고 있는 것이다. 이런 노력의 결과로 높은 생산성과 제품의 낮은 불량률 달성하여 '03년 아시아의 최고의 직장 선정 6위, 한국에서 1위(AWSJ, 매일경제)로 선정된 바 있다.

## 국내의 사례 : 나쁜 사례

　이번에는 이 세상에서 해서는 안 되는 일을 소개하고자 한다. 자식까지 둔 30대 주부가 연하의 남자와 불륜에 빠져 영아를 납치하고, 친모는 살해한 비정의 사건을 소개하겠다.

　범인 김 씨(당시 36세: 서울 중랑구 중화동)는 남편 박 씨와 결혼해 아들(16)과 딸 (13) 등 남매를 둔 엄마였으나, '03년 3월 경 중화동에 있는 나이트클럽에서 연하의 최 씨를 만난 것이 화근이 되었다. 범인 김 씨는 최 씨와 동거하기 시작하여 나중에는 교묘한 결혼식까지 올렸고, 최 씨를 속이려면 아이가 필요하다고 판단하여 '04년 5월 24일 14:00경 평택시에서 심부름센터 직원인 정 씨 등을 동원, 영아를 안고 가던 고 씨(22세)를 납치하여 청부 살해(강원도 고성군 토성면 야산에 암매장)하도록 한 사건이다.


　또 우리 속담 '어느 구름 아래 소나기 만날 줄 모른다' 는 말을 실감나게 하는 사례를 소개한다. '05년 4월 3일 경남 고령군에서 교통사고로 자기 아버지를 뺑소니 치고 달아난 사례이다.

　아들 최 씨는 친구 3명 등과 고령읍에서 술을 마신 뒤 자신의 승합차를 몰고 덕곡면인 집으로 향하다 19시 40분 경, 길 가던 노인을 미처 보지 못하고 친 뒤 그대로 달아났다. 도로에 쓰러져 있던 노인(84)은 행인의 신고를 받고 출동한 119구급차에 실려 병원으로 옮겨졌으나 이미 숨진 상태였다.

　최 씨는 경찰이 사고현장의 전조등 조각 등 을 단서로 수사망을 좁혀오자 4일 오전 1시 20분 경찰에 자수했다. 이때까지만 해도 그가 친 노인이 자신의 아버지라고는 꿈에도 상상하지 못했다.

경찰에서 조사를 받던 그는 피해자 가족을 찾아 사과하고 위로하는 게 좋겠다는 경찰의 말을 듣고 자신의 아내를 병원 영안실로 보냈다. 그러나 병원을 찾은 최 씨의 아내는 망연자실했다. 숨진 노인은 다름 아닌 바로 시아버지였기 때문이다. 최 씨의 아버지는 이날 고령읍의 경로당에 갔다가 버스를 놓쳐 집으로 걸어가던 길에 변을 당했다. 그는 교통사고 직후 바로 병원으로 후송하였다면 생명을 보존할 수도 있었다.

## 방향 및 시사점

이상으로 인간존중 필요성, 주요 석학들의 인간성 강조내용, 인간존중의 국 · 내외 사례 등을 알아보았다.

지구상에는 여러 가지의 다양한 종족과 민족들이 살아가고 있으며, 생활문화도 천차만별이다. 하지만 확실한 것은 내가 상대편을 존중하고 아껴주어야 나도 대접을 받을 수 있다는 것이다. 서로가 불신하고 증오한다면 쌍방의 불안정 속에 스트레스가 가중되어 수명은 짧아질 수밖에 없을 것이다.

사람의 심정과 독소에 대한 재미있는 실험이 있다. 액체공기로 냉각된 유리관 속에 숨을 불어 넣으면 숨 속에 있던 휘발성 물질이 굳어져서 무색에 가까운 액체가 된다. 그 사람이 노해 있으면 몇 분 후에 갈색 찌꺼기가 관 속에 남는다. 이 찌꺼기를 실험용 쥐에 주사하면 당장 흥분하는데 그 사람이 심한 분노나 증오를 품고 있을 때의 찌꺼기면 몇 분 후에 죽고 만다.

연구 결과에 따르면 1시간 동안의 격심한 증오는 80인을 죽음에 이르게 하는 독소를 내는데, 이 독소는 종래의 화학에서 밝혀진 것 중 최강의 맹독이어서 이런 것이 체내에 축적되면 결국 그 인간을 악성 질병과 죽음으로 몰고 간다는 것이다.

자연에서도 높은 산꼭대기에는 나무가 잘 자라지 못하며, 물살이 거센 여울에는 물고기가 놀지 못하듯이 우리 인간의 경우도 심정이 너무 독하고 매몰하면 사람이 따르지 않고, 건강에 좋지 않다. 반면에 마음속에 기쁨이나 좋은 감정, 감사하는 마음, 아름다운 애정을 지니면서 세상을 살아가는데 한걸음 양보하는, 물러서는 마음을 갖는다면 그것이 오히려 발판이 되어 자신의 인격을 높이고 자연히 남보다 높은 곳에 이르게 될 수도 있을 것이다.

오이나 호박도 기본 떡잎만 튼튼히 갖추어 지고 나면 이후로는 하나의 줄기에서 수십 개의 가지와 줄기를 치고 자라나 나중에는 10~15미터 이상의 길이로 성장하여 1개의 나무에서 오이는 100여 개 이상, 호박은 10여 개 이상의 열매를 수확할 수 있는 것이다.

최근 중국, 일본 등 우리주변 국가들도 인간성을 회복하고 중요시하는 흐름이 보인다. 10여 년 전의 중국은 나이 많은 사람은 녠칭화(年輕化)라 하여 경쟁력에 저해된다고 하여 천시되고 젊은 피들이 대거 부상하였는데, 현재는 많이 달라져서 어디를 가도 녠칭화라는 말은 별로 들리지 않고, 조화사회라는 의미의 허셰사회, 노장청(老壯靑) 3결합이라는 말이 자주 쓰이고 있다.

일본의 요시다 시게루(吉田茂) 전총리가 「메이지 백년사」에서 전후 혹독한 상황에서도 일본인들의 예절과 친절 같은 근본은 변치 않고 남아 있었으며 문화국가 건설을 그들의 사는 보람으로 생각하고 미래를 믿었다고 회고하는 내용을 보면, 일본이 경제만을 최고의 가치로 삼고 있지 않았다는 것을 알 수 있다.

우리 국민들도 이제 상기한 감명 깊은 좋은 사례를 경험삼아 자긍심을 갖고 자기의 주변 가까운 곳, 실천 가능한 작은 것부터 인간성이 존중되는 사회를 실현하였으면 한다.

참고로 직장 내에서 직원들이 선호하는 유형, 직원들이 좋아하는 상사 등의 설문결과를 소개하고자 한다.

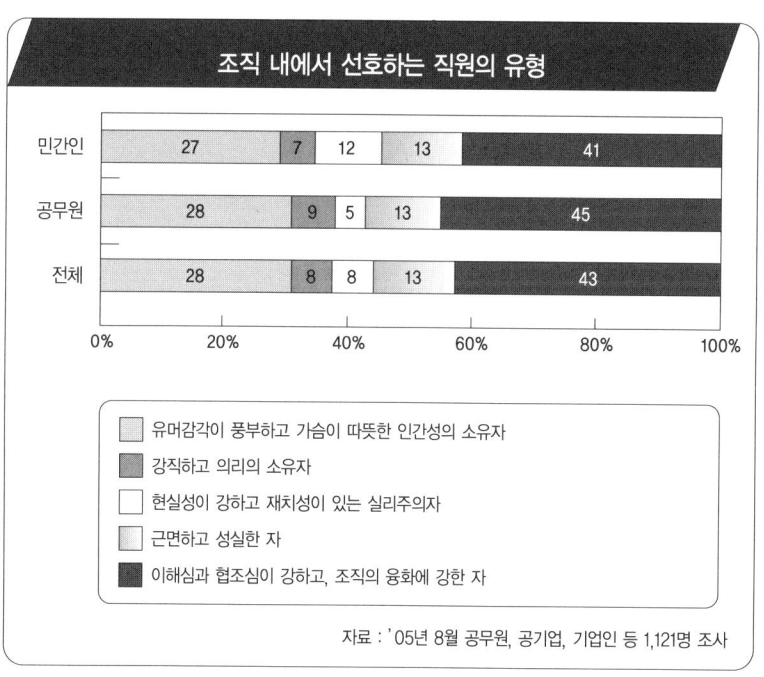

자료 : '05년 8월 공무원, 공기업, 기업인 등 1,121명 조사

조직 내에서 이해심과 협조심·융화심이 강한 자 43%, 가슴이 따뜻한 사람 28%, 근면하고 성실한 자 13%, 강직하고 의리의 소유자 8%, 현실성이 강하고 재치성이 있는 실리주의자 8%로, 71%가 나보다도 다른 사람을 배려할 수 있는 직원을 선호하는 것으로 나타났다.

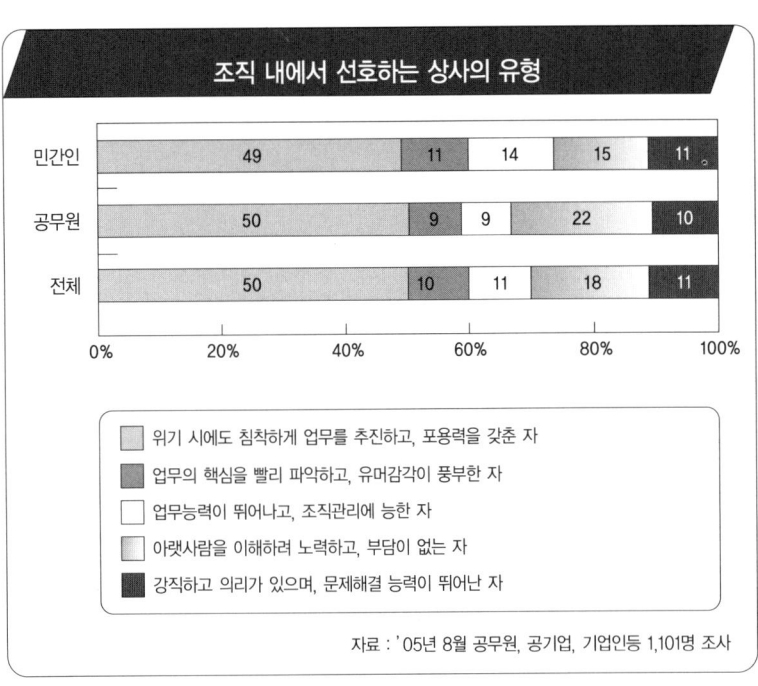

### 조직 내에서 선호하는 상사의 유형

| | | | | | |
|---|---|---|---|---|---|
| 민간인 | 49 | 11 | 14 | 15 | 11 |
| 공무원 | 50 | 9 | 9 | 22 | 10 |
| 전체 | 50 | 10 | 11 | 18 | 11 |

위기 시에도 침착하게 업무를 추진하고, 포용력을 갖춘 자
업무의 핵심을 빨리 파악하고, 유머감각이 풍부한 자
업무능력이 뛰어나고, 조직관리에 능한 자
아랫사람을 이해하려 노력하고, 부담이 없는 자
강직하고 의리가 있으며, 문제해결 능력이 뛰어난 자

자료 : '05년 8월 공무원, 공기업, 기업인등 1,101명 조사

위기 시에도 항상 침착하고, 여유 있게 업무 추진이 가능한 자 50%, 부하 직원을 이해하려고 노력하고, 부담이 없는 상사가 18%, 업무능력이 뛰어나고, 조직 관리에 능한 자 11%, 강직하고 의리가 있으며 문제해결능력이 뛰어난 자 11%, 업무핵심을 잘 파악하고 유머감각이 풍부한 자 10%로, 68%가 유연성 있고 따뜻한 인간성 소유자를 선호하는 것으로 나타났다.

조화와 배려는 건강한 사회로 가기 위해 반드시 가지고
가야 할 준비물이다. 지금 우리가 사는 이 사회가 건강하면
그 사회 구성원인 우리 또한 건강해진다.

**우리**는 소금이 없는 생활을 생각할 수 없다. 하지만 소금의 필수
적인 구성요소는 나트륨과 염소이며, 이는 개별적으로는 극히 유독한
성분으로 따로 따로 먹으면 생명에 위협이 생긴다.

또한 강력한 영구자석인 알리코 자석도 성분이 다른 알루미늄, 니
켈, 코발트 등 세 가지 성분은 개별적으로는 자석에 붙지 않는 성분이
지만 세 가지 요소가 결합을 하면 강력한 자석이 된다.

우리 사회도 다양한 사람이 만나서 공동체 또는 조직을 이루면서
나름대로의 질서와 규율에 따라 활동을 하며 살아간다. 자연도 봄이
되면 순리대로 산골짜기에 산수유꽃이 먼저 피고, 진달래와 개나리,
이어서 철쭉이 핀다. 한 올의 생사를 모아서 비단을 만들고, 작은 베어
링 결합의 힘이 힘센 전차를 역동하듯이 우리사회도 각자의 영역이 존
중되고, 자기분야에 최선의 노력을 다하는 시스템으로 나아가면 엄청

난 시너지(Synergy) 효과와 함께 건강한 사회로 갈 수 있다고 본다.

이번 장에서는 설문조사를 바탕으로 상대방에 대한 배려와 이해, 지도층의 솔선수범, 상호의 신뢰와 약속, 사소한 법규라도 준수하는 습관에 대하여 알아보자.


## 건강한 사회

우리 사회는 초등학교에서부터 살벌한 경쟁만이 있고 협력은 없으며 입만 열면 가르치는 것이 경쟁이다. 그리고 경쟁에서 한 번 탈락한 자에게는 매몰찬 외면을, 승자에게는 그 승리가 어떻게 해서 얻어진 것이든 간에 무한한 찬양을 보내고 있다. 하지만 안타까운 점은 이렇게 해도 사회와 국가 전체의 생산성이 높아지고 경쟁력이 강화되지 못한다는 것이다.

나를 존중하고 동시에 타인을 존중하며 끊임없는 자기성찰이 있어야만 고부가가치를 창출할 수 있다. 장기 비전이 없이 단기 이익에 몰두하는 짧은 시야로는 풍부한 상상력을 가질 수 없고, 상상력이 풍부하지 않고서는 이 시대의 키워드라고 할 창조성과 독창성, 그리고 리더십을 가질 수 없다.

두려움이 없고 남을 존중하지 않는 사회는 비문명의, 야만의 사회다. 비문명 사회는 거친 사회이자 무책임의 사회다. 강제가 없으면 제대로 일을 하지 않고 임시방편의 편법과 속임수를 최대의 생존책으로 삼는다. 야만사회에서는 창조성과 자율과 자발성과 정교함이 태어나지 않으며, 정교함 없이는 경제 구조의 고도화와 선진 경제로의 진입이 불가능하고 건강한 사회로 갈 수가 없다.

정보화시대에는 유아독존의 사고로는 살아갈 수가 없으며, 경쟁력에 많은 지장을 초래한다. 상대방을 이해하고 포용하는 자세, 예를 들면 솔개가 하늘에서 날고 물고기는 물에서 헤엄치는 것처럼 각자의 영역을 존중하고 조화를 이루면서 최선을 다하는 것이 바로 건강한 사회로 가는 길인 것이다.

본 설문조사와 사회인식조사(연세대 이훈구 교수)에서 우리 국민은 우리 사회를 매우 불신하고, 불안해하고 있는 것으로 나타났다.

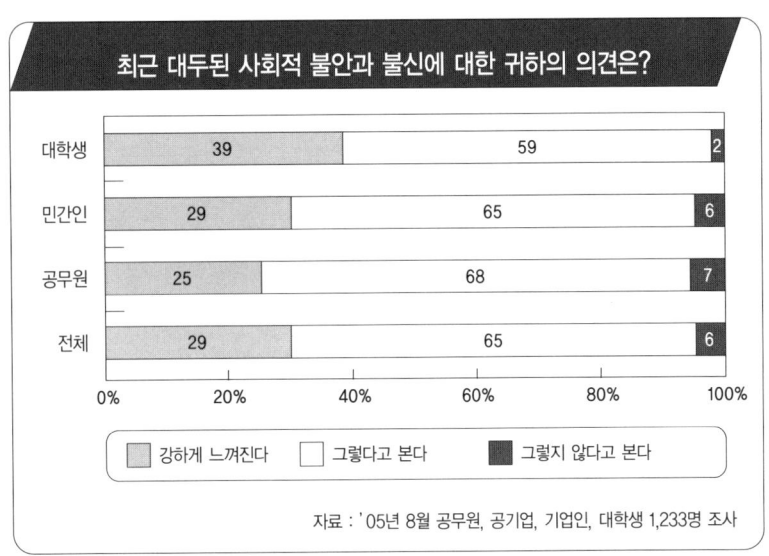

**최근 대두된 사회적 불안과 불신에 대한 귀하의 의견은?**

| | 강하게 느껴진다 | 그렇다고 본다 | 그렇지 않다고 본다 |
|---|---|---|---|
| 대학생 | 39 | 59 | 2 |
| 민간인 | 29 | 65 | 6 |
| 공무원 | 25 | 68 | 7 |
| 전체 | 29 | 65 | 6 |

자료 : '05년 8월 공무원, 공기업, 기업인, 대학생 1,233명 조사

● **시사점**

불신과 불안감에 대하여 강하게 느낀다가 28%, 그렇다고 생각한다가 65%로서, 93%가 우리 사회에 대해서 불신과 불안감을 갖고 있는 것으로 나타나고 있다.

또한 연세대 심리학과 이훈구 교수의 사회인식조사('04.4월 국민 1,248명 대상 조사)에서도 국민 76%가 이 사회를 불신하고 있는 것으로 나타났다. 이에 따라 우리 사회가 어떻게 하면 건강하고 풍요로운 사회로 갈 수 있는지에 대한 설문조사의 결과를 알아보자.

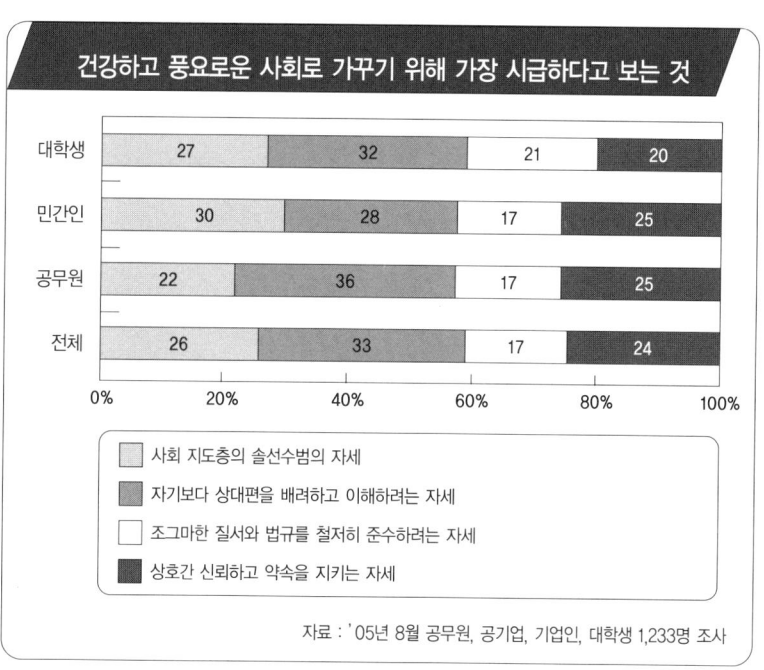

**건강하고 풍요로운 사회로 가꾸기 위해 가장 시급하다고 보는 것**

|  | 사회 지도층의 솔선수범의 자세 | 자기보다 상대편을 배려하고 이해하려는 자세 | 조그마한 질서와 법규를 철저히 준수하려는 자세 | 상호간 신뢰하고 약속을 지키는 자세 |
|---|---|---|---|---|
| 대학생 | 27 | 32 | 21 | 20 |
| 민간인 | 30 | 28 | 17 | 25 |
| 공무원 | 22 | 36 | 17 | 25 |
| 전체 | 26 | 33 | 17 | 24 |

자료 : '05년 8월 공무원, 공기업, 기업인, 대학생 1,233명 조사

● **시사점**

자기보다도 상대편을 배려하고 이해하려는 자세 32%, 사회지도층의 솔선수범의 자세 26%, 상호간의 신뢰와 약속이 지켜지는 사회 24%, 사소한 법규라도 준수 17%로, 건강한 사회를 가꾸기 위해서는 상대편을 배려하는 자세를 중요시 하였다.

여기에서는 4개의 설문이슈를 테마로 하여 건강한 사회로 가기 위한 방향을 제시하여 보고자 한다.

## 상대방을 이해하고 배려하는 사회

높은 산의 기슭에는 수풀과 흙, 모래, 돌 등 여러 종류가 얽혀 있어 비가 오게 되면 그 내부에 물이 먼저 스며들어 동화된 후 작은 물줄기를 만들어 낸다. 그런 후 보다 큰 물줄기를 형성, 골짜기로 흘러 보낸다. 이러한 과정을 통해 돌발적인 산사태 등을 예방할 수 있는 것이다.

우리의 경우도 이러한 최소한의 자율, 자기들의 문화를 존중하는 관행으로 보다 큰 시너지 효과를 거둘 수 있다고 본다. 최근 한 일간신문의 자료에 따르면 '05년도 어느 공기업 입사시험에 잘 나가는 삼성, 현대 등 대기업 직장인이 800여 명이 지원을 했다 한다.

새해 벽두부터 검색어 순위를 다투며 인터넷 공간을 점령하고 있는 것은 고단한 직장생활에 지친 종족들이라고 한다. 종족들의 면면은 어둡고 우울하다. 퇴직 압력으로 창밖을 바라보며 담배만 피워대는 면창족, 강제퇴출에 대비해 퇴근 후 전문 자격증 시험을 공부하는 밤 스터디족, 정규 직장을 구하지 못해 아르바이트로 살아가는 파트타임족 등이 대표적이다. 직장인 중에서도 승진자는 조진조퇴, 누락자는 지진조퇴 등 불안에 떨고 있는 직장생활을 하고 있다는 것이다. 이러한 직장인의 모습은 시스템상의 문제점도 있지만, 더욱 큰 이유는 상대를 불신하는 풍토에서 비롯되었다고 본다. 이제부터라도 상대방을 이해하고 배려하는 상생의 조직문화로 전환되어야 한다.

다행히 최근 삼성그룹에서는 조직목표를 '상생과 나눔의 경영'으로 전환하여 이 사회에 겸손하고 낮은 자세로 임하여 사회공헌 활동을 더욱 늘리면서 협력업체와 중소기업을 배려하고, 소수의 목소리도 겸허하게 듣는다고 한다. 이제 정부, 기업, 직장인 모두가 힘을 합하여 보다 안정되고 신바람 나는 일터, 희망이 있는 직장을 가꾸기 위해 노력해야 할 때다.

세종 때 우의정을 지낸 유관(柳貫)은 총명이 남달리 뛰어나 일찍부터 벼슬길에 나섰으나 검소에 힘써 청백하기로 유명하였다.

그의 거처는 동대문 밖 우산골에 있는 작은 오두막집이었다. 마당에 물맛이 좋은 우물이 있어 길 가던 행인들이 아무 때나 들어와 마시고 갔다. 물만 대접한 게 아니라 더러는 술항아리를 뜰에 내놓아 바가지 하나로 주인도 마시고 객도 마시고 안주로는 콩조림을 한 알씩 집어먹게 했다. 나라에서 받은 녹봉은 마을 길 고치는 데나 다리 놓는 데 뚝 떼어 주었다. 제자들과 집안 아이들이 공부하는 데 들어가는 지필묵 값은 으레 그가 도맡아 해결했다. 집에 변변한 울타리인들 있을 리 없었다. 태종 임금이 그 소문을 듣고 선공감에게 맡겨 울타리 공사를 해주었다. 그것도 집 주인이 알면 펄펄 뛸 판이어서 한밤중에 은밀히 공사를 마치도록 했다. 공사가 있던 날, 집 주인은 임금이 때맞춰 보낸 술을 마시고 깊이 잠이 들었다.

우리도 우의정 유관처럼 자기주변이나 이웃의 조그마한 일이라도 타인을 위하여 배려, 봉사한다면 정말 따뜻한 사회가 될 것이다.

상기한 본 설문조사에서 나타난 바와 같이 동료직원의 선호도에서 조직 내에 이해심과 협조심·융화심이 43%, 가슴이 따뜻한 사람 28%

로, 71%가 나보다도 다른 사람을 배려할 수 있는 직원을 선호하는 것으로 나타났으며, 또한 조직 상사의 선호도에서도 위기 시에 항상 침착·여유 있게 업무 추진이 가능한 자 50%, 부하 직원을 이해하려고 노력하고, 부담이 없는 상사가 18%로, 68%가 유연성과 따뜻한 인간성 소유자를 선호하는 것으로 나타나 매우 고무적이다.

## 지도자층이 솔선수범하는 사회

삼국지에서 조조는 '보리밭 피해금지 명령'을 하달한 후에 자기 말이 보리밭에 들어감에 따라 자기의 머리칼을 자르는 모범을 보였다.

조조는 군사 이동시에 포고를 내려 군대가 보리밭을 지나가는 동안에 한 걸음이라도 보리를 밟지 못하도록 지시하여 이를 어길 시는 상하를 막론하고 머리를 베겠다고 선언하였다. 그런데 뜻밖에도 자신이 타고 있던 말이 들새들이 한꺼번에 날아 일어나는 바람에 놀라 보리밭에 뛰어 들어 보리를 짓밟아 놓았다. 이에 따라 조조는 "내가 정한 법을 내가 파괴해서는 시범이 될 수 없다."고 하여 곧 바로 칼을 빼어 자신의 목을 찌르려고 했고, 부하들이 이를 제지하자 대신 자신의 머리털을 베어서 본인의 말이 보리를 밟아 머리를 벨 것이나 머리털을 베었다고 전 군에 선언하여 규율의 중요성을 강조하였다.

최근 미국에서는 도덕성 없는 CEO가 수난을 당하는 경우가 많이 발생하고 있다. 지난 수십 년 동안 보험업계 산증인이던 그린버그 AIG 회장은 보험입찰 담합과 분식회계 지원에 대한 뉴욕주 검찰에게 집요한 조사를 받고서 사임을 하였다. 또한 사상 최대 규모의 회계부정을 지시한 혐의로 기소됐던 에버스 회장(월드컵 전 CEO)이 법정에서 모르쇠로 일관하자 법원은 'CEO로서 당연히 알아야 할 것을 모르는 것도 죄'라는 취지에서 유죄판결을 확정했다.

이처럼 미국 CEO들이 겪고 있는 수난은 많은 것을 시사한다. 전략과 윤리에서 실패한 경영자는 발붙일 수 없다는 교훈이 그것이다. 잘못된 의사결정으로 기업을 망치거나 불법적으로 시장을 속이는 CEO는 퇴출시키거나 법의 심판을 피할 수 없다는 것이다.

반면 한국의 CEO는 어떤가? 주가가 반의 반 토막이 났는데도 여론을 호도하면서 어떻게 한 번 버텨 보려는 CEO, 공적자금으로 연명하면서도 엄청난 스톡옵션을 챙기려다 여론에 밀려 취소한 CEO, 자구책을 국민에게 공언해놓고도 언제 그랬느냐는 듯이 슬쩍 넘어가는 CEO, 사실상 오너 대신 감옥에 들어가 무모한 충성심만 발휘하는 CEO 등이 있다.

숲속에 서 있는 소나무와 들판에서 자란 배추는 먼저 오래된 외부의 줄기가 하나씩 하나씩 희생되면서 새롭고 튼튼한 줄기를 만들어 낸다. 이것은 분명히 어머니의 사랑과 같은 보다 큰 것을 위한 자기의 희생과 봉사이다.

소나무는 우리 인간에게 사시사철 푸른 숲을 형성하여 희망을 주고, 신선한 공기를 선사하여 준다. 또한 배추는 식탁의 필수적인 김치를 생산하여 준다. 우리는 두 가지의 식물의 값진 희생으로 영원한 녹색효과(Green Effect)를 얻고 있는 것이다.

우리 사회에서도 지도층이 다른 사람을 위한 이해심과 조그마한 봉사정신을 가져 준다면 소나무와 배추 이상의 엄청난 녹색효과를 거둘 수 있을 것이다.

## 신뢰감이 가득 차 있는 사회

신뢰란 약속을 지킬 수 있는 의지 및 능력을 뜻한다. 그래서 신뢰는 개인보다도 개인과 개인, 개인과 조직, 조직과 조직, 사회 등의 사이에서 발생하는 광범함 관계를 중요시하며, 이 관계에서의 순리적인 작용과 반응이 엄청난 시너지효과를 거둔다.

그래서 이 '사이'의 신비로움에 관한 철학차원의 고찰을 위해 물리학에서 밝혀낸 결합에너지(binding energy)에 대해서 알아보고, 이 에너지가 뭉치는 이유를 알아낸 유가와 교수(1949년 노벨물리학상 수상)의 견해를 보자.

자연 속에서 가장 공고한 결합체는 원자핵이고, 원자핵은 양성자(protons)와 중성자(neutrons)라는 두 종류의 입자로 구성되어 있다. 이들 두 종류의 입자를 합쳐서 물리학에서는 핵자(nucleons)라고 부른다. 양성자들은 같은 종류의 플러스 전기를 가지고 있으므로 서로 반발하여 흩어져야 하고, 중성자들은 전기적으로 중성이므로 결합력이 없어야 한다. 그런데도 이들이 강력한 결합에너지를 가지고 뭉치는 이유는 무엇일까?

이 불가사의를 풀기 위해 물리학자인 유가와 교수는 핵자들 사이를 매개하는 '무엇'이 존재하며, 핵자들이 이 '무엇'을 주고받으면서 서로 강하게 결합한다고 가정했다. 그리고 이 '무엇'이 바로 중간자(meson)라는 것이다.

이와 같이 인간사회에서도 개체들 사이에 의미 있는 '무엇'을 주고받을 수 있어야 결합에너지가 생성되는 데, 이것이 바로 신뢰라고 보아진다.

그와 관련해 2000년 부라질 쿠리티바에서 열린 세계경영경제학회에서 학자들은 열띤 논의 끝에 인간을 결합시킬 수 있는 의미 있는 매개단체는 신뢰(trust), 진실(integrity), 단결(solidarity), 개방(openness) 등 4가지 요소이며 특히 이들 요소 중 가장 중요한 것은 신뢰와 진실이라 결론을 지었다.

다음은 직언으로 모범을 보인 황희 재상에 대해서 알아보고자 한다. 조선 왕조의 명재상으로 널리 알려져 있는 황희(1362~1452)는 태종에 의해 발탁되어 큰 신임을 얻었다. 하지만 태종과 황희의 관계는 양녕대군의 폐세자 문제로 인해 위기를 맞게 된다.

태종은 여러 왕자들 사이의 치열한 투쟁 속에서 왕이 되었기 때문에 자신의 후계를 놓고 무척 고심했다. 그는 새 왕조의 기틀을 잡으려면 다음 왕이 뛰어난 인물이어야 하며 양녕대군은 부적절하다고 판단했다. 그래서 태종은 양녕대군을 세자의 자리에서 폐하고 뒷날의 세종이 된 충녕대군을 세자에 봉하려 했다. 그러나 한 번 세워둔 적장자인 세자를 폐한다는 것은 심각한 문제였다. 그래서 황희와 의논했다.

이미 태종의 마음은 양녕에게서 떠나 있었고 황희도 그 사실을 알고 있었기 때문에 황희는 그냥 태종의 뜻을 따라가면 그만이었다. 그러나 그는 이 자리에서 원칙을 강조했다. 그는 양녕대군이 몇 가지 말썽을 피운 것은 단지 나이가 어려서 그런 것이지 큰 잘못이 있는 것은 아니라고 양녕대군을 옹호하고 나선 것이다.

사실 최고통치자가 결정한 후계문제에 대해 신하가 그에 반대되는 견해를 피력한다는 것은 위험천만한 일이었다. 그러나 그는 한 번 정한 세자를 함부로 폐할 수 없다는 원칙을 밀고 나갔다.

이때 태종은 다른 사람도 아닌 황희가 양녕대군을 옹호하고 나설

줄은 몰랐던 것 같다. 그래서 태종은 당황하고 섭섭한 나머지 "사람들이 나를 버리고 세자를 따르려 한다. 만약 늙은 나를 버리고 젊은 세자를 따르려 한다면 노인인 나는 살아가기가 어려울 것이다."라고 토로할 정도였다.

그 후 태종은 황희를 남원으로 귀양 보내버리고 말았다. 이 때 많은 사람들이 황희를 극형에 처해야 한다고 주장했지만, 태종은 그 이상 황희를 추궁하지 않았다. 그 대신 그는 세자를 바꾼 직후 전격적으로 왕위를 새로운 세자, 즉 세종에게 물려주었다. 그러면서 그는 새 왕이 굳건히 자리를 잡을 수 있도록 주변을 정리하는 일에만 전념했다.

그런 과정에서 태종은 사소한 실수를 구실로 내세워 세종의 장인이며 공신인 영의정 심온(沈溫)을 전격적으로 처형했다. 세종이 혹시라도 처가 쪽 사람들의 영향을 받다 권력을 재대로 행사하지 못할까봐 화근을 사전에 제거한 것이었다.

그러나 이것만으로도 안심할 수 없었던 그는 자신의 사후에도 세종을 진심으로 보필할 신하가 필요하다는 생각을 하고, 남원에서 유배생활을 하던 황희를 다시 발탁했다. 이로부터 1년 후 태종은 세상을 떠났으나, 세종과 황희는 이후 20년이 넘도록 더불어 국사를 보살피며 조선왕조 최고의 전성기를 이룩했다.

황희와 태종은 군신(君臣) 사이이기도 했지만 인간적으로도 서로를 깊이 신뢰하는 친구였다. 이처럼 깊은 우정을 바탕으로 한 상하관계에서 황희가 왕이 스스로 정한 권력승계를 반대한다는 것은 무척 어려운 일이었다. 군주로부터 신뢰도, 친구로서의 우정도, 그리고 자신의 소중한 목숨도 다 잃기 십상이었기에 때문이다.

그런 의미에서 황희는 후대의 어느 언관도 할 수 없는 간언을 한 사람이다. 이처럼 원칙에 엄격했기에 황희는 조선황조 500년 역사에 가장 뛰어난 명재상으로서 이름을 떨칠 수 있었다.

다음은 케더린 휘브스의 소설「어머니의 저금통장」에서 어머니의 지혜로 자녀들이 신뢰감과 자신감을 갖게 되었던 사례를 알아보고자 한다.

소설의 주인공인 어머니는 목수인 남편이 벌어 온 돈을 상 위에 늘 어놓고 한 달 생활비로 이것저것 필요한 몫을 각기 봉투에 담는다. 아이들에게는 책값이며, 연필값, 공책값을 준다. 그러면서 언제나 잊지 않고 한마디씩 하는 말이 있다.

"이 달에도 너희들에게 새 신을 사줄 수가 없구나. 저 모퉁이 은행에 예금해 놓은 돈을 얼마큼 찾으면 되겠지만 그 돈은 더 중요한 때에 대비해서 꺼내 쓰지 않는 게 좋겠지? 아버지께서 애쓰셔서 벌어 오신 돈이니 용돈도 계속 아껴 쓰기로 하자."

이런 어머니의 말씀을 듣다 보면 아이들은 무엇도 사야하고, 또 무엇도 필요하다는 말을 차마 할 수가 없었다. 그러면서도 조금도 서운하지 않았다. 우리는 가난한 게 아니야, 저금통장은 역시 아껴 두는 것이 좋아. 그래서 아이들은 헌신을 신고도 주눅이 들지 않았다.

아이들이 자라서 학교를 마치고 저마다 직장을 잡았을 때 어머니의 저금통장은 그 비밀을 벗게 된다. 그 우상 같았던 저금통장이 실제로 존재하지 않았음을 알게 된 것이다. 저금통장을 가질 조그만 여유조차 없는 가난한 살림살이였으나 어머니의 사랑과 지혜로 어려운 시절을 불행하지 않게 희망을 갖고 보낼 수 있었던 것이다.

## 사소한 법규라도 지켜지는 사회

우리는 주변에서 담배를 피우고 나서 담배꽁초를 길가에 그냥 버리거나, 운전자들이 운전 중에 도로변에 담배꽁초를 던져버리는 것을 가끔 목격한다. 또한 횡단보도의 신호를 무시하는 운전자와 보행자를 자주 목격한다. 이 정도는 위반을 해도 괜찮겠지 하는 생각과 관용을 갖고 있을 수도 모르지만, 유감스럽게도 한국은 교통사고 발생률이 경제협력개발기구(OECD) 회원국 가운데 1위로 나타났다. 게다가 전체 교통사고 사망자의 40.2%가 보행 중 사고를 당한 것으로 집계되어 보행자 사망 비율이 가장 높았다.

이처럼 사소한 것이라고 해서 규정을 준수하지 않는 것이 큰 사고의 결정적인 사유가 될 수 있을 것이다. 하루에 3km씩 40년을 걸으면 사람은 지구를 일주할 수 있다. 아무것도 아닌 일이 모여 거대한 힘이 된다. 사소한 것이라도 반복을 하면 커다란 위력을 발휘할 수 있다. 훌륭한 일과 훌륭한 사람이 저 높은 곳에서 따로 있는 것이 아니라, 사소함의 진지한 반복 속에서 위대함을 발견할 수 있는 것이다.

사소함의 반복으로 잘 알려진 '나비효과(The Butterfly Effect)'를 소개하고자 한다. 나비효과란 중국 북경에서 나비의 날갯짓 같은 작은 변화가 대기에 영향을 주고, 또 이 영향이 시간이 지날수록 증폭되어 오랜 시간이 흐른 후에는 미국 뉴욕을 강타하는 허리케인과 같은 엄청난 결과를 가져온다는 것을 말한다. 즉, 나비효과는 만약 이 나비가 가만히 꽃에 앉아 있었다면 허리케인이 뉴욕을 지나는 일은 없었을 것을 의미하기도 한다.

카오스는 스스로 불규칙하게 변화할 뿐만 아니라 나비효과와 같이 작은 차이가 엄청난 결과를 가져오기 때문에 이를 장기적으로 예측할 수 없다. 오늘날 세계화 시대에서는 나비효과가 더욱 강한 파급력을 갖는다. 디지털과 매스컴 혁명으로 정보의 흐름이 매우 빨라지면서 지구촌 한구석의 미세한 변화가 순식간에 전 세계적으로 확산되는 것 등을 그 예로 들 수 있다.

# 03 준법정신

법은 가장 기본이 되는 모두의 약속이다.
준법정신이 살아있는 이상, 사회는 병들지 않는다.

OECD 국가 중 한국의 교통사고 발생률이 최근 몇 년 동안 불명예스러운 1위를 고수한 것으로 나타났다.

한국은 자동차 1만 대당 교통사고 발생 건수가 137건으로 OECD 국가 중 1위이고, 또한 도로 ㎞당 사고 발생건수(2.5건)와 10만 명당 교통사고 사망자도 가장 많았다(15명). 우리 국민은 '빨리빨리 문화'에 대해서 익숙하다는 장점도 있지만, 원칙과 절차를 준수하는 면에서는 보다 개선해야 할 것으로 보인다.

이번 장에서는 우리 국민의 준법정신에 대한 성향, 준법준수에 대한 사례와 본 설문결과를 기초로 한 준법정신 확립 방안 등에 대하여 알아보고자 한다.

## 우리 국민의 준법정신에 대한 성향

제1장의 국민정서에서도 나타난 바와 같이 우리 국민은 중간지지 성향이 매우 강하다. 이에 따라 대다수 사람들이 법규를 어기는 것이 잘못된 관행이라고 할지라도 많은 사람이 참여하면 같이 따라서 행동을 하는 경우가 많다.

「유교문화의 두 모습」(김영평 고려대 교수와 장인화 관동대 교수: 한국과 중국 공무원 600명 조사)이라는 조사에서 '법을 지킬수록 손해일까?' 라는 질문에 우리 국민 20~30대는 43.6%, 40대 이상은 45%가 긍정적으로 답변을 하였으며, 또한 '우리 사회는 법보다 주먹이 가깝다' 는 질문에는 20~30대는 40%, 40대 이상은 28%가 긍정적인 답변을 했다.

필자는 우리나라 14세 미만의 교통사고 비율이 OECD 국가 중에 가장 높은 현상과 관련, 이에 대한 '준법정신과 상관관계' 를 알아보았는데, 결과를 보면 아래의 표와 같다.

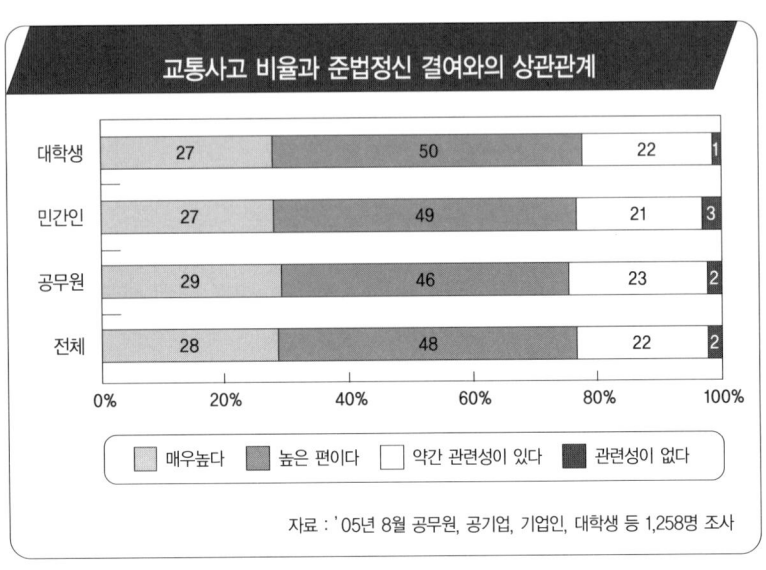

교통사고 비율과 준법정신 결여와의 상관관계

| | 매우높다 | 높은 편이다 | 약간 관련성이 있다 | 관련성이 없다 |
|---|---|---|---|---|
| 대학생 | 27 | 50 | 22 | 1 |
| 민간인 | 27 | 49 | 21 | 3 |
| 공무원 | 29 | 46 | 23 | 2 |
| 전체 | 28 | 48 | 22 | 2 |

자료 : '05년 8월 공무원, 공기업, 기업인, 대학생 등 1,258명 조사

● 시사점

　　교통사고 비율과 준법정신과 상관관계가 매우 높은 76%로 나타났으며, 약간 관련성이 있다가 22%로, 관련성이 없는 경우는 2%밖에 되지 않는 것으로 나타났다.

　　이러한 결과를 종합하여 보면, 우리 국민은 현실적으로 반드시 법을 준수할 필요성은 느끼지만, 자기 스스로가 모범을 보이면서 법을 준수하는 것은 꺼려한 것으로 나타났다.

## 준법정신에 대한 사례

공자가 일찍이 준법질서의 의미를 "나라를 평화롭고 안정되게 운영해 나가려면 무엇보다도 법질서를 확립해야 한다."고 강조했는데, 여기서 법질서란 반드시 법률만을 말한 것은 아니고 삼강오륜, 인의예지 등 넓은 의미의 법질서를 말한 것이다.

옛날 은(殷)나라에는 '길에 재를 버리는 사람은 손목을 자른다' 는 법이 있었는데, 공자의 제자 자공(子貢)이 "그 법이 너무 가혹한 법이 아니옵니까?" 하고 물었단다. 그러자 공자가 답하길, "나는 그것이 정치를 할 줄 하는 사람이 제정한 법이었다고 생각한다. 얼른 생각하기에는 길에 재를 버리는 일이 무슨 대단한 죄라고 손목을 자르냐고 책할 사람이 있을지 모른다. 그러나 실상인즉 그게 아니다. 길에 재를 버리면 그 재가 바람에 날려서 많은 사람이 눈병이 나고, 옷도 더럽히게 될 것이다. 그러면 그 사람들은 신경이 날카로와져서 재를 버린 사람과 시비를 벌이게 될 것이고, 싸움이 격화되면 살인극도 연출하게 될 것이다. 그러므로 길에 재를 버리는 것은 살인극의 근원을 뿌리는 것과 다름이 없으니, 그런 사람을 어찌 가볍게 처벌할 수 있겠느냐. 재를 버리지 않는 일은 누구나가 실천할 수 있는 쉬운 일이요, 손목을 잘린다는 것은 누구나가 싫어하는 일이다 그러므로 쉬운 일을 실천에 옮겨서 싫어하는 일을 당하지 않도록 하는 것이 그 법의 기본사상이다." 라고 말했다고 한다. 공자는 법을 숭상하되, 처벌보다도 선도에 중점을 두고 있다.

법의 공정을 지키기 위해 사사로운 정(情)을 버리고, 큰 목적을 위해 자기가 아끼는 사람을 가차 없이 버리는 삼국지의 읍참마속(泣斬馬

謏)에 대해서도 알아보자.

삼국시대 초엽인 촉(蜀)나라 건흥(建興) 5년(227) 3월, 제갈량(諸葛亮)은 대군을 이끌고 성도(成都)를 출발했다. 그리고 곧 한중(漢中:섬서성 내)을 석권하고 기산(祁山:감숙성 내)으로 진출하여 위(魏)나라 군사를 크게 무찔렀다.

그러자 조조(曹操)가 급파한 위나라의 명장 사마의[司馬懿:자는 중달(中達), 179~251]가 20만 대군으로 기산의 산야에 부채꼴[扇形]의 진을 치고 제갈량의 침공군과 대치했다. 이 '진'을 깰 제갈량의 계책은 이미 서 있었다. 그러나 상대가 지략이 뛰어난 사마의인 만큼 군량 수송로의 가정(街亭:한중 동쪽)을 수비하는 것이 문제였다. 만약 가정을 잃으면 중원(中原) 진출의 웅대한 계획은 물거품이 되고 만다. 그런데 그 중책을 맡길 만한 장수가 없어 제갈량은 고민했다.

그때 마속(馬謖:190~228)이 그 중책을 자원하고 나섰다. 그는 제갈량과 문경지교(刎頸之交)를 맺은 명 참모 마량(馬良)의 동생으로, 평소 제갈량이 아끼는 재기발랄한 장수였다. 그러나 노회(老獪)한 사마의와 대결하기에는 아직 어리다. 제갈량이 주저하자 마속은 거듭 간청했다.

"다년간 병략(兵略)을 익혔는데 어찌 가정 하나 지켜내지 못하겠습니까? 만약 패하면 저는 물론 일가권속(一家眷屬)까지 참형을 당해도 결코 원망하지 않겠습니다."

"좋다. 그러나 군율(軍律)에는 두 말이 없다는 것을 명심하라."

서둘러 가정에 도착한 마속은 제갈량지형부터 살펴보았다. 삼면이 절벽을 이룬 산이 있었다. 제갈량의 명령은 그 산기슭의 도로를 사수하라는 것이었으나 마속은 적을 유인해서 역공할 생각으로 산 위에 진을 쳤다. 그러나 위나라 군사는 산기슭을 포위한 채 위로 올라오지 않았다. 식수가 끊겼다. 마속은 전 병력으로 포위망을 돌파하려 했으나 용장인 장합에게 참패하고 말았다.

전군을 한중으로 후퇴시킨 제갈량은 마속에게 중책을 맡겼던 것을 크게 후회했다. 군율을 어긴 그를 참형에 처하지 않을 수 없었기 때문이다. 이듬해 5월, 마속이 처형되는 날이 왔다. 때마침 성도에서 연락관으로 와 있던 장완(張浣)은 마속 같은 유능한 장수를 잃는 것은 나라의 손실이라고 설득했으나 제갈량은 듣지 않았다.

"마속은 정말 아까운 장수요. 하지만 사사로운 정에 끌리어 군율을 저버리는 것은 마속이 지은 죄보다 더 큰 죄가 되오. 아끼는 사람일수록 가차 없이 처단하여 대의(大義)를 바로잡지 않으면 나라의 기강은 무너지는 법이오."

마속이 형장으로 끌려가자 제갈량은 소맷자락으로 얼굴을 가리고 마룻바닥에 엎드려 울었다고 한다.


영국 처칠 경의 준법준수에 대해서도 알아보자.

그는 어쩌다가 운전기사에게 차를 급히 몰게 한 일이 있었다고 한다. 그때 교통 경찰관이 이 차량을 발견하고 차를 세우게 했다. 그러자 운전기사가 경찰관에게 소리쳤다. "처칠 수상께서 타셨소." 그러자 경찰이 대답했습니다. "그러나 과속은 과속이오. 딱지를 떼겠으니 벌금을 물도록 하시오." 이에 처칠 수상은 언짢아하며 경찰에게 말했다. "이봐. 내가 누군 줄 알아?" 그러자 경찰은 이렇게 대답했다. "예! 얼굴은 우리 수상각하와 비슷합니다. 그런데 법을 지키는 것은 비슷하지 않습니다."

결국 처칠은 딱지를 받았다. 그러나 자기 직분을 충실히 수행하고 있는 교통경찰의 철저한 근무자세에 깊은 감명을 받았다. 업무를 마치고 사무실로 돌아온 처칠은 경시총감을 불러 자초지종을 이야기한 후 그 경찰관을 특진시킬 것을 명하였다. 그러나 경시총감은 한마디로 거절했다. "과속차량을 적발하였다고 특진시키라는 규정은 없습니다."

이런 일이 우리나라에서 벌어졌다면 어떻게 되었을까? 경찰총장은 수상 앞에서 크게 사과를 하고 경찰관은 즉각 파면을 당했을지도 모른다.

## 준법질서의 확립방안

우리나라의 교통사고 비율과 국민들의 준법정신 결여와 상관관계가 높게 나타났는바, 다음 설문조사에서 이에 대한 준법질서 확립방안에 대한 견해를 보자.

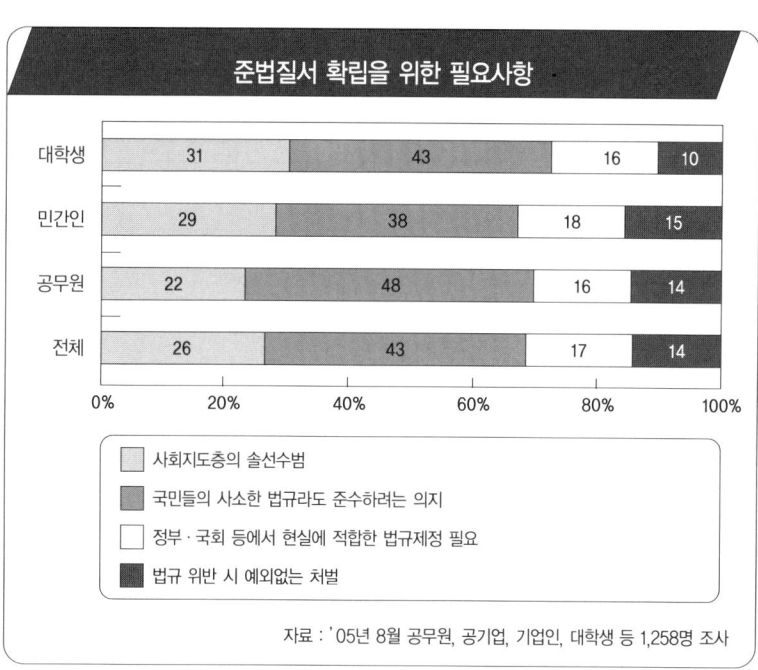

**준법질서 확립을 위한 필요사항**

| | 사회지도층의 솔선수범 | 국민들의 사소한 법규라도 준수하려는 의지 | 정부·국회 등에서 현실에 적합한 법규제정 필요 | 법규 위반 시 예외없는 처벌 |
|---|---|---|---|---|
| 대학생 | 31 | 43 | 16 | 10 |
| 민간인 | 29 | 38 | 18 | 15 |
| 공무원 | 22 | 48 | 16 | 14 |
| 전체 | 26 | 43 | 17 | 14 |

사회지도층의 솔선수범
국민들의 사소한 법규라도 준수하려는 의지
정부·국회 등에서 현실에 적합한 법규제정 필요
법규 위반 시 예외없는 처벌

자료 : '05년 8월 공무원, 공기업, 기업인, 대학생 등 1,258명 조사

● 시사점

　　사소한 법규라도 준수하려는 의지가 43%, 사회지도층의 솔선수범이 26%, 국회, 정부 등에서 현실에 적합한 법규제정이 필요 17%, 법규위반 시 예외 없는 처벌 14%로 나타났다. 이에 따라, 준법정신을 확립하기 위해서는 사소한 법규라도 철저히 준수하여야 하고, 사회 지도층도 이러한 규정을 지키기 위하여 솔선수범을 해야 할 것으로 보인다.

# 04 고유문화 보존

> 문화는 역사의 산물이며, 역사는 그 사회를 이룬 토대다.
> 주체적인 문화를 지키고 있는
> 민족만이 미래를 향할 준비가 된 민족이다.

문화는 매우 광범한 의미(무형문화와 유형문화)를 내포하고 있다. 대표적인 무형문화로 충·효 사상, 종교의식, 조상숭배, 온정주의 사고, 강한 결집력, 빨리 빨리 문화 등과 유형문화로는 예술품, 건축물, 문화재, 각종 풍물과 풍습, 의식주 등이 있다.

우리나라의 경우 짧은 기간에 너무 경제력 등 외연적인 성장에 집중을 하다 보니 사실 정신적인 문화, 조상의 유산, 고유전통 등을 소홀시 하게 되었다고 볼 수 있다. 하지만 역사와 전통이 짧은 미국 같은 나라도 자기 조상들의 가보와 생활상 등을 잘 보존하고 가꾸며, 공공도서관 등에서 철저하게 보존하고 있는 것을 보라. 지금부터라도 문화의 중요성과 가치를 깨달아 새롭게 보존하고 가꾸어야 한다.

이 장에서는 신·구세대가 문화를 보고 느끼는 데 있어 보편성과 특수성 조화, 외래문화의 유입에 따른 전통문화와 조화문제, 우리문화의 대표적인 사례, 우리문화의 특수성 구현 등을 알아보고 이에 대한 설문결과를 소개하고자 한다. 또한 이 장의 일부는 장동희 저 「한국행정철학」 자료를 토대로 쓰인 것임을 밝혀 둔다.

## 문화의 보편성과 특수성의 조화 필요

공동생활을 영위하는 인간사회에는 반드시 문화가 있다. 인간사회는 사회마다 그 내용과 형식은 다르지만 언어, 종교, 의식주의 생활양식 등이 있는 것이다. 문화는 인간사회에 보편적으로 존재하고 있다고 할 수 있다. 그러나 한 사회의 문화는 개인의 주체성과 창의성 및 그 집단에의 적응성으로 인하여 다른 사회의 문화와 차별화된 특질을 가지고 있다. 그리고 이에 따라 인류문화는 다양한 모습으로 나타나고 있다.

이 다양성이란 인간에게 공통된 보편적인 행동유형에 바탕을 두고 사회마다 특수하게 나타나는 차이에 해당하는 것이다. 인류문화의 역사적 과정을 보면 모든 문화는 4대문명의 발상지로부터 공간적인 영향의 확대과정을 통하여 이루어졌다고 할 수 있고, 한국의 문화도 그러한 문화의 확대 과정 속에서 이루어진 것이다.

여기서 우리는 문화 특수성의 보편화 과정과 보편성의 특수화 과정을 인식할 수 있다. 세계문화는 문화적 특수성의 감소에 의해서가 아니라 오히려 서로 다른 특수성을 주체적으로 창조, 발전시키고 조화시켜 나가는 데서 이루어져 왔던 것이다.

이제는 유럽 중심의 세계관이 아니라 모든 지역적 문화가 하나의 인류문화권 속에 수용되는 세계문화가 성립되어야 하는 시대다. 그렇기 때문에 우리는 과거 유교, 불교문화의 보편성 속에서 전통문화의 특수성을 구현해 왔던 것과 같이 새로이 이루어지고 있는 세계문화 속에서도 한국의 개별적 특수성을 창조해 나가야 하는 것이다.

외래문화가 우수하다고 하여 모방과 도취에 흘러서는 안 된다. 그것은 곧 자기를 잃은 결과를 초래하기 때문이다. 주체성이란 고유문화를 지키고 키워 나감으로써 확립되는 것이다. 문화의 주체성이 서 있지 못하면 민족의 주체성, 자주의식의 확립도 기대할 수 없게 된다.

## 전통적 우리 문화와 서구의 현대문화의 조화 필요

한국은 오랫동안 전근대적 사회에서 살아왔다. 대한민국은 건국 이래 근대화의 물결을 타고 탈바꿈해 가는 동안 봉건적인 신분사회로부터 민주적인 평등사회 그리고 농경사회부터 공업화를 중심으로 산업사회, 정보화 사회로 변화하여 왔다. 뿐만 아니라 사회구조가 복잡, 다양해지고 있기 때문에 종래의 전통적 가치관 또는 사고방식으로서는 이러한 변화에 적절하게 대응해 나갈 수가 없게 되었다. 그리하여 전통적 문화와 서구의 현대적 문화의 상충, 신·구세대 간의 갈등이 빚어지게 되고, 이러한 문화의 갭을 어떻게 해소시켜 나갈 것인가 등이 중요한 문제로 대두되고 있다.

흔히 서구가 이루어 놓은 근대문화에는 좋은 면만 있는 것으로 생각하기 쉽다. 그러나 어느 문화든 그 나름대로 밝은 면을 가지고 있는가 하면 어두운 면도 있다. 그리고 전통적 문화도 전적으로 부정되어야 할 면만 있는 것이 아니라 승계, 발전시켜 나가야 할 좋은 면도 가지고 있다. 따라서 서구의 발달된 문화를 우리 전통문화의 좋은 면과 어떻게 접목시켜 나가느냐 하는 것이 오늘날 중요한 문제인 것이다.

# 우리 고유문화의 사례

## 인정이라는 이름의 핵에너지

인간관계의 절충융합 관계에서의 이탈은 한국인이라면 가장 괴로운 고독과 소외감을 느끼는 요소이기도 한다.

'인정머리 없는 놈'이란 말이 우리 한국인에게 유별나게 아프게 들리는 것은 이 의존적 인간관계에서 파문을 뜻하기 때문일 것이다. 한국의 그 많은 시가가 예외 없이 이탈애수를 읊는데 예외가 없는 것은 이 의존적 인간관계에서 떠나간다는 것이 슬프기 때문이며, 한국인의 감정에서의 이탈애수가 중요한 비중을 차지하게 된 것은 필연이다.

구미사람들이 어머님의 손을 놓는 것이, 또 고향을 떠난 것이 한국인보다 덜 슬픈 이유는 그들이 아예 독립적 인간관계로 성장했기 때문일 것이다. 대체로 한국인이 추구하는 인정세계란 혈연관계로 이루어지고, 보다 확대해서 씨족, 동문, 동향, 동류 식으로 발전해 나간다. 또 이 같은 동류에는 별다른 접촉이 없어도 동심원이 얼마 정도 복합되어 있는 상태인 것이다.

한국인은 전혀 안면부지의 사람일지라도 이 혈연관계에 의한 동류의식이 작용한다. 반말이 그 대표적인 예다. 반말은 의존적 인정세계의 응석권에서 통용되는 말이기 때문이다.

한국인이 종씨 좋아하고, 동문 좋아하며, 동향 좋아하는 것은 반드시 긍정적인 가치관이랄 수 없으나 직장이나 단체에서 인간 관리를 할 때 이 동류의식을 촉발시켜준다는 것은 인정을 통한 친밀한 관리를 하는데 필요한 요인이 될 수 있다.

사람이 상대방에게 관심을 표현하는 심정은 세 가지로 분류할 수 있다. 자비심, 친절, 정의 세 가지가 그것들이다. 자비심은 보편적 규범이다. 친절은 친절하고자 하는 의도성이 있다. 정은 당연히 주어야 할 것으로 의도성이 적다.

우리나라 사람들은 자기에게 주어진 공식 역할 때문에 상대에게 친절을 베풀어도 후자는 이를 정으로 받아들이는 경향이 있다. 시어머니가 자기 역할 때문에 며느리를 돕는 것을 정 때문에 돕는 것으로 생각하고 받아들이는 것이라든가, 또 국장이 부하에게 국장으로서 부하를 도와주는 데도 부하는 이를 정으로 생각하는 것을 흔히 볼 수 있다. 상관과 부하의 관계는 본질적으로 역할 또는 과업의 관계인데도 둘 사이의 교류가 지속되면서 정(情) 관계의 특성을 지니게 되는 것을 당연시하고 바람직하다고 여기는 문화적 정서를 지니고 있다.

상관은 부하를 사랑해야 한다는 말 속에도 이런 의미가 있다. 상대방과 함께 격식을 차리지 않은 경험을 자주하는 것, 2차나 3차의 술자리를 함께하는 것, 신입사원 신고식을 하는 것 등은 전부 정을 두텁게 하기 위한 제도들이라 할 수 있다. 상관과 부하 사이에 비공식적 교류가 많아질수록 그에 비례하여 정은 깊어지고, 이것은 당사자들에게 특별한 인연으로 받아들여진다.

## 우리라는 공동체 의식

한국 사람들은 원래 집단의식 또는 '우리' 의식을 강조하는 문화를 가지고 있다. 이것은 사용하는 말에도 잘 나타나 있다. 부인을 '우리 집사람' 또는 '우리 마누라'로, 엄마를 '우리 엄마로', 올케를 '우리 아가씨'로, 학교를 '우리 학교'로, 마을을 '우리 마을'로 표현한다. 사실 이런 표현 속에는 자기를 낮추는 뜻도 있다. 아무튼 '우리'라는 1인칭 대명사의 쓰임에서 개인보다는 집단 또는 공동체를 우선시하는 사고방식을 엿볼 수 있다. '우리'라는 말 속에서 '정, 친밀감, 상호수용'이 포함되어 있다.

한국 사람들은 음식점에서 주문을 따로 해도 음식 그릇을 한 가운데 놓고 같이 덜어 먹는다. 찌개나 전골을 한 그릇 속에서 퍼서 나누어 먹는 것이 그 예이다. 음식점에서 전골은 1인분은 주문을 받지 않는다. 또 먹고 난 뒤의 계산은 한 사람이 맡아서 하는 경우가 대부분이다.

또한 한국 사람들이 '우리'라고 느끼고 부르는 공동체 의식 또는 집단의식은 가족, 동일한 씨족 또는 가문, 같은 마을 또는 동향, 같은 학교, 같은 계급, 같은 스승의 문하생과 같은 귀속적 관계로 이루어진 사람들에 대하여 갖는 의식을 말한다. 그리고 이런 의식은 '우리'와 '남', 또는 타인과 구별하거나 차별화 하겠다는 것을 의미한다. '우리'가 아니면 '남'이라는 이분법을 쓰려는 것이다. '우리' 집단과 '남'의 집단을 구별하려는 것이다. 이때 남이라는 것은 중립적인 존재가 아니라 경쟁의 대상, 차별과 배척의 대상이라는 것을 의미할 때가 많다.

중요한 것은 '우리'는 남과 우리를 관통하는 공통 요인을 배재한다는 것이다. 특히 중요한 일을 할 때일수록 우리를 더 찾게 된다. 예를 들면 공무원 인사를 할 때나 국회의원 선거를 할 때에 그렇다.

그러면서 그렇게 할 수밖에 없는 이유로 믿을 수 '있다' 혹은 '없다'를 기준으로 삼는다고 한다. 실제로 믿어본 일도 없으면서 선입견으로 그렇게 생각한다. 인사행정에서 공통된 합리적인 기분은 '능력'이라는 것을 인정하면서도 신뢰가 더 중요하기 때문이라고 한다. '우리' 아닌 '남'의 집단에도 능력이 있는 자가 많다는 것을 인정하기 싫어한다. 설혹 그런 사람이 있다 하더라도 자기 집단의 사람에 비하면 믿을 수 없다고 생각한다.

　다음으로 중요한 것은 이 '우리'라는 감정의 구속적 성질이 강도가 지나쳐서, 그 대상이 너무 제한적이고 불변적이라는 것이다. 같은 일을 함께 하게 된 사람들은 '우리'라는 감정이 쉽게 생기지 않으며, 설혹 생기더라도 그 정도가 매우 약해서, 다시 그 집단 속에서 진정한 '우리'의 대상을 찾는다. 소위 통하는 사람을 찾는 것이다.

　조직이 커질수록 그 속에 여러 파벌들이 생겨 공식조직의 합리적 운영을 방해하는 것이나, 우리나라에서 대규모 조직을 운영하기 힘든 것은 이 때문이다. '우리'라는 관념은 소집단 속에서의 귀속적 인간관계에서 적용하는 것으로 알고 살아온 사람들의 특징이기 때문에, 대규모 공식조직에 대하여 '우리' 의식을 가지기 힘든 것이다.

　또 '우리'라는 것은 구성원에게 집단의 화목을 위해서 노력할 것과 다수의 의견에 따를 것을 요구하며, 개인의 자율성과 개성의 표현을 억제할 것을 요구한다는 것을 의미한다. 앞에서 언급한 '단결', '인화' 등의 구호들은 조직 내에서 이런 기능을 한다. 일반적으로 일본 사람들은 한국 사람들에 비하여 단결을 잘한다고 알려져 있다. 이에 비하여 우리는 개인은 매우 우수하여도 집단으로는 단결하지 못한다고들 한다.

　한국인은 앞에서도 말한 것처럼 '우리'란 말을 쓰면 '정', '친밀감', '상호수용'과 같이 피부로 느끼는 인간관계적 '우리'를 생각한다. 이에 대하여 일본인은 '유대성', '동질성', '공통성' 등으로 집단 귀속적 또는 집단 동일시 차원에서 '우리'를 생각한다.

　'우리'라는 느낌을 갖기 위해서 일본인은 집단속에서 취미활동이나 작업이나 생활을 같이함으로써 '우리' 감정을 느낀다. 그에 반해 한국에서는 집단 활동보다는 개인적으로 가깝게 지내는 사람들에게 '우리' 감정을 더 느끼게 된다. 한국인은 '우리'라는 감정을 느끼는 집단을 생각하고, 일본인은 활동을 같이하는 사람으로 생각한다.

여기에서 나타나는 근본적인 차이점이 드러난다. 한국인은 귀속적인 요인을 '우리'의 기준으로 삼기 때문에 정적이고 지속적이고 불변하는 것인데 대하여, 일본인의 '우리'는 취미, 서클활동, 특수 목적의 단체 활동을 통해서 생기는 '우리'이기 때문에 동적이고 단절적이고, 변화할 수 있는 것이다. 우리가 귀속적 요인을 더 중요시하는데 비해 일본인은 이를 덜 중하게 여긴다는 것이다. 일본에서는 심지어 자기의 아들이 무능하다고 생각하면 재산 상속에서도 고용인에게 상속시키는 관행도 있다. 일본은 우리처럼 선조의 족보를 자세히 따지고, 많은 선대를 거슬러 올라가며 제사를 지내는 일도 하지 않는다. 일본인은 오히려 '이웃'을 더 중시한다. 그러기 때문에 '우리'라는 관념을 공식조직으로 쉽게 확대 적용할 수 있는 것이다. 이것이 일본인들이 한국인보다 공식적인 대규모 조직을 만들고 운영하기가 더 쉽고, 운영도 우리보다 합리적으로 할 수 있는 가능성이 더 많은 이유다.

## '인화(仁和)'를 바탕으로 삼은 한국 기업의 유교정신

갑오개혁 이전 한국의 사상과 문화는 중국의 유교에서 깊은 영향을 받고 있었다. 퇴계 이황이 대표가 되는 '주자학파'가 과거 한국 사회의 정통적 사사였는데 이황은 유교의 경전을 최고의 교의로 삼은 경영학의 전형적인 리더이고 보유자이다. 주자학은 조선조가 창립될 단계 및 안정되었을 시기에 봉건 지배사상의 중심이기도 했다. '주자학파'가 주장하는 군주와 신하, 아버지와 아들 등의 윤리원칙은 전 세계에 잘 알려진 영원한 진리이다.

한국의 관리문화를 엄밀히 분석해보면 외래문화의 두 가지 곡선이 보인다.

하나는 유럽과 미국에서 수입된 관리이론과 방법이며, 또 하나는 한국화 되었지만 중국 유가의 전통문화와 깊은 관계가 있는 '인화'(仁和) 정신이다. '인화'는 전통적인 맹자의 도를 핵심으로 삼는 선비적 윤리로, 영국이나 미국을 비롯한 패권주의의 압력을 받으면서도 결코 굽히지 않고 자존심을 지키며 의욕적으로 노력하는 한국 기업가정신의 중추이다.

예를 들어 한국 기업에서의 융화는 모든 사람들의 선망의 대상이며 어떻게 해서든 달성하려 하는 이상적 경지로, 모든 기업들이 기본적인 목표로 삼고 있다. 따라서 독단적인 태도나 서양식 개인주의, 또는 내부 경쟁은 줄이는 식의 융화를 바탕으로 삼는 운명공동체가 형성되어 있다.

한편 중국으로부터 수입된 한국사회의 유교사상은 오랫동안 나름대로의 소화를 거쳐 개도된 한국식 유교이다. 예를 들어 중국에서의 '중용의 도'는 인정이 있고 선량하며 신중하고 소박하여 겸양을 강조하는 것으로, 사람들의 화목을 중심으로 화가 나도 화내지 않고 원한이 있어도 용서해주어야 한다고 주장하고 있다. 하지만 한국의 경우에는 이 사상을 관리분야에 도입하여 한국민족의 자존심과 진취성, 그리고 자본주의의 효과적인 관리방법에 교묘하게 융합시켰기 때문에 아시아의 자본주의 국가 중에서는 상대적으로 능률이 높고 안정된 나라가 될 수 있었던 것이다.

한국에서의 노동쟁의는 다른 자본주의 국가와 비교해 특별하다고 할 수는 없다. 사회의 직책과 재산에 따른 격차가 엄존함에도 불구하고 표면상으로는 사람들이 모두 융화를 이루고 있으며 자신의 분수에 만족하며 열심히 일하고 있다. 유교 관리적 측면의 그 진수를 잘 이해한 것이다.

유교 '화(和)'의 의미는 현대사회에 이르러 화목한 교제, 일치단결, 단체정신, 집단주의로까지 그 해석범위가 확대되었다. 인화는 사람들의 사회적 심리를 만족시킬 뿐 아니라 조직원들이 자기가 속한 조직을 위해 공헌하도록 만들기 위해 필요한 소속감과 일체감을 만들어 내고 있다.

물론 어떤 조직이라도 충돌과 모순, 긴박한 상황이 연출되는 경우가 있다. 그러나 한국과 일본에서는 직원들이 교대제를 취하고 있다. 그들은 자기 자신의 경험을 통해 상대방의 업무를 이해하고 있으며, 각 부문의 종업원의 업무도 서로가 자세히 알고 있다. 또한 충돌과 모순을 해결하여 융화를 유지하는 데 기여하고 있으며, 다른 부서로의 전근을 실행하여 업무순환 체계가 장려되어 있기 때문에 오랜 시간에 걸쳐 똑같은 일에만 종사하는 사람보다 의욕이 넘치고 자유롭게 정서생활을 즐길 수 있는 장점을 가지고 있다.


## 우리 고유문화의 특수성 구현

일본의 식민정책은 한국의 지식인으로 하여금 일본문화와 서구문화를 모방하도록 가르친 데다 당시 한국의 지식인은 재래 한국 전통문화와 의식적으로 단절을 시도했다. 의식 있는 지식층도 재래 한국문화에 대한 발굴과 정비를 할 수 있는 기회를 가지지 못한 데다가 8·15해방 이후 외래문화를 무조건 받아들였고, 그로 인해 전통문화가 외래문화에 압도당해 한국의 문화체계는 외부로부터 받은 문화적인 충격으로 인한 자율성을 바탕으로 한 가치창조의 작업을 이루지 못했다.

그 결과 한국의 지식층은 8·15해방 이후 물밀듯이 밀어닥친 서구문화를 주체적으로 비판하여 받아들일 수 있는 자각을 가지지 못하였다. 이에 덧붙여서 한국의 지배층을 구성한 외유 지식인의 국제주의적 사고가 정책결정의 중심을 이루고 있었던 관계로 한국에서 서구문화의 전파는 응당 겪는 재래문화와의 충돌 없이 이루어졌다. 따라서 외래문화에 심각한 해체나 재구성의 계기를 부여하지 않고 기존의 재래문화 위에 그대로 외래문화를 올려놓는 복합구조를 만들어 냈다.

유교와 불교가 지도이념이 되어온 동양의 사회와 헬레니즘과 헤브라이즘이 지도이념이 되어온 서양사회는 각기 그 자체로서 의미를 지니고 있다. 민족과 지역, 환경이 다른데서 비롯된 상이한 문화를 하나의 틀에 억지로 귀일시키려는 태도는 합리적이지 않다.

문화유형에는 불변성을 속성으로 하는 기본적이고 구조적인 것이 있는가 하면 가변성을 속성으로 하는 제2차적 유형이 있다. 전자를 기층문화라고 한다면 후자를 표층문화라고 할 수 있다. 이는 언어의 구조가 불변적인 속성을 가지고 있는 데 대하여 언어를 구성하고 있는 단어들은 가변적 속성을 지닌 예와 유사하다.

이전에는 한국의 전통적 문화나 가치는 의례히 부정적인 시각에서 평가하였는데 일면의 타당성을 가지고 있는 것은 사실이다. 그러나 그것은 표층적인 문화에 대한 비판일 뿐이고 기층문화가 가지고 있는 핵심적인 내용에 대한 해설 또는 비판은 아니었다고 생각한다.

한국문화에는 고유적인 요소 이외에 외래의 이질적인 요소들이 많이 도입 융합되어 있다. 만주·몽고계통, 중국계통, 남방계통, 인도계통, 북방계통, 서역계통 등 이와 같은 세계의 여러 문화적 요소는 한국민족의 성격과 한반도의 풍토적 조건이라는 도가니 안에서 융합되어 한국문화의 훌륭한 재료가 되었고 새로운 문화 창조의 활력소가 되었다.

여기서 우리가 크게 주목해야 할 것은 문화수용과정에서 볼 수 있는 긴급감이다. 고급문화를 수입할 때 수요자 측의 자체능력이 열세일 때는 그 고도의 문화를 동화시키지 못한 채 외래문화에 흡수되고 만다. 그런데 한국의 경우는 어느 특정 외래문화에 동화되는 일 없이 도리어 그것들을 주체적으로 소화하여 자기의 것으로 만들었던 것이다.

대표적인 예로 불교와 유교를 수입함에 있어서도 주체적인 입장에서 그것을 체계화시키는 슬기가 있다. 그리고 그 능력을 바탕으로 하여 세계문화 발전에 공헌해 왔던 것이 사실이다. 이것이야말로 한국인의 진정한 능력이요, 한국문화의 특징이라고 할 수 있다.

바로 이것이 우리 민족 고유의 능력인 화(和)로서 오늘에까지 이어지고 있다. 그러므로 우리는 이러한 한국민족의 전통을 재인식하고 오늘에 부응하여 발전시켜 나가야 하는 의무가 있다.

참고로 우리 고유문화의 보존에 대한 설문결과를 소개하고자 한다.

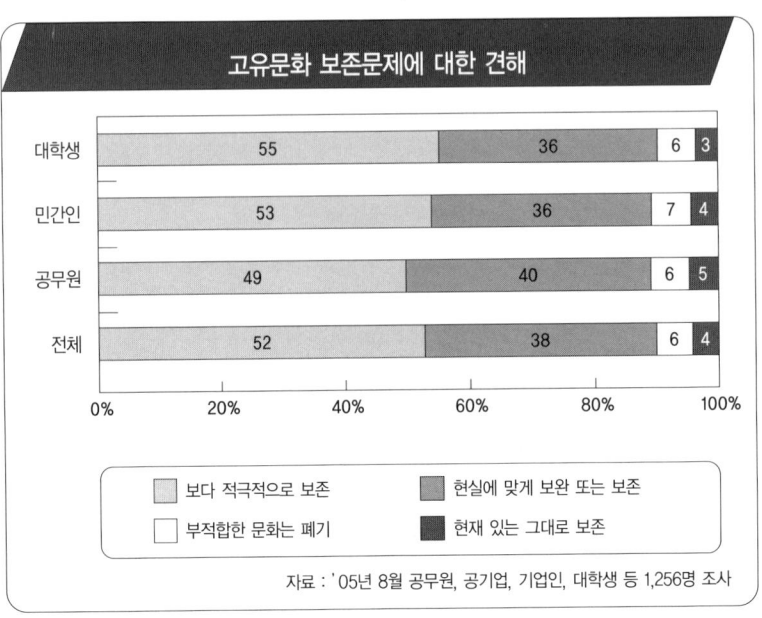

고유문화 보존문제에 대한 견해

| | 보다 적극적으로 보존 | 현실에 맞게 보완 또는 보존 | 부적합한 문화는 폐기 | 현재 있는 그대로 보존 |
|---|---|---|---|---|
| 대학생 | 55 | 36 | 6 | 3 |
| 민간인 | 53 | 36 | 7 | 4 |
| 공무원 | 49 | 40 | 6 | 5 |
| 전체 | 52 | 38 | 6 | 4 |

자료 : '05년 8월 공무원, 공기업, 기업인, 대학생 등 1,256명 조사

● 시사점

　　보다 적극적으로 발굴하여 보존 52%, 현실에 맞게 보완하여 보존 38%, 현재 있는 그대로 보존 4%, 불필요한 것은 폐기 6%로서, 우리 국민은 우리 고유문화에 대해서 매우 긍정적으로 보고 있으며, 또한 현실에 맞지 않는 문화는 보다 보완하자는 의견이 많았다.

# 05 빈부격차

가난 구제는 나라님도 못 한다는 말은 옛 말이다.
빈부격차가 해소되어야만
국민통합의 첫 발을 뗄 수 있다.

**최근**에 중산층이 빠르게 감소하고 있다고 한다. 빈부격차가 심화되고 있는 것이다. 빈부격차 해소문제는 이론적으로는 매우 중요하지만 현실적으로는 쉽지 않는 문제이다.

빈부격차 문제는 세계적인 추세이며 세계 각국의 개방화, 정보화가 빨라지면서 나라별로 격차가 더욱 심해지고 있는 실정이다. 우리나라도 IMF 이후 빈곤층이 급속하게 확대되고 있다.

한국개발연구원 자료에 의하면 물가상승률을 반영한 '99년도 최저생계비를 85만 8천원으로 보면 이에 미달한 가구가 '97년 9.7%에서 '98년 이후 17.6%~16.9%로 2배 가까이 늘어났다고 한다. 절대빈곤의 문제는 정부에서 해결할 수 있다고 보지만, 상대빈곤의 문제는 해결의 실마리가 쉽게 보이지 않는다.

태양은 볕을 삼라만상의 대자연에게 골고루 나누어주지만 그럼에도 음지가 생길 수 있다. 이 음지를 빈부격차라 할 때 불가피한 음지에 대해서는 정부가 인위적으로 따뜻한 햇볕을 쪼이도록, 즉 빈부격차를 줄이도록 해주어야 한다. 소나무만 번식하는 소나무그룹 사이에는 잡초와 풀이 거의 자라지 못하며, 칡넝쿨과 한삼넝쿨 아래서는 다른 식물들이 성장하기 곤란하다. 그렇기 때문에 정부가 빈부격차 해소를 위하여 공정한 경쟁과 적정한 영역을 보호해 주어야 하는 것이다.

이번 장에서는 빈부격차 문제에 대한 견해와 우리나라의 현실, 최근 참여정부의 빈부격차 정책방향에 대한 소개 일부 등으로 본 설문조사결과를 통한 빈부격차 방향을 알아보고자 한다.

이 장의 일부는 이정수(전 대통령 자문정책기획위원장)의 자료를 토대로 작성되었음을 미리 밝힌다.

## 빈부격차에 대한 견해

### 빈익빈 부익부로 가는 세계화

몬트레이 합의는 선진국이 후진국에 대한 원조를 배가하는 대가로 후진국이 정치적 자유와 경제적 안정화를 추진해야 한다는 조건을 달았다. 그동안 개발원조가 빈곤퇴치와 무관하게 남용됐다는 점에서 사후관리의 중요성을 강조한 것이다.

그 전까지는 원조가 경제적 목적보다 정치적 동기에 의해 주어지다 보니 부정부패와 인권유린으로 물든 독재국가들이 상당수 혜택을 받아왔다. 개발원조가 냉전체제하에서 우방국가를 만들기 위한 포석으로 추진됐기 때문이다. 바로 이것이 제2차 세계대전 이후 미국과 유럽이 개도국에 원조한 총 1조원 달러에 달하는 엄청난 액수가 상당부분 물거품이 된 배경이다.

이번 회의가 가지는 의의와 그 성과는 선·후진국간의 점증하는 빈부격차를 확인했다는 데 있다. 세계화가 부의 증진을 가져오긴 하지만 나라 사이의 소득격차는 오히려 악화되고 있다는 문제를 같이 인식한 것이다.

그러나 선진국이 강조한 경제적 안정화는 다소 자가당착적이다. 국내시장 개방, 무역장벽의 완화, 민간투자 확대는 본질적으로 세계화의 논리에 다름 아니기 때문이다. 개도국에게는 산업과 금융의 배방에 앞서 체질개선이 중요하다. 우리의 지난 경제위기가 보여 주듯이 섣부른 자유화와 탈규제는 개도국의 성장기반을 더욱 대외 종속적으로 만들 뿐이다.

오늘의 빈곤문제는 원조만으로 해결되지 않는다. 개발을 위해 외자유치를 적극 시도한 아시아, 아프리카, 라틴아메리카 지역의 나라들을 보라. 그들의 대외채무는 오히려 늘어나고 있다. 후진국은 경제체질을 바꿔 줄 발전전략을 수립해야 한다. 그리고 선진국은 교역과 투자에서 위계적인 세계경제 구조를 개선해 주어야 한다. 선진국과 후진국 사이의 관계가 동등해지지 않는 한 빈곤탈피는 쉽지 않다.

## 중산층 부활을 위하여

오른쪽날개(우익)가 주류였던 시절, '새는 좌우의 날개로 난다'는 제목의 책은 일종의 사상적 오아시스였다. 그 제목 하나만으로도 왜 왼쪽 날개가 필요한지 금세 일깨워 주곤 했다. 이념의 균형, 사상의 형평을 강조한 이 책은 지금도 여전히 학생들의 필독서로 꼽힌다.

지금은 당시보다 우리 사회의 좌우날개가 훨씬 균형을 이루고 있다. 하지만 그로 인해 과연 새가 제대로 날고 있는지는 다시 생각해 볼 필요가 있는 것 같다. 새가 날아가는 힘의 원천은 몸통은 오히려 유연성이 떨어지지 않았나 하는 의문에서다. 만일 그렇다면 오아시스로 알았던 곳은 신기루였는지도 모른다.

좀 더 상상력을 발휘해 보자. 만약 새의 날개와 몸통을 경제적인 계층으로 나눠 볼 수 있다면 몸통을 사회를 지탱하는 중심층으로 파악해도 큰 무리가 없을 것이다. 빈곤층과 부유층이라는 양 날개의 존재가 불가피한 요인이겠지만 몸통(중산층)은 생명(경제)을 유지하기위한 가장 중요한 요소인 탓이다. 물론 중산층에 대한 뚜렷한 정의는 없다. 보통은 국민들의 소득 크기를 순서대로 따져 중간 소득의 50%에서 150% 사이의 가구를 말한다. 상황에 따라 기준이 달라지겠지만 요즘엔 집 한 채 갖고 있으면서 월 소득 300만 원 안팎이면 중산층으로 볼 수 있다는 게 학자들의 설명이다.

우리나라에서 중산층의 붕괴나 몰락 얘기가 나온 지도 벌써 꽤 오래전이다. 물론 경제양극화가 꼭 우리나라에만 나타나는 현상이 아닌 것도 사실이다. 하지만 우리의 경우 중산층이 빠른 속도로 빈곤화하고 있다는 데 큰 문제가 있다. 300만 명이 넘는 신용불량자, 정부 발표로도 700만 명을 웃돈다는 빈곤계층, 100만 명에 이르는 단전가구 수 등 몇 가지 통계만 봐도 빈곤의 그림자가 어느 정도인지 알 수 있다. 경기 침체가 지속되면서 소수의 상층을 제외하고는 온 국민이 빈곤의 위협 속에 노출돼 있다고 해도 과언이 아닐 정도다.

중산층은 한 나라의 경제를 받쳐주는 허리다. 허리가 든든하지 않으면 내수시장이 유지될 수 없고 이는 결국 성장잠재력을 떨어뜨리는 요인이 된다. 더 이상 중산층이 얇아지는 것을 방치해선 안 된다는 얘기다. 중산층이 두터워져야 사회가 안정되고 활력이 생길 수 있기 때문이다.

정부가 그동안 주력해온 빈곤층 지원도 그런 노력의 일환인 것은 사실이다. 하지만 중산층을 두텁게 하려면 결국은 일자리를 많이 만들어줘야 하고, 이는 기업의 투자확대를 통해 이뤄질 수밖에 없다. 바로 이것이 정부가 기업투자확대에 초점을 맞춘 경제활성화 정책을 최우선과제로 삼아야 하는 이유이다.

노벨문학상을 받은 영국 비평가 버나드 쇼의 묘비에는 이런 글귀가 적혀있다고 한다. "우물쭈물 하다가 내 이럴 줄 알았지." 정말이지 더 이상 우물쭈물할 시간은 없다.

### 분배와 성장은 동행(同行)

지난 2년 반 동안 성장이냐 분배냐 하며 수시로 고요한 호수에 돌을 던지는 사람들이 많았다. 이른바 성장과 분배를 둘러싼 논쟁 아닌 논쟁에서 지금까지 참여정부에 쏟아진 비판은 대체로 세 가지다.

1) 분배에 치중하여 성장의 발목을 잡고 있다.
2) 참여정부 때문에 분배, 빈곤이 악화되었다.
3) 참여정부는 성장, 분배라는 두 마리의 토끼를 다 놓쳤다.

이 글에서는 이 세 가지 주장이 얼마나 근거가 있는지를 조목조목 검토해보고 실제로 분배와 성장의 관계를 보는 정확한 관점을 제시하고자 한다.

결론부터 말하자면 이 세 가지 주장은 하나같이 근거가 희박하다. 억지가 통하면 진실이 죽는 법. 그렇다면 진실은 무엇인가?

간단하게 말해 분배가 잘 돼야 성장도 잘 된다. 이 명제는 최근 10년간의 경제학 연구로 밝혀진 새로운 사실이다. 이 점을 모르고 타성적 비판을 일삼는 일부 언론과 경제학자들은 이제 낡은 노래를 접을 때가 됐다.

이 새로운 명제에 따라 현 참여정부가 사회정책에 배전의 노력을 하고 있지만 아직은 그 힘이 불충분하기 때문에 서민들이 겪는 경제적 고통이 크며, 성장에도 불리한 영향을 미치고 있는 것으로 보는 것이 정확한 진단이다. 심각한 양극화 진행을 막거나 성장을 촉진하기 위해서라도 앞으로는 보다 적극적인 사회정책이 요구된다.

보수 진영에서는 걸핏하면 참여정부를 '분배주의', 혹은 나아가 '좌파'라고 부르지만 이는 가당찮은 일이다. 참여정부는 성장을 중시하지만 분배도 무시해서는 안 된다는 인식을 갖고 있다. 성장과 분배는 같이 갈 수 있고, 같이 가야 한다는 관점은 경제학적으로 지극히 온당한 입장이다. 그러나 장장 40여 년간 성장지상주의가 우리의 사고방식을 지배하다 보니 이런 온당한 생각조차 비방의 대상이 되고 있는 게 오늘 우리 언론과 학계의 현주소다. 그만큼 우리 사회의 사상적 스펙트럼이 심하게 보수 쪽으로 편향돼 있다는 증거다.

1930년대 세계 대공황기에 자본주의가 위기에 빠졌을 때 자본주의의 구원투수였던 케인즈조차 한 때 좌파로 몰린 적이 있을 정도로 좌파, 우파의 개념은 연기처럼 묘연한 것이다. 연암 박지원은 "이 세상에 까마귀만큼 검은 것도 없지만 빛이 비치면 황색, 녹색, 또는 비취색으로도 보인다. 사실 물건에는 일정한 빛깔이 없는데 내가 먼저 눈과 마음으로 정해버리고 만다."고 하면서 주관적 독단주의를 경계하였다. 우리도 그처럼 이제는 좀 성숙한 사회로 발돋움해야 하지 않을까.

성장은 물론 중요하다. 또한 분배도 필요하며, 성장을 위해서 분배가 도움이 된다는 주장은 지극히 온당하다. 성장과 분배는 동행하는 것이다. 그런 관점에서 참여정부는 '동반성장' 정책을 추진하고 있다.


## 빈부격차에 대한 참여정부의 방향

2004년 우리사회가 당면한 가장 큰 문제 중 하나는 사회경제분야에서 양극화가 심화되고 있는 현상이다. 한편에서는 자동차, IT 등 수출이 매달 사상 최대 실적을 기록하며 호황을 누리고 다른 한편에서는 극심한 내수 불황으로 영세자영업자와 택시운전기사들 사이에서 IMF 때보다 더 어렵다는 불만이 터져 나오고 있으며 식당주인들의 솥단지 시위도 눈길을 끌었다. 이와 같은 수출과 내수의 분리현상이 대기업과 중소기업, 정규직과 비정규직의 양극화와 함께 궁극적으로 빈부격차를 심화시키는 요인이다.

참여정부는 일찍이 빈부격차와 함께 사회통합을 방해하는 요인으로 차별문제에 주목하여 여성, 장애인 등 사회적 취약계층에 대한 고용상의 차별과 기타 생활 속에서 일어나는 차별을 시정하고자 빈부격차 · 차별시정위원회를 만들었다.

빈부격차를 완화하고 차별을 시정하는 일은 단기적인 처방으로 해결될 수 있는 것이 아니고 제도화와 사회 구성원의 의식변화 등이 수반되어야 하는 장기과제이므로 빈부격차 · 차별시정위원회는 이러한 문제를 해결하기 위한 기초를 다지는데 주력하고 있다.

빈부격차 · 차별시정위원회가 2004년도에 추진한 성과는 크게 구분지어 5개 분야로 정리할 수 있다.

## 부동산 가격 안정과 서민주거복지 확대

부동산정책은 보유세 강화와 주택공급 확대를 통한 시장안정이 첫 번째 목표인데 2004년 8월 재경부에 부동산 실무기획단을 구성하여 종합부동산세 도입의 첫 단계로 2004년 11월 4일 보유세 개편방안을 마련하였다. 서민주거 복지 분야는 12월 현재 국민 임대주택 9만 1천 호가 착공되어 연초 목표 대비 91%가 달성되었으며 저소득층을 위한 도심다가구 매입임대사업도 서울지역에 503가구가 입주하여 차질 없이 진행되었다.

## 사회보험 형평성 제고

우리나라는 고소득 전문직과 자영업자 등의 소득파악률이 저조하여 조세 및 사회보험료 부담에 대한 국민들의 불만이 높다. 따라서 세원투명성을 확보하고 형평적 과세를 통해 소득재분배 효과를 높이는 것이 중요하다.

2003년 5월에 빈부격차 · 차별시정 T/F가 발표한 '빈부격차 완화를 위한 세원 투명성 제고방안'을 추진함에 따라 2004년에 의사 변호사 등 고소득 전문직종외에 대형음식점, 학원서비스업 등 5개 직종을 추가하여 총 15개 직종 중 월평균보수 이상 사업장 2만 7000개를 점검중이며 이를 통해 2004년 6월 기준 보험료 29억 원을 추가 징수했다. 또 10개 고소득 전문직 종사자의 직종별 평균보수월액을 마련하여 지도점검에 활용함으로써 가입자의 성실신고를 유도했다.

## 일을 통한 빈곤탈출 지원 정책

외환위기 이후 우리사회에서 일자리가 양극화되고, 비정규직이 크게 증가하여 취업과 실직을 반복하거나 일을 해도 가난한 근로빈곤층 문제가 대두되었다. 이에 따라 빈부격차·차별시정위원회는 2004년 11월 10일 국정과제회의를 통해 근로빈곤층을 위한 대책으로 '일을 통한 빈곤탈출 지원정책'을 발표했다.

주요내용은 저소득층에게 의료·교육·주거 서비스 등 기초적 복지를 지원하여 일을 할 수 있는 여건을 조성하는 한편, 사회적 일자리와 자활지원 내실화로 일할 능력이 있는 빈곤층에게는 일자리를 제공하고, 취업해 있지만 빈곤한 계층에게는 EITC(근로소득보전세제) 도입을 본격 검토하기로 하는 등 궁극적으로 일을 통해 빈곤에서 탈출할 수 있도록 지원시스템을 구축한다는 것이었다.

## 차별시정기구 일원화 및 여성, 장애인 고용확대

빈부격차·차별시정위원회는 차별시정을 원활하게 추진할 수 있는 인프라를 보강하기 위해 여성부, 국가인권위원회, 노동부 등 부처별로 나눠져 있던 차별시정업무를 국가인권위원회로 일원화하는 방안을 2004년 12월 확정함에 따라 향후 차별피해자의 권리구제가 크게 신장될 것으로 기대하고 있다. 또 2004년 7월부터 우리나라 최초로 여성에 대한 적극적 고용평등조치가 시행되어 여성인력활용의 토대를 마련했고 1,000명 이상 기업에 대한 여성고용실태를 조사하고 있다. 장애인의 경우, 민간부문 장애인 고용대책을 수립하여 고용상 차별문제 개선에 기여했다.

## 취약계층보호 지원 및 사회안전망 확충

노동시장 양극화와 가족해체의 증가로 아동에 대한 계층 간 투자 격차가 심화되어 빈곤대물림 현상에 대한 사회적 우려가 커짐에 따라 정부는 '빈곤대물림차단을 위한 희망투자전략'을 2004년 7월 1일 국정과제회의를 통해 발표했다. 이는 빈곤아동에 대한 정부차원 최초의 종합대책으로 의미가 있으며 지속적인 정책추진을 위해 국무조정실 주관으로 「아동정책조정위원회」에 상정하여 시행하기로 했다.

또 사회안전망의 사각지대 해소를 위해 차상위계층에 의료급여, 자활지원 등을 확충해나가는 한편 2004년 7월 1일에 위기가정에 대한 긴급보호체계(SOS신고센터)를 구축하고 상담전화를 개통했으며 11월에는 공공복지서비스 전달체계의 개편을 위해 전국적인 현장점검을 실시하였다.

지난 1년을 돌아보면 위원회가 목표했던 과제들은 차질 없이 수행되었으며 소기의 성과도 거두었다. 그러나 사회안전망의 확충에도 불구하고 양극화 문제의 그늘에 숨어있는 빈곤층을 들여다보면 과제는 여전히 남는다. 최근에 광주에서 30대 가장이 아들을 살해하고 자신도 자살한 사건과 대구의 5세 남자아이가 굶어죽은 사건이 일어나는 등 국가가 국민에게 최소한의 삶의 질을 보장하려는 사회안전망이 아직도 미흡함을 확인시켜 주었다. 사회안전망을 촘촘하게 짜는 것에 더하여 실제로 사회경제적 지원이 필요한 빈곤층에게까지 닿을 수 있도록 사각지대 해소와 효율성 확보를 위한 공공서비스 전달체계 개선이 필요하다.

# 빈부격차 진행 예상

최근 우리나라의 「빈부격차」 확대문제에 대하여 설문조사를 했다.

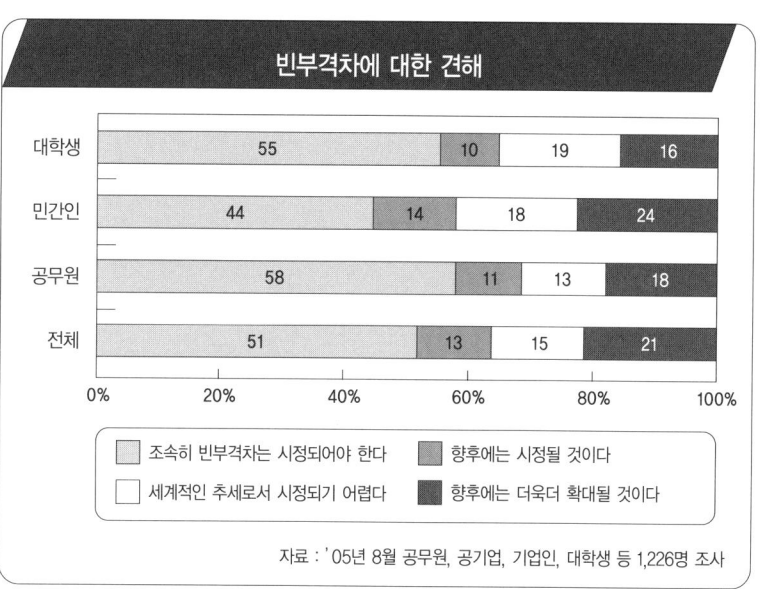

**빈부격차에 대한 견해**

| | | |
|---|---|---|
| 대학생 | 55 | 10 | 19 | 16 |
| 민간인 | 44 | 14 | 18 | 24 |
| 공무원 | 58 | 11 | 13 | 18 |
| 전체 | 51 | 13 | 15 | 21 |

☐ 조속히 빈부격차는 시정되어야 한다  ☐ 향후에는 시정될 것이다
☐ 세계적인 추세로서 시정되기 어렵다  ☐ 향후에는 더욱더 확대될 것이다

자료 : '05년 8월 공무원, 공기업, 기업인, 대학생 등 1,226명 조사

● 시사점

　　우리나라의 빈부격차에 대한 견해에서 조속히 빈부격차 시정필요 51%, 향후 시정가능성이 있음 13%, 세계적인 추세로 시정 불가능 15%, 향후 더욱 격차가 확대가 21%로 나타났다. 빈부격차에 대한 해소에 긍정적인 비율이 64%로 나타났으며, 조속히 시정되어야 한다는 비율 분포도를 보면 공직자가 58%, 대학생이 55%, 민간기업이 44%로 나타났다.

도로주변의 가로등 불빛 아래서 함박눈이나 가랑비를 볼 때를 상상해보라. 눈과 가랑비가 불빛에 반사, 분산되어 매우 공평하게 흩어지는 광경이 떠오르지 않는가. 음지는 태양이 내리쬐는 밝은 곳에서는 생기지 않고 빛의 이면에서만 발생한다. 그림자가 마치 빛의 이면에서만 발생하듯이 말이다. 이것을 필자는 '그림자의 원리' 라고 말하고 싶다.

자연의 경우도 이른 봄에는 쑥, 제비꽃, 민들레, 잔디, 산딸기, 씀바귀, 잡초 등이 공평하게 상호영역을 존중하면서 보이지 않는 손의 원칙에 입각하여 무럭무럭 번식한다. 하지만 5~6월 초여름이 되면 칡넝쿨, 한삼넝쿨 같은 식물이 왕성하게 번식하여 기존 식물의 영역을 여지없이 침범하여 햇볕을 차단하고 약한 식물을 고사시키는 약육강식의 법칙이 적용된다. 필자는 이러한 칡넝쿨과 한삼넝쿨을 인간의 사회생활에 비유하여 컴퓨터 바이러스라고 칭하고 싶다.

이러한 자연속의 식물들에 대한 불공평, 불균형의 사례를 시정하여 주는 것은 대자연의 섭리 혹은 '인간의 바른 손' 뿐일 것이다. 이와 마찬가지로 우리 인간 생활의 빈부격차 시정도 오로지 정부의 강한 의지만이 일부 해결할 수 있다. 소나무만 번식하는 소나무그룹 사이에는 잡초와 풀이 거의 자라지 못하며, 칡넝쿨과 한삼넝쿨 아래서는 다른 식물들이 성장하기 곤란하고, 또한 소나무도 아카시아나 밤나무 그늘 아래서는 성장하기 어렵다. 식물들도 이처럼 각양각색의 모양과 색깔, 고유의 흐름과 영역, 개성 등을 존중하면서 경쟁력을 가꾸어 나가듯이 우리 인간생활도 개성과 조화를 적절하게 균형을 이루어 가면서 자기의 영역을 가꾸어 나갈 필요가 있다고 본다.

절대적 빈곤은 정부가 나서서 적극적으로 해결하여 주어야 하지만 상대적 빈곤의 해결방법은 이 길밖에 없을 것이다.

# 06 집단갈등

우리 민족은 예로부터 화합을 중시했다.
현대화의 장점은 받아들이되
집단 이기주의 같은 단점은 버리고 나가자.

**우리 국민**은 자기와 관련된 이해관계에는 쉽게 지나치지 않는 성향이 있다. 우리는 역사적으로 봉건적인 생활에 익숙해 있다가 일본 통치하의 억압과 탄압, 남북의 분단, 과도기시대, 군부시대 등 억눌린 생활을 겪었다. 그런 후 실질적으로 국민이 주인이 되자 집단갈등이 생겨나는 등 욕구불만이 표출되고 있는 것이다.

그렇지만 이제는 성숙한 민주시민으로서 공익과 사익의 조화를 통해 공공의식을 배려하는 국민이 되어야 한다. 집단갈등 문제는 국민의 의식개혁과 제도개혁이 없이는 해결이 어렵다. 다수의 이익이 소수의 이익보다 중요하다는 공익정신의 함양이 가정과 학교와 직장에서 동시에 이루어져야 한다. 공공이익을 중시하는 시민의식의 내면화가 집단갈등의 근본적 해결책이다.

이번 장에서는 집단갈등에 대한 평가의 전제, 집단갈등의 발생원인, 갈등의 대표적인 사례, 집단갈등의 일반적인 해결방안, 설문결과를 통한 해결방법 등을 알아보고자 한다.

이 장은 이영란(숙명여대 법학)교수의 논문 「공익을 해치는 집단 이기주의」 자료를 토대로 쓰인 것임을 밝힌다.

## 집단갈등 평가의 전제

요즈음 의사들의 집단 휴·폐업사태가 사회적으로 큰 물의를 일으키면서 근래 이익집단행동을 어떤 시각으로 볼 것인가에 대한 논의가 활발히 전개되고 있다.

특정단체의 집단행동이 시민들에게 큰 불편을 초래하고 사회적으로 해악을 끼치는 사례가 자주 발생함에 따라 많은 시민들이 집단행동에 부정적 인식을 가지게 된 반면, 일부에서는 민주사회에서 헌법으로 보장된 집단행동이 집단이기주의로 매도되는 것이 아닌가 하는 우려를 보이며 집단행동에 대한 평가의 필요성이 제기된 것이다.

이익집단행동을 어떻게 평가해야 하는지, 어떤 집단행동이 집단이기주의로 비난받아야 하는지를 생각해보고 갈등 해결을 위한 조정과 타협을 고민해보자.

이익집단이론에 의하면 민주주의 사회에서 이익집단의 구성은 지극히 자연스럽고 당연한 것이라 한다.

개인주의를 본질로 하는 민주주의 사회에서 각 개인이 제각기 백가쟁명(百家爭鳴:자기의 학설이나 주장을 자유롭게 발표하여 논쟁하고 토론하는 일), 백화제방(百花齊放:온갖 학문이나 예술, 사상 따위가 각기 자기 주장을 폄)식 행위를 하는 것보다는 동일한 이해관련 당사자들이 함께 모여 연구하고 협의해서 공동으로 목소리를 내는 집단행동이 더 효과적이고 영향력을 미치는 범위가 확대될 수 있기 때문이다. 이러한 의도로 조직된 이익집단들은 산업화의 진전과 같은 사회변화와 국민생활에 대한 정부의 적극적인 개입, 예컨대 공공복지 분야의 정부역할 확대라는 두 흐름을 타고 서구민주주의 사회에서 꾸준히 발전해 왔다.

우리 사회에서도 경제인들이 경제인 연합회를 구성하여 더 나은 경제활동을 하고자 공동노력을 도모한다든지, 노동자들이 노동조합을 만들어 근로조건을 개선하기 위한 노력을 한다든지, 학부모들이 학부모연대를 구성해서 자녀들의 교육문제를 논의하고 공동으로 목소리를 내고 있는 것 등이 그 좋은 예들이다.

여러 이익집단들이 건전하고 바람직한 의견표출활동을 하면 집단의 이익뿐만 아니라 사회에 기여하는 바도 지대하다. 요컨대 이익집단의 활동 그 자체는 헌법상 보장된 기본권일 뿐만 아니라 민주주의를 실현하는 가장 좋은 방법 중 하나라는 말이다.

다만 이익집단의 행동양식이나 의견표출 방법에 있어 최근 우리 사회에서 볼 수 있는 몇몇 사례들은 집단이기주의라고 볼 수밖에 없다. 법적으로 불법이나 위법이 아니라고 하더라도 다수의 시민들에게 고통과 불편을 주는 집단행동은 그 집단 내에서는 정당성을 가질지 모르나 전체사회에는 부정적 영향을 끼치게 되므로 결코 바람직하지 않다. 따라서 작금의 현실은 이익집단의 바람직한 발전방향에 대해 구체적인 논의를 요구한다.

## 집단갈등의 발생원인

첫째, 인간은 이익에 따라 행동한다.

두 가지 예를 보자. 한 여인이 당시 뉴질랜드의 총리인 시드 홀랜드(Sid Holland)에게 한밤중에 신경질적인 전화를 하여 자기 집의 수도가 새니까 당장 배관공을 보내 달라고 했고, 이에 총리는 즉시 지시하여 배관공을 보내 조치를 하여 주었다고 한다. 또 1989년에 동유럽 주요도시들은 공산주의체제에 불만을 품고 시위하는 군중으로 들끓었고, 이는 결국 유럽에서 공산주의의 몰락을 재촉하는 결과를 가져왔다. 이처럼 개인의 불만이든 정부의 정통성에 대한 불만이든 인간은 이기적 동물이므로 불리한 것을 버리고 자기에게 이익이 되는 것을 선택한다는 것이다.

둘째, 이익이 다양화, 다원화되었다.

민주화, 산업화가 진전되면서 가치와 이익이 다양해짐에 따라 각기 다른 이익을 추구하는 수많은 이익집단이 형성되고 집단 간 갈등과 대립이 심화되고 있다. 과거에는 사람들이 여러 가지 이익을 주로 정당을 통해서 보장받을 수 있었으나 오늘날은 정당에게만 기대하기가 어려워졌다. 정당의 이익집약 기능, 이익매개 기능이 둔화되었을 뿐만 아니라 한계를 드러내고 있으니 각 이익집단들은 자기들의 이익을 극대화하기 위한 새로운 방법을 모색하게 된 것이다.

셋째, 정부기능이 확대되었다.

20세기 이후 국가가 국민생활영역, 특히 공공복지 분야에 더 적극적으로 개입하게 되었고, 정부 공공정책의 영향력이 커짐에 따라 이해 당사자들이 정부정책에 대응하기 위하여 집단을 구성했다. 이와 같이 이익집단의 발생은 사익을 추구하는 인간의 본성에 바탕을 두고 있으며, 인간사회의 발전과 더불어 이익의 다양화, 다원화로 인한 갈등현상이 증폭되었고, 산업화 이후 정부역할의 확대경향에 대응하여 집단이익의 보호 및 확장을 도모하는 이익집단활동이 더욱 강화되어 왔다. 요컨대 이익집단의 활동은 자연발생적인 것이며 사회적 환경에 따라 변화해 온 것이다. 그러나 자연발생적인 것이라고 해서 이익집단의 모든 활동이 정당화되는 것은 아니다. 더 장려되어야 할 부분이 있는가 하면, 지양되어야 할 부분이 있는 것이다.

## 집단갈등의 부정적 효과

집단이기주의가 왜 비난받아야 하는지에 대해서는 두 가지 이유를 들 수 있다.

첫째로 전체사회에 해악을 끼치는 집단행동, 집단이기주의는 아무리 합법적 의견표출이라 할지라도 민주주의의 본질에 반한다.

현대 민주주의 사회는 각기 다른 개성을 지닌 개인들이 더불어 사는 공동체다. 따라서 민주주의를 유지하기 위해서는 대화와 타협과 조율의 방법으로 서로의 의견을 조정해야 한다. 민주주의의 본질인 대화와 타협, 조율을 모색하지 않은 채 자기이익만 극대화하고 자기이익과 상충되는 상대방을 인정하지 않는 것은 민주주의의 본질을 해치는 행동이다.

요즈음 우리 사회에 나타나는 집단이기적 의견표출은 성숙한 민주주의로 가기 위한 과도기적 현상이다. 민주주의를 성숙시켜 가는 단계에서 개인의 이익과 상충되는 상대방의 이익을 존중하면서 문제를 해결해가는 방법을 아직 터득하지 못하고 있다는 것이다.

둘째로 집단이기주의는 시민사회의 자율성을 해치는 결과를 초래한다는 것이다.

이익집단이 얼마든지 자율적으로 해결할 수 있는 문제를 스스로 해결하지 못할 때 정부가 개입한다. 민주주의 역사는 국가권력과 정부의 간섭으로부터 자유로운 영역 확대의 역사라고 할 수 있다. 시민들 또는 집단들 스스로가 사회불안요소를 가진 갈등을 야기함으로써 결국 정부개입을 자초한다면 시민사회 스스로 자율성 확대를 포기하는 것과 마찬가지다. 정부입장에서 보면 시민 스스로 해결해야 할 부분까지 정부가 개입해야 하므로 정부의 부담을 증가시켜 더 생산적이고 미래지향적인 정책추진을 하는 데 걸림돌이 된다.

예를 들어 노사대립으로 조정이 안 될 시에는 노사정위원회를 구성하여 정부가 개입하게 된다. 정부가 이익집단의 이기적 행동에 발목이 잡혀 더 생산적이고 창조적인 역할을 해야 하는 정부 본래의 기능을 낭비하게 되는 것이다. 국경을 초월한 무한경쟁시대에 정부의 행정 경쟁력을 추락시키는 집단갈등은 국익을 저해하고, 국익의 손해는 궁극적으로 온 국민의 부담으로 돌아오게 된다.

참고로 집단행동이 집단이기주의인가 아닌가의 판단은 몇 가지 근거에 의해서 이루어진다.

우선 법을 위반하는 집단행동은 일단 집단이기주의라고 할 수 있다. 법은 사회전체의 합의적 의사결정이기 때문에 법을 어기는 것은 반사회적 행위로서 지탄받아 마땅하다. 이익집단행동은 법의 테두리 내에서만 정당성을 인정받을 수 있다. 그러나 최근의 집단이기주의는 법을 위반하고 법을 무시하면서 집단의 힘으로 자기이익을 관철하려기에 문제다.

다음으로 법을 위반하지 않은 집단행동은 형사 처벌대상이 아니지만 법의 테두리 내에서 합법적 집단행동을 한다 하여 무조건 수용할 수 있는 것은 아니다. 법은 최소한의 도덕일 뿐이다. 법이 모든 것을 규율할 수는 없기 때문에 최소한의 사회도덕만 규율하고 있다. 따라서 법에 위배되지 않는다 하여도 지켜야 할 도덕과 윤리가 있다. 성숙된 민주사회를 이루기 위하여 개인이건 집단이건 민주주의 의식을 갖고 사회공동체의 윤리와 도덕을 지켜야 한다. 의사는 의사로서의 윤리, 변호사는 변호사로서의 윤리, 약사는 약사로서의 윤리, 경영자는 경영자로서의 윤리, 근로자는 근로자로서의 윤리가 있다. 사회 각 분야의 서로 다른 직업들은 전체사회의 발전을 위해 순기능을 할 때 비로소 그들의 이익을 보호받을 수 있다는 말이다.

예컨대 평일 주간에 서울역 앞 광장에서 수많은 인파가 집회를 하면 극심한 교통체증을 불러와 시민생활에 막대한 불편을 초래할 것이다. 공익의 침해정도가 집회하는 집단의 이익보다 클 경우에는 그것은 집단이기주의라고 볼 수 있다.


## 집단갈등의 대표적인 사례
### : 새만금 간척사업의 경우

집단갈등이 발생하는 과정과 진행, 그로 인한 갈등을 새만금 사례에서 알아보고, 또한 사회 · 경제적 손실이 우려되는 집단 갈등의 해소 방안도 실례를 통해 고찰해 보자.

## 【사업추진 현황 및 효과】

□ 사업추진 현황

　ㅇ1991년11월 간척공사 기공식

　ㅇ1998년 12월 제1호 방조제 공사 준공

　ㅇ1999년 5월~2000년 6월 민관공동조사 실시

　ㅇ2001년 5월 정부, 친환경적 순차적 개발

　ㅇ2004년 12월말 기준

　　- 외곽시설 85% 공사(20,514억 중 17,483억 집행)

　　- 방조제 81% 공사(16,044억중 12,928억 집행)

　　- 보상비 102% 지급(4,470억 중 4,555억 집행)

□ 사업효과

　ㅇ150만 명분의 1년분 식량생산

　ㅇ부족한 수자원 확보

　ㅇ상습 침수피해지역 완전 해소

　　- 방조제 축조로 상류 만경강, 동진강 유역 12,00핵타 상습침수

　　지역 완전해소

　ㅇ육운개선을 통한 종합 관광권 형성

　ㅇ연 13,390천 명의 교용 창출


## 【 분쟁의 경위 및 실태 】

□ 1996년 당시 시화호 사업의 실패로 인한 환경오염 때문에 국민들이 관
심을 갖기 시작하여, 1998년 김대중 정부의 출범과 함께, 환경운동단
체들은 새만금사업 백지화를 위한 운동으로 대대적으로 벌여 나갔음.

□ 이러한 운동에 대응하기 위해 1999년 1월 당시 유종근 전북지사는 새

만금 사업의 재검토를 위해 민관이 함께 참여하는 공동조사단 구성을 제의.

ㅇ1999년 5월 '새만금 사업 환경영향 민관공동조사단'을 발족.

　※ 정부와 환경단체들이 각각 추천한 전문가들이 경제성분과위, 수질분과위, 환경분과위로 나뉘어 1년 이상 연구했지만 이들은 철학·이론·방법론 등 모든 것이 달랐기 때문에 연구는 제대로 이루어지지 못했음.

□ 공동조사단장 2000년 8월 보고서 제출(공동조사단에서 찬·반 입장이 극도로 대립되어 합의된 결론을 내리지 못 함).

□ 환경단체의 새만금사업 반대운동과 전북지역의 찬성운동이 격렬하게 대립하였으며, 또한 대통령자문기구인 지속가능발전위원회의 토론, 언론의 집중 보도, 종교인들의 '새만금 생명평화운동' 등 격렬한 환경갈등과 녹색정치가 2001년 5월 계속됨.

□ 2001년 5월 25일 김대중 정부는 새만금사업을 계속 추진하되, 수질이 나쁜 만경유역의 개발은 수질개선이 이루어진 후 순차적으로 개발하겠다고 결정.

ㅇ새만금생명평화연대는 "새만금 시국선언"을 발표하고 끝까지 싸울 것을 결의.

□ 참여정부 출범 이후 성직자들의 3보 1배로 새만금 문제는 다시 사회적 문제로 부각되어 새만금추진 측, 전북도민과 반대 단체들 사이의 격렬한 사회갈등이 재연됨.

□ 법원의 "새만금공사 중지가처분승인"으로 새만금사업 문제는 사법부, 행정부, 국회, 전북도민, 시민이 모두 참여하는 최고의 환경갈등 사안으로 확산됨.

□ 서울고법, 새만금 사업 계속추진 가능 판결(2005년 12월 12일).

## 【 새만금 사례가 남긴 시사점 】

첫째로 가치관과 이해관계가 첨예하게 대립하고, 갈등당사자 간의 힘이 균형을 이루었음에도 사실관계 확인, 결론 도출방법 등에 대한 합의가 없이 공동조사단을 구성·운영한 점이 실패의 한 원인임.

> ※ 공동조사단내 중립적 조정자가 없고, 대안 검토가 과업범위에 포함되지 않아 갈등조정을 위한 제3의 대안을 만들지 못하고 찬성과 반대가 평행선을 그렸음.

새만금 갈등은 대표적인 가치관 갈등사례 중의 하나로, 전북도민의 발전에 대한 이해·관심과 환경에 대한 이해·관심이 대립된 것으로 양자의 입장을 충족할 수 있는 제3의 대안에 대한 활발한 토론과 조정이 필요.

둘째로 시화호의 담수호 조정실패라는 정책실패가 정부에 대한 신뢰부족으로 이어져 동 사업에 대한 반대를 확산, 정부의 일관되고 지속적인 신뢰구축이 매우 중요.

셋째로 정부와 지자체의 불일치한 사업목표 등(농림부의 농지조성, 전북도의 복합 산업단지 조성)이 전북도민, 환경단체, 종교단체 등의 이해관계와 가치관 갈등으로 확산되어 정부부처 간, 정부와 지자체 간의 정책갈등의 조정이 필요.

넷째로 갈등이 장기화 할수록 참여자가 늘어나고, 정치적 자원동원과 감성적 대립구조가 심화되어 감정적 갈등이 확산되기 전에 합리적인 해결방안을 통한 윈-윈 전략이 필요.

## 집단갈등의 해결방안

첫째로 집단행동이 법의 테두리 안에서 이루어지도록 사회적 환경을 조성하여야 한다.

무엇이 합법이고 무엇이 불법인가를 분명하게 하여 법의 집행을 엄정하게 해야 집단들의 질서의식이 확립될 수 있다. 법의 존엄성이 무너지면 집단이기주의는 결코 근절될 수 없다. 집단이기주의는 일차적으로 법질서 부재에서 발생되는 사회현상이기 때문이다. 원칙이 없는 법집행, 그때그때 모면하기 위한 편의적이고 객관성이 결여된 정부의 법집행이 이런 문제를 자주 어렵게 하고 있다.

둘째로 우리 사회의 의사결정구조의 틀을 개선하고, 무엇보다 정부의 역할과 기능이 개혁되어야만 가능하다.

이번 의약분업 정책결정과정을 보더라도 우리 정부의 의사결정구조의 틀이 얼마나 비합리적인가 알 수 있다. 정책결정 시 집단의견 수렴절차가 합리성을 결여하고 있고, 따라서 분쟁당사자들이 정부를 불신하고 있다. 자율조정능력이 없는 각 이익집단들도 문제지만 정부 내에 일방통행 의사결정과정이 여전히 잔존하고 있음을 부인할 수 없다. 정부부터 의사결정방식을 개선해야 하고, 집단의견을 진지하게 수렴하는 노력을 해야 한다. 형식적 공청회, 형식적 의견수렴은 당사자들의 기대이익을 부풀리기 때문에 오히려 부작용이 많다.

이번 의료분쟁은 의료보험제도 시행초기부터 누적된 문제점이 표출된 것이다. 더욱이 의약분업제도 도입 시 의약분업을 하더라도 의료보험료를 인상하지 않겠다든가 너무나 불합리한 의료수가체계를 그대로 유지하면서 의사들의 협력을 얻을 수 있다고 생각했던 정부의 안일한 태도가 문제를 야기한 것이 아닌가 하는 생각이 든다.

셋째로 조정을 위한 사회적 메커니즘을 형성해야 한다.

외국에서는 노사분쟁뿐 아니라 여러 형태의 집단이익분쟁을 객관적인 제3자의 조정에 맡기거나 제3자의 분석결과에 의하여 조정하는 경우가 허다하다. 조정을 위한 절차와 관례가 확립되어 있어 대학에 갈등조정학과가 있고 전문연구소와 Conflict Resolution(충돌해소)이라는 저널도 있다. 우리 학계도 학문적 연구를 통하여 조정을 위한 이론을 개발하여 제공해야 한다. 또한 권위 있는 조정자를 양성하여야 한다. 조정이 성공하기 위해서는 무엇보다 조정자의 권위가 필요한데, 우리나라에는 권위 있는 조정자나 조정기관이 없다. 카터 전 미국 대통령이 윤리적, 도덕적으로 완벽하고 신뢰할 수 있는 인물이기 때문에 국제적으로도 조정자 역할을 충분히 잘 수행했음은 좋은 예다.

넷째로 정치력 부재의 우리 정치현실을 개혁해야 한다.

본래 이익의 구현은 정치적 영향력을 행사하여 실현하는 것이므로 이익집단과 정치는 밀접불가분의 관계에 있다. 집단행동이 사회적 혼란을 야기하는 현실에서 정치가 정치력을 발휘하지 못하는 것은 수치스러운 일이다. 무능국회, 무능정치로 비난받아 마땅하다. 정당이야말로 집단이기주의의 극치라고 하지 않을 수 없다.

다섯째로 공정한 여론이 형성되어야 한다.

집단행동 주체들은 언론과 시민이 모든 집단행동을 집단이기주의로 매도한다고 주장한다. 또 특정집단은 언론이나 정부가 왜곡보도를 함으로써 여론을 오도한다고 불평한다. 다 옳은 것은 아니지만 일리는 있다. 실제로 언론이 올바른 사회적 기능, 즉 여론의 향방을 대변하는 기능과 여론을 주도하는 기능을 제대로 수행하지 못하는 경우가 많고 시청률이나 판매율에 좌우되어 흥미 위주의 보도나 여론몰이식 보도를 하는 면이 있다. 또한 시민의식도 문제가 있다. 시민들이 가지고 있는 도 아니면 모, 동지 아니면 적이라는 이분법적·이기적 사고가 개선되어야 한다. 언론이 이익집단간의 갈등에 감정적으로 접근한다면 여론을 호도하게 되고, 여론이 공정하지 못하면 합리적이고 이성적인 해결을 기대할 수 없게 되는 경우가 많다.

여섯째로 공정한 여론형성을 위해서는 정보의 공개, 공유가 필수적이다.

각계각층 시민들이 다양한 시각에서 평형감각을 가지고 판단할 수 있도록 해야만 타협의 기준이 되는 올바른 여론이 형성될 수 있다. 지금 우리 주변에서 일어나고 있는 이익집단의 갈등과 대립에 대하여 정확한 정보가 없기 때문에 누가 옳고 그른지 시민들은 판단할 수 없고 따라서 올바른 여론이 형성되지 못하고 있다. 그저 시민은 제3자요, 피해자일 뿐이다.

일곱째로 이익집단의 건전한 육성, 발전이 필요하다. 정부의 적극적인 지원도 필요하다.

이익집단도 지금까지 조직 확대에만 몰두해 왔는데 이제는 활동의 내실화에 주력해야 할 때다. 자기주장을 합리적으로 만들어 내고 이것을 여론화할 수 있는 능력을 길러야 한다. 이익에 집착하고 힘에 의존해서는 지지를 얻기 어렵다. 의약분업 문제의 쟁점을 올바르게 이해하는 국민이 과연 얼마나 될까?

대학교수건 미화원이건 사업가건 노동자건 간에 각 직업은 타 직업이 침범할 수 없는 고유영역을 가지므로 모든 직업은 존중되어야 하고, 바로 이 원칙이 민주주의 공고화 과정에 뚜렷하게 투입되어야 한다. 그러나 작금에 나타나고 있는 직업 간의 첨예한 갈등은 우리를 우울하게 한다. 사회지도층을 형성하고 있는 전문직 종사자들이 권위와 소득보장을 위하여 투쟁하는 모습을 보일 때 일반 시민들의 삶은 더 고달파진다. 전문직업인들이 혹시 그들의 오만 때문에 존경과 권위가 힘이나 제도에 의해서 나오는 나온다는 것을 깨닫지 못하고 있는 것 같다. 진정한 민주주의 의미는 전문직업도 예외 없이 적용된다는 알아야 할 것이다.

이제는 보다 큰 시각에서 이익집단활동 문제에 접근해야 한다. 모든 직업이 존중되어야 하며 동시에 각 직업은 자기이익만을 위해서가 아니라 전체사회를 위해서 기여해야 한다는 직업윤리의 실천이 선행되어야 한다.

우리 사회는 지금 남북통일을 향한 거보를 내딛고 있다. 따라서 사회 각 분야가 더 슬기로워져야 한다. 이익집단들은 배타적으로 이익을 추구하는 분열적 관행을 근절하고 합리적인 타협과 자율조정을 통해서 문제를 슬기롭게 해결할 때다. 그래야 사회적 손실을 줄이고 역동적인 발전을 추구할 수 있다.

이익집단의 목표는 단기적 이익을 확보하는 것보다는 미래지향적 가치를 추구할 때 영속성을 가질 수 있다. 그동안 보여준 노사분규, 의약분업 갈등 등 같은 시민사회 내부의 갈등은 시민사회 내에서 자율적으로 현명하게 해결되기를 바란다. 이런 바람은 일반시민들의 심리적 안정감 확보로 연결되어 통일을 지향하는 남북한 사회의 평화적 접근에 크게 기여할 것으로 확신한다.

## 집단갈등 해소

집단갈등을 해결하기 위해서는 입지선정을 위한 투명한 절차와 공론화 과정 속에서 정부 등의 정책의 일관성이 필요하다.

또한 입지선정을 위한 투명한 절차와 공론화 과정 속에서 쌍방의 이해관계의 조정, 다수이익이 소수이익보다 중요하다는 공익정신의 함양, 투명한 절차와 함께 제3의 조정기구도 필수요소다.

노동조합도 자신들만의 주장보다 기업주와 관계,
공익문제, 사회적 책임문제를 같이 검토하여 서로가 상생하는
윈-윈의 노사문화를 창출하는 시기가 도래되었다.

**60년**대 이후 지금까지 한국 노동조합의 활동은 근로자들의 근무
환경개선, 복지향상, 권익보호 등 근로조건 개선에 많은 공헌을 해왔
다. 그 결과 이제는 대부분의 작업장이나 사업장에서 과거와 같은 열
악한 근무여건은 찾아보기가 쉽지 않다. 그만큼 우리나라의 노·사문
화가 성숙되었고, 근로자들을 바라보는 국민들의 관점도 변화, 성숙되
었다고 볼 수 있다.

이 모든 것은 어려운 가운데서도 노동조합이 근로자의 권익을 위
하여 노력한 결실의 산물이다. 하지만 이제 근로자들도 과거의 단순한
근무환경문제 등 어느 한 쪽만의 시각에서 벗어나야 한다. 기업전체의
주변 환경도 고려하고, 사용자와 같이 상생을 할 수 있는 길을 모색해
야 한다.

따라서 이번 장에서는 기본적으로 노동조합을 이해하여 보고, 최

근의 노동조합의 흐름과 노조에 대한 여론 및 희망사항, 향후 노동조합의 활동 방향에 대해서 알아보고자 한다.

## 노동조합에 대한 이해

### 노동조합의 필요성

노동조합(trade union, labor union)의 탄생은 자본주의경제사회의 특수성과 산업화의 진전으로 인한 공업화에서 그 원인과 상황적 배경을 찾을 수 있다.

근로자들은 신체적·정신적인 자신의 노동력을 사용자(자본가, 경영자)에게 제공하고서 얻어지는 보상, 즉 임금으로써 생활을 영위한다. 다시 말해서 근로자의 노동력은 그들의 유일한 수입원인 것이다. 따라서 그 노동력은 자본주의 경제사회에서는 경제적 가치를 따지는 하나의 상품으로서 인식될 수밖에 없으며, 근로자들은 그 상품의 대가, 즉 노동력을 통해서 사용자에게 공헌을 하게 되고 이에 대한 반대급부로 임금을 지급받는 것이다.

사용자와 근로자 사이의 협상관계에 있어서 사용자는 경제적으로 강자인 반면 근로자는 단독적으로서는 약자일 수밖에 없기 때문에 근로자가 근로조건 등 교섭력을 강화를 위한 힘의 균형과 우위를 위하여 조직한 것이 노동조합이다.

노동조합에 관하여 영국의 웹(Sidney Webb)은 그의 명저인 「노동조합발달사(The History of Trade Unionism, 1920)」에서 "노동조합이란 근로조건의 유지 또는 개선을 목적으로 하는 임금근로자(wage-earners)의 지속적 단체"라고 정의하였으며, 코울(D. H. Cole)은 노동조합을 "한 종류 또는 두 종류 이상의 직업에 종사하는 근로자의 결사이며, 그 조합원의 일상적인 작업과 관련된 경제적 이익의 보전을 추진하는 것을 목적으로 하여 운영되는 결사"라고 정의하고 있다.

우리나라의 헌법 33조 제1항은 "근로자는 근로조건의 향상을 위하여 자주적인 단결권·단체교섭권 및 단체행동권"을 가진다고 규정하였고, '노동조합 및 노동관계조정법' 제2조 4호에서는 "노동조합이라 함은 근로자가 주체가 되어 자주적으로 단결하여 근로조건의 유지·개선 기타 근로자의 경제적·사회적 지위의 향상을 도모함을 목적으로 조직하는 단체 또는 그 연합 단체를 말한다. 다만 아래의 몇 가지에 해당되는 경우에는 노동조합으로 보지 아니한다"고 규정하고 있다.

그 예외를 보자면 사용자가 사용자 또는 항상 그의 이익을 대표하여 행동하는 자의 참가를 허용하는 경우, 경비의 주된 부분을 사용자로부터 원조 받는 경우, 공제·수양 기타 복리사업만을 목적으로 하는 경우, 근로자가 아닌 자의 가입을 허용하는 경우, 해고된 자가 노동위원회에 부당노동행위의 구제신청을 한 경우에는 중앙노동위원회의 재심판정이 있을 때까지는 근로자로 해석할 수 있다. 주로 정치운동을 목적으로 하는 경우 등이다.

이처럼 노동조합은 근로자들이 스스로 단결하여 집단세력을 형성함으로써 사용자들과 대등한 위치, 혹은 보다 나은 조건으로 노동력의 판매를 실현하려는 의도에서 조직된 것이다. 특히 오늘날 노동조합은 자본주의 경제의 내재적인 구성요소인 동시에 정치, 경제, 사회, 문화적으로 커다란 영향력을 가진 자본주의 사회를 지탱해 가는 중요한 지주라고 해도 과언이 아닐 것이다.

## 노동 3권의 보장

헌법 제33조 제1항의 규정은 근로자로 하여금 사용자와 대등한 위치에서 근로조건을 결정할 수 있도록 하기 위한 것이다. 즉, 자유와 평등을 기조로 하는 헌법이 실질적 의미에 있어서 자유롭고 평등한 근로생활을 근로자에게 보장하여 주기 위한 것이다.

단결권·단체교섭권 및 단체행동권은 밀접한 상호관련을 가지면서 근로자의 생존확보를 위한 수단으로 보장되어 있다. 즉 단결권이 근로자집단의 근로조건 향상을 추구하는 주체라고 한다면 단체교섭은 그 주체의 구체적인 목적활동이며, 그 목적활동은 단체협약의 체결이라는 것으로 결실을 보게 되는 것이다. 그러나 단결 자체가 단체교섭에 의하여 소기의 목적을 평화적으로 달성할 수 없을 때에는 실력에 호소하여 그의 주장을 관철하게 된다. 단결이 근로자집단의 주체가 된다는 것은 단결권이 가장 근원적인 기본권이라는 것이며, 단체교섭권과 단체행동권은 결국 근로자의 단결이 없이는 실현이 불가능하다는 것을 뜻한다.

헌법이 노동 3권을 보장하고 있는 것은 근로자에게 단순한 자유권을 보장한 것만이 아닌, 보다 적극적인 의미의 권리를 보장하기 위한 것이다. 근로자의 근로조건을 개선하기 위한 노사자치와 교섭의 조성을 국가가 입법을 통해서 적극적으로 실현해 줄 것을 요구하는 것은 노동 3권의 생존권적 기본권 측면이라고 파악할 수 있다.

이밖에도 노사관계에 관련된 헌법에 보장된 기본권은 인간의 존엄성, 법 앞의 평등과 남·여 성차별금지, 언론의 자유, 존엄과 양자의 평등을 기초로 하는 혼인, 직장선택의 자유 등을 인정하고 있다.

노동3권에 대해서 간단히 살펴보면 다음과 같다.

### ●단결권(right of collective)

근로자가 법률상의 보장을 받아 노동조합을 결성할 수 있는 권리가 단결권이다. 우리나라는 단결권이 헌법상에 명시적으로 보장(헌법 33조 1항)되어 있어서 근로자 개인의 권익을 노동조합을 통해서 보호받을 수 있는 권리가 보장되고 있다.

### ●단체교섭권(right of collective bargaining)

이는 노동조합이 자주적으로 사용자와 더불어 근로조건과 기타 근로생활에 관련된 문제들을 놓고, 교섭 또는 절충하는 이른바 단체교섭의 권리를 의미한다. 이 단체교섭이 사용자의 일방적인 주장이나 독선에 의해서 부당하게 방해되지 않고 노사 쌍방의 평등한 지위와 다각적인 커뮤니케이션을 통해서 정당하게 교섭되며, 협약이 체결되도록 하기 위하여 노동조합이 존재하는 것이다. 그러므로 단결권과 단체교섭권은 불가분의 관계를 가지며, 나아가서는 단체교섭이야말로 노동조합의 중심적 목적활동이라 해도 과언이 아니다.

단체교섭권은 근로조건의 유지 및 개선을 위하여 행사될 수 있으며, 교섭의 범위는 반드시 근로조건뿐만 아니라 근로자의 경제적, 사회적 지위 향상에 관한 모든 사항에 있어 교섭이 가능하다고 할 수 있다.

### ●단체행동권(right of collective action)

이는 쟁의권이라고도 하는데, 단결권의 목적활동인 단체교섭을 유리하게 전개시켜서 노동조합의 기본목적을 달성하려고 하는 권리를 말한다. 단체행동권을 인정한다고 하는 것은 근로자들이 그들의 경제적·사회적 지위를 단결된 힘을 이용하여 향상시킬 것을 제도적으로 인정하는 것이며, 사용자와 근로자들의 이해관계의 대립을 쟁의행위에 의하여 해결하도록 하는 것을 말한다.

따라서 이와 같은 단체행동권은 대부분의 경우 근로자 자신들뿐 아니라 사용자와 나아가서는 국민전체의 경제생활 전반에 많은 영향을 미치게 된다. 그러므로 단체행동권의 의의에 관한 이해나 그 행사의 한계에 관하여는 신중을 기하지 않을 수 없다.

## 노동조합주의

근로자의 임금과 근로조건을 개선하고 향상시키기 위해 보다 높은 사회적 목표를 가능한 한 빨리 달성하는 것을 강조하는 노동조합의 철학, 그것을 노동조합주의(Unionism) 또는 경제적 조합주의(business unionism)라고 한다. 여기서는 스스로의 노력(self-help)에 의해서 얻어지는 조직력과 사용자와의 단체교섭이 강조된다.

이와 같은 노동조합주의는 'ILO(International Labor Organization, 국제노동기구)의 헌장전문', '필라델피아 선언', '결사의 자유 및 단결권 옹호에 관한 규약(1948년 규약 제87호)', '단결권 및 단체교섭권에 관한 규약(제98호)'과 같은 일련의 국제규약 등에 있어서도 강조하고 있을 뿐만 아니라 우리나라 헌법 제33조에서도 "근로자는 근로조건의 향상을 위하여 자주적인 단결권 · 단체교섭권 및 단체행동권을 가진다"라고 규정하고 있다.

일의 신성함 내지는 인간의 존엄 등을 예로 들지 않더라도 노동 3권은 보장되어야 하고, 노사 간에는 자유와 평등이 전제되며, 근로조건에 관하여 자주적 · 평화적으로 협상하고, 정부는 제한적인 경우에만 최소한의 개입을 하여야 한다. 이것을 가리켜 노동조합주의의 관행이라고 하고 있으며, 오늘날 많은 나라에서 이를 통상적인 관례로 실행하고 있다.

## 한국 노동운동의 흐름

### ▶ 일제하의 노동운동 ┄┄┄┄┄┄┄┄┄┄┄┄▶

식민지 치하에서의 항일 운동, 사회주의 운동의 일환으로서의 좌익운동 성격이 혼재되어 있었다.

### ▶ 해방이후의 노동운동 ┄┄┄┄┄┄┄┄┄┄▶

좌·우익의 정치적 지향과 이념의 차이에 의해서 격렬한 대립양상으로 정치세력 간의 갈등과 대립이 노동운동에서 재연될 수밖에 없었던 시대적 상황을 대변하였다.

### ▶ 미 군정시대 ┄┄┄┄┄┄┄┄┄┄┄┄┄┄┄▶

일제하의 혁명적인 비합법 노동조합운동을 계승한 '조선노동조합전국평의회전평'에 의해 주도되었다. 전평은 혁명적 사회중의 이념과 노선을 견지하면서 경제투쟁과 정치투쟁을 표방하면서 총파업이라는 투쟁 형태를 취하고, 모든 좌익세력의 전위적 전투부대로 전환할 가능성을 가지고 있었다.

### ▶ 1948년 정부수립 이후 ┄┄┄┄┄┄┄┄┄▶

1946년 '대한독립촉성 노동총연맹'에서 출발한 '대한노동총연맹

(대한노총)' 에 의해 주도되었으며, 대한노총은 노동조합의 기본요소인 경제투쟁의 인식을 위해 성립된 것은 아니었다. 우익정치인과 자본가, 미군정의 지원을 바탕으로 좌익의 노동조합운동을 분쇄하는 정치적 기능을 행사하기 위해 형식은 노동단체이지만 실질은 반공단체 역할을 하였다.

### ▶ 5 · 16 이후

경제적 조합주의에 근거한 임금인상투쟁과 단체교섭의 경험을 축적할 수 있는 기회가 있었으나, 1960년대 후반부터 본격화된 경제성장 제일주의와 정부의 직접적 개입에 밀려 노동조합운동이 탄압받고 위축되기 시작하였다. 1970년대 초, 유신체제의 성립 계기로 노동운동은 기존에 명맥을 유지하던 경제투쟁 자체마저도 불가능한 최악의 상태로 접어들게 되었다.

### ▶ 1970년대

노동조합의 운동노선을 조합주의 이념에 근거하여 노동자의 경제적 이해를 대변한다고 밝히고 있으나, 체제변화를 위한 투쟁보다 노동자 생활수준의 향상을 위한 투쟁이 더 현실적이라 볼 수 있다.

이러한 수동적인 운동노선은 70년대 중반 이후 본격화된 단위노조의 반발과 저항을 무마시키지 못하였고, 1970년 11월 전태일 분신 이후 노동문제에 대한 종교단체의 관심과 지식인들의 현장 활동 등이 빈번해지면서 한국 노동조합운동의 유일한 중앙조직인 노총의 위상 흔들리기 시작했다.

결국 기존의 제도권 노동조합운동을 비판하면서 재야노동조합운동이 싹트기 시작하였고, 기존의 어용적 성격을 지닌 노조지도부에 대한 반발과 민주적 노동조합운동에 대한 열망이 결합되면서 '노조의 민주화투쟁'이 본격적으로 나타나기 시작하였다. 한편으로 종교계를 중심으로 한 지식인들의 노동문제에 대한 관심과 참여가 증폭되면서 노동자와의 연대의식이 형성되기 시작되었다.

### ▶ 1980년대 ----------------------------→

민주화과정 속에서 고양되었던 노동운동의 발전은 5 · 17 계엄선포 이후 군부권력에 의해 직접적인 탄압을 받으면서 급진적 노동운동 노선으로 기울기 시작하였다. 노총의 무능력과 무기력한 활동에 대한 단위노조의 반발과 비판에 의해 1985년 임시대의원대회 소집, 1986년 대의원대회에서 노총규약을 개정하였다. 그리고 6 · 29 이후 기존의 노총을 중심으로 하는 제도권 조합운동과 전노협 등 재야노동운동을 중심으로 하는 비 제도권 조합운동으로 분리되었다.

### ▶ 1990년대 ----------------------------→

노동운동의 침체와 조직화 정체현상의 원인, 대안에 대한 논의가 학계와 노동계를 중심으로 활발하게 논의하기 시작하여 문민정부의 출범 이후 노총과 경총에 의해 수행되고 있는 임금인상 가이드라인 합의가 제기가 되었다. 이는 1990년대 들어 심화되고 있는 경기침체상황을 고려하여 소모적인 임금줄다리기가 아닌 적정 임금상승폭을 설정한다는 큰 장점에 불구하고 고용불안정과 노동법 개정 등과 같은 제도 개선이 전제되지 않아 노동자들로부터 큰 반발을 샀다. 그 결과 드러난 많은 문제점과 노총탈퇴압력으로 나타난 산하 노조의 반발로 인해

1994년 11월 노총과 경총 간의 사회적 합의 거부선언이 대두되었다.

## ▶ 최근 2000년대 : 한국노총과 민주노총의 활동 ------→

### ●한국노동조합총연맹

한국노총(Federation of Korean Trade Unions : FKTU)은 1961
년 설립되었다. 설립목적으로는 노동운동에 처한 당면과제를 극복하
고 이념과 조직의 통일을 기하며, 전체 노동자의 이익을 실현함과 동
시에 지속적인 국민경제 발전을 이룩하기 위해 '민주복지사회 실현을
위한 노동조합주의'를 운동이념으로 설정하고 이를 실현하기 위해 10
대 노동운동 기본과제를 중심으로 자주적 민주적 노동운동을 전개하
는 것이다.

한국노총의 10대 기본과제는 다음과 같다.

① 정치민주주의 실현
② 경제민주주의 실현과 경제제도 개혁
③ 노동기본권 확대 보장
④ 근로조건 개선과 쾌적한 작업환경 확보
⑤ 조직확대 강화와 노동조직 통일
⑥ 산업민주주의 실현
⑦ 노동자 생활환경 개선
⑧ 사회보장과 복지 확충
⑨ 경제력 집중 완화 및 낙후부문 중점지원
⑩ 민족통일 실현과 세계평화

한국노동조합총연맹의 조직체계는 전국중앙조직으로서 전국의 기업별 또는 산업별 조직을 회원조직으로 하여 구성되어 연합체 및 협의체로서의 기능을 수행한다.

현재 한국노총 산하에는 이른바 공무원 노동조합인 철도노동조합·전매노동조합과 체신노동조합이 있으며, 전력노동조합은 실질적으로 단위노동조합으로서의 기능을 하고 있지만 그 이외의 노동조합은 산업별연맹체제로 구성하고 있다.

### ● 전국민주노동조합총연맹

민주노총(Korean Confederation of Trade Unions : KCTU)은 전국노동조합대표자회의(전노대)를 중심으로 1994년 11월 민주노총 준비위원회가 설립됨으로써 본격적인 준비에 들어가게 되었으며, 1995년 11월에 창립되었다. 그러나 복수노동조합 금지조항에 저촉되는 관계로 민주노총은 법외단체로 머물러 있어야 했다.

그러던 중 1997년 3월에 노동관계법 개정으로 인해 상급단체 복수노동조합이 인정됨에 따라 설립신고서를 노동부에 제출하였다. 하지만 임원의 자격 및 구성단체의 비합법성 등을 이유로 설립신고서가 반려되었다가 출범 이후 4년 만인 1999년 11월에 공식적인 합법단체로 인정을 받게 되었다.

그동안 법외단체로 있었던 민주노총이 합법화 됨으로 우리나라도 본격적인 복수노총의 시대를 맞이하게 되었다. 민주노총이 합법화 됨에 따라 민주노총은 노동문제와 관련하여 공식 대화 상대로서 활동을 할 수 있게 되었으며 노동쟁의와 부당노동행위 구제신청도 가능해졌다. 또한 노동위원회의 근로자위원 추천과 산업재해 및 고용보험 심의

회와 최저임금심의회 등 각종 정부위원회에 참여할 수 있으며 정부의 재정 지원도 가능하게 되었다.

## 노동조합의 최근 흐름

한국의 노동운동은 1987년 민주화 이후 네 가지 커다란 환경변화에 직면하였다. 이러한 환경변화는 특히 90년대 들어서 본격적으로 대두되었고, 현재에도 환경변화에 따라서 노동운동에 대한 도전은 계속되고 있다.

앞으로 노동운동이 해결해야 할 몇 가지 문제를 짚어보자.

첫째, 세계화라는 거시적인 노동운동 환경의 변화이다. 아직 조직의 안정성을 확보하지 못한 한국의 많은 신생 노동조합들은 새로운 환경 변화에 제대로 대응하기 어려웠다. 특히 중소기업 노조들의 경우 이러한 어려움은 더욱 컸다.

둘째, 민주화와 더불어 이루어진 정권 교체 시기에 정부와의 관계 설정에서 여러 가지 문제를 낳았다. 야당집권으로 가시화된 정권 교체로 다른 정부의 노조 정책에 대한 기대가 컸던 반면, 곧바로 그것이 무너지면서 노동조합이 일관된 정책적 대응을 보여주지 못했다.

셋째, 시민운동의 등장으로 노동운동이 하나의 사회변혁 내지 사회개혁 세력으로서 이미지 구축에 어려움을 겪고 있다. 90년대 시민운동의 성장으로 시민운동은 공공성을 추구하는 운동, 노동운동은 집단이익을 추구하는 운동으로 인식이 확산되었다.

넷째, 남북분단으로 인한 통일운동노선 내부의 갈등이다. 통일문제를 둘러싼 노선 대립과 갈등은 노동운동 내부에서도 존재한다.

## 세계화에 따른 노동계급의 다양한 분화 현상

1995년 민주노총이 출범한 시기는 공교롭게도 세계화가 본격적으로 시작된 시기였다. 1980년대 말부터 1990년대 초 동구권의 붕괴로 자본주의가 전 지구적으로 확산되었고, 그로 인해 자본주의와 경쟁하는 경제체제는 사라졌다.

한국의 세계화는 김영삼 정부에 의해서 '세계 시장으로 나아가자'는 경제적 민족주의로 시작되었다. 세계화가 탈 국가, 탈 민족, 탈 영토의 추세를 보여주고 있는 것과는 대조적으로 적어도 90년대 중반 정치적 슬로건으로 등장한 세계화는 국제시장에 수출을 더 많이 하는 것을 의미했다. 하지만 공격적인 수출이라고 불릴 수 있는 한국의 세계화 전략은 파국으로 귀결되었고, 곧바로 1996년 12월 외환위기가 불어닥치면서 한국은 경제공황 상태에 빠지게 되었다. 성급한 경제개방에 적응하지 못한 한국의 기업과 정부가 전대미문의 경제공황을 맞은 것이다.

민주노총은 이러한 국가위기 속에서 김대중 정부와 노사정위원회를 기반으로 큰 타협을 이루어냈다. 경제위기 극복을 위한 기업과 정부의 요구를 대폭 수용하면서 교직원 노조와 공무원 노조의 합법화와 같은 교환을 얻어냈다.

그러나 정리해고가 기업에 의해서 남발되고, 공기업 민영화가 정부에 의해서 강행되면서 노동자들의 일방적인 희생에 의한 경제 회생이 이루어지자 노동자들의 불만은 크게 고조되었다. 노동조합의 참여와 타협에 의한 정리해고나 기업합병이 아닌 노동조합이 배제된 상태에서의 대량 해고라는, 경제위기 하에서 이루어진 노사정의 타협은 노동자들의 일방적인 희생으로 귀결되었기 때문이다.

경제위기로 인하여 한국의 노동계급은 급격한 분화를 경험하였다. 이것은 내적인 이질성의 증가를 의미하며, 이로 인하여 노동운동은 더욱 어려운 상황을 맞게 되었다. 1997년 이후 200만 명에 달하는 신규 실업자가 발생했고, 정규직의 비정규직화로 비정규직(임시직, 단기계약직, 시간제 등) 종사자도 90만 명 정도 늘어났다.

노동조합의 보호를 받지 못하는 노동자들의 등장으로 노동시장은 대기업 노조원, 중소기업 노조원, 정규직 비조합원, 비정규직 비조합원, 실업자로 분화되었다. 또한 노동과 자본의 국제적 이동이 활발해지면서 외국인 노동자들이 한국의 노동시장에 유입되기 시작했다. 주로 동남아시아 노동자들과 중국 노동자들이 들어와 주로 3D 업종뿐만 아니라 각종 서비스 업종으로 진출하였다.

그리고 이것은 한국 노동운동에 새로운 과제를 제시했다. 노동운동은 배타적으로 내국인 노동자들의 운동이라고 인식해왔던 한국의 노동운동계에 새로운 과제를 안겨준 것이다.

외국인 노동자들의 차별과 인권침해에 대해서 민주노총을 포함한 노동계가 어떻게 대응해야 하는가에 대한 문제였다. 국내 노동자들의 분화 이외에 외국인 노동자까지 국내 노동시장에 유입되면서 노동자계급은 매우 다양한 속성을 지니는 노동자 집단들로 분화되어 왔다.

## 대기업 중심의 노조활동으로 변화 양상

한국의 노동조합운동이 더욱 대기업 노조 중심으로 변질된 것도 바로 경제위기 하에서 중소기업 노조들이 존속하기가 어려웠기 때문이었다. 그나마 조직적으로 규모가 커서 기업의 일방적인 정리해고, 기업합병 등을 막을 수 있는 조직력과 동원능력이 있는 대기업 노조들만이 조직을 유지하는 것이 가능했다. 결국 많은 중소기업 노조들이 경제위기 하에서 사라졌다. 1987년 설립된 많은 신규 노조들이 이 시기 동안 큰 시련을 겪었기 때문에 한국의 노동운동은 세계화의 직격탄을 맞았다고 볼 수 있다.

참고로 우리나라의 노동조합 조직률은 현재 11.6%에 불과하다. 그렇다면 사업장 규모별로 조직률을 따져보면 어떨까? 노동부 노동통계에 따르면, 2002년 말 전체 노동자는 상용직과 임시·일용직을 합쳐 925만 명이었다. 50명 미만 사업장 임금노동자는 573만 명, 100명 이하 사업장은 665만 명이다. 반면 500명 이상 사업장 임금노동자는 103만 명으로 조사됐다.

그런데 조직규모별 조합원 수를 보자. 노동부가 펴낸 2004년 노동백서를 보면 전체 노조 조합원 160만 명 중에서 조합원 50명 이하인 노조의 조합원은 5만2천명으로 전체 조합원의 3.3%에 불과하다. 그러나 조합원 500명 이상인 노조의 조합원은 116만 명으로 조직노동자의 72.5%에 달한다.

통계상 숫자의 불일치가 있지만, 조합원 수와 임금노동자 수를 단순 비교할 경우 50명 미만 사업장의 조직률은 1%도 채 안 되는 반면 500명 이상 사업장의 노동자는 거의 100% 조합원으로 가입돼 있다.

노동조합운동이 철저하게 대공장 노동자 중심으로 전개되고 있고, 교섭권과 쟁의권을 소수의 조직노동자들이 독점하고 있는 것이다. 이런 점에서 한국 노동조합운동은 노동자 대표성이 매우 취약한 유형에 속한다.

## 시민운동의 활성화로 인한 노동운동의 새로운 관계 모색

노동운동에 영향을 미치는 또 다른 변화는 시민운동의 성장이었다. 1990년대 들어서 등장하기 시작한 시민운동은 민주화 운동에 참여했던 활동가들에 의해서 주도되었다. 이들 시민운동은 과거 민주화 운동의 목표가 더 이상 운동의 목표가 될 수 없는 상황에서 새로운 운동 노선을 추구하였다.

새로운 운동 노선은 체제 변혁적인 운동이 아니라 민주주의 체제 내에서 점진적 개혁을 추구하는 개혁노선이었다. 노동조합 활동이 점차 기업 내부의 문제에 초점을 맞추었던 반면, 시민단체들은 활동의 결과를 모든 사회성원들이 누리게 되는 공공의 문제에 초점을 맞추었다. 1990년대 급성장한 시민운동이 노조를 대체하기 시작했고, 공공영역에서 개혁담론을 주도하게 되었다.

노동운동은 시민운동과의 관계 설정에서 많은 어려움을 겪고 있다. 노동운동은 가장 조직력이 큰 노동조합 조직들을 바탕으로 하고 있다. 그러나 실질적으로 소규모 시민단체들이 거대한 노조들보다 사회적 영향력이 더 큰 것이 현실이다. 그래서 한국에서 노동운동은 사회적인 쟁점들을 제기하고 여론을 형성하는 주도적인 역할을 하지 못하고 있다.

노동운동은 시민운동과의 관계를 새롭게 맺어야 할 필요가 있다. 기업 울타리 안의 문제에서 벗어나 사회적인 문제에 눈을 돌리는 새로운 운동노선이 필요하다. 그러나 현실적으로 기업별 노조체계 하에서 노동조합이 사회적인 문제를 제기하는 것은 노동조합의 합법적인 활동 내용에서 벗어나는 것이기 때문에 법적 제재를 받게 된다. 그러므로 이러한 딜레마를 벗어나기 위한 제도적 개혁이 선행되어야 한다.

## 노동운동 내부 노선대립과 갈등 현상

분단국가인 한국사회에서 통일을 둘러싼 갈등은 보수세력과 진보세력 사이에만 존재하는 것이 아니라 진보세력 내부에서도 존재하고 있다. 통일문제를 전면으로 내세우는 노동운동 노선과 계급문제를 전면으로 내세우는 노동운동 노선 대립은 노동운동의 발전을 가로막는 요소이다. 더구나 분단의 극복이 단기간에 이루어질 가능성이 없는 상황에서 이러한 대립은 쉽게 해소되기 힘든 것이 현실이다. 그러므로 한국의 노동운동은 다른 나라의 노동운동이 직면하지 않은 독특한 환경에 처해 있다고 볼 수 있다. 이러한 갈등은 아직 전면적으로 부각되지 않았지만 잠복되어 있다고 볼 수 있다.

노동계 내부에 통일문제와 관련된 입장 차이는 대선이나 총선에서의 입장과도 연관되어 있다. 통일문제를 우선시하는 관점에서는 보수당의 집권 저지를 가장 중요한 과제로 인식했던 반면, 노동문제나 계급문제를 우선시하는 관점에서는 여야 모두 보수정당이라는 관점에서 독자적인 정치적 진출을 과제로 인식했다. 그러므로 통일문제는 노동계 내부에 깊은 갈등의 골을 낳는 요인으로 작동했다.

노조 조직률이 12% 정도에 불과한 한국에서 통일문제와 관련하여 노동운동 노선이 대립하는 상황은 결코 바람직한 것이 아니다. 낮은 조직률을 극복해야할 뿐만 아니라 조직되어 있는 노동조합들 사이에서도 이해의 공유와 연대 형성이 무엇보다도 시급하다.

이러한 노선 대립을 긍정적으로 극복하기 위해서 노조운동은 기업 울타리 내부에만 머무를 것이 아니라 전국적인 수준에서 노조조직 확대를 추구해야 한다. 또한 다른 한편으로 새로운 노동운동 노선을 제시하여 노조 내부의 갈등을 해결해야 한다.

### 이제는 노동운동이 울타리 밖의 문제도 같이 공유하는 시대

한국의 노동운동은 독재 권력의 탄압과 세계화의 역풍을 헤치고 지속적으로 성장했다. 그러나 현재 노동운동이 직면하고 있는 현실은 과거 어느 시기에도 찾아볼 수 없는 새로운 현실이라는 점에서 과거의 타성에서 벗어나야 한다는 과제를 안고 있다.

세계화, 민주화, 시민사회의 성장이라는 조건하에서 노동운동은 국민적 지지를 잃으면 성공하기 힘든 상황에 놓여 있다. 노·사·정뿐만이 아니라 시민사회가 여론 형성에 중요한 역할을 하게 되면서 노사관계, 노동운동, 노동정책 모두가 시민사회의 영향을 받게 되었다.

한국의 노동운동은 새로운 환경 속에서 새로운 본보기를 보여줄 수 있다는 점에서 세계 노동운동의 방향 설정에 공헌할 수 있다. 서구 노동운동과는 다른 조건에 놓여있는 한국의 노동운동이 기업의 울타리 안에 안주되는 경제주의적 노동운동에서 벗어나 울타리 밖의 사회 문제 해결과 사회개혁의 주체로 자리매김할 때 한국의 노동운동은 21세기 새로운 노동운동의 모델로 등장할 수 있을 것이다.


## 몇 가지 사례를 중심으로 본
## 한국 노동조합에 대한 국민의 정서

### 국민 절반 파업 동의 못해

우리나라 국민들은 노동조합운동을 어떻게 바라보고 있을까?

〈매일노동뉴스〉가 2003년 9월 전국의 성인 남녀 1천명을 대상으로 노조 및 노사관계 인식 관련 국민 여론조사를 벌인 결과 노동조합에 대한 이미지는 '긍정적'(31.1%), '부정적'(31.4%), '보통'(36.4%)으로 비교적 고르게 형성돼 있는 것으로 나타났다.

그러나 2004년 보건의료 · 지하철 · LG정유 등 주요 노조의 파업에 대해 50.4%가 '상황은 이해하지만 파업에 동의하기 어렵다'고 응답했고, '사회경제적 혼란만 늘어난 이기적인 행동이므로 부당하다'는 응답도 39.1%에 달했다. 특히 '평소에 노조를 긍정적으로 생각 한다'는 사람들만을 대상으로 조사했을 때 이들 파업에 대해 '정당하다'고 평가한 사람은 16%에 그쳤고, 53.2%가 '이해하지만 동의하기 어렵다'는 의견을 보였다. 또 '대기업 노동조합운동이 고임금 노동자 이기주의에 빠져 있다'는 주장에 대해서는 58.8%가 동의했고, 반대한다는 의견은 35.1%로 나타났다.

한편, 한국노동연구원이 2003년 5월에 전국에 거주하는 성인 남녀 1천 명을 대상으로 '노사관계 관련 국민의식'을 조사한 결과 "노동운동 자체가 국가 발전에 도움이 된다"는 의견에 58.1%가 찬성, 39.7%가 반대한다고 응답했다. "노동조합과 사용자 중 어느 편의 힘이 더 강한가"라는 물음에는 '노동조합이 강하다'가 22.5%, '사용자가 강하다'가 75.1%였다. "노사분규나 파업이 일어나는 것은 누구의 잘못인가"에 대해 '사용자'라는 응답이 34.2%, '노동자'는 17.4%, '정부'는 39.2%였다.

## 조합원 개인의 이기주의, 이질감이 문제다

현대자동차 노동자들은 과연 노동조합운동을 어떻게 생각하고 있을까?

2003년 9월 현대자동차의 내부 활동가 학습모임에서 조합원 354

명을 대상으로 비공개 설문조사를 벌였는데, "노조 설립 이후 바람직하지 못한 현상은 무엇이냐"는 물음에 43.5%가 개인주의, 이기주의 확산을 꼽았다. 노사 간 갈등과 불신 확대(14.1%)보다 훨씬 더 많은 수치다. 또 "노동조합 발전에 가장 저해되는 요소가 무엇이냐"는 물음에 21.2%가 조합원 개인 이익만을 위한 요구를 꼽았고 반 노동자적 정권과 회사의 노동 탄압은 12.4%에 불과했다.

"노조가 해결해야 할 장기 정책과제 중 가장 시급한 문제"로는 자신들의 직접적 이해가 걸린 해외투자, 고용불안(59.0%)이 압도적으로 많았다. 반면 비정규직 철폐(4.0%)나 산별노조 전환(5.1%) 등 주변부 노동자들을 위한 투쟁에 나서야 한다는 응답은 극소수에 불과했다. 특히 "대기업 노동자들의 임금정책 중 가장 바람직한 방향은 무엇인가"에 대해서는 사회개혁투쟁이 69.2%로 가장 높았는데, 임금인상 중심 투쟁(12.7%)이 비정규직 임금인상률을 높여 임금 격차를 축소해야 한다(10.5%)는 응답보다 더 많았다.


## 향후 노동조합의 방향

### 대화와 타협 등 합리적인 방안 모색 필요

최근의 우리주변의 기업환경은 세계화, 정보화, 다양성 등으로 인하여 많은 변화를 거듭하고 있다. 기업주는 냉엄한 시장경제의 법칙에 따라 기업경쟁력을 높여야 하고, 노동조합도 이러한 기업의 목표와 이념을 벗어나서는 안정적인 고용과 복지를 향상시킬 수 없다고 본다. 이에 따라 향후 노동운동의 방향도 대화와 타협으로 상생을 통한 합리적인 방안을 모색해야 할 것으로 보인다. 이번 장에서는 향후 우리나라의 노동운동의 방향에 대한 설문결과를 소개하여 보고자 한다.

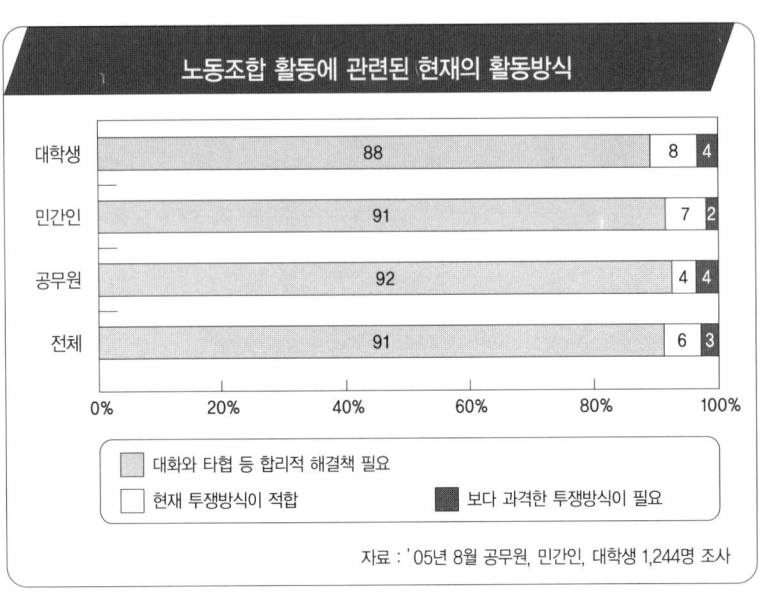

**노동조합 활동에 관련된 현재의 활동방식**

| | 대화와 타협 등 합리적 해결책 필요 | 현재 투쟁방식이 적합 | 보다 과격한 투쟁방식이 필요 |
|---|---|---|---|
| 대학생 | 88 | 8 | 4 |
| 민간인 | 91 | 7 | 2 |
| 공무원 | 92 | 4 | 4 |
| 전체 | 91 | 6 | 3 |

자료 : '05년 8월 공무원, 민간인, 대학생 1,244명 조사

● 시사점

우리국민은 노동조합의 투쟁방식에 대하여 대화와 타협 모색 91%, 현재의 투쟁방식 선호 6%, 보다 과격한 투쟁한 투쟁방식 선호 3%로 나타났다. 우리 국민들은 노동조합의 투쟁방식을 대화와 타협 등 합리적인 방식을 선택하였다.

### 개인보다도 타인, 사회적 책임을 중시하는 노사문화 필요

정부에서는 비정규직의 보호를 위한 대책이 강구되어야 한다.

기업에서 고용의 유연성을 높이기 위해서 비정규직의 고용을 막을 수는 없지만 단지 똑같은 일을 하면서 임금을 낮게 주기 위함이나 노동조합을 회피하기 위한 목적으로 비정규직을 채용한다면 문제가 있을 것이며, 최대한 동등한 조건의 인간적인 대우는 보장받도록 하여야 할 것이다.

또한 소득 수준이 대단히 높은 임금 생활자가 노동자라는 '신분'을 강조하면서 무분별하게 집단행동을 하는 '노동귀족(勞動貴族, labour aristocrat)집단 이기주의'는 마땅히 비판받아야 할 것이다. 이러한 행동은 일반적인 집단행동에 대한 나쁜 선입견을 형성시켜 진정으로 권익이 필요한 저임금, 저소득층 등 사회적 약자의 어쩔 수 없는 집단행동에 대한 동정 여론을 악화시켜 결국 사회적 약자들의 권익을 해칠 수 있다는 것이다.

아울러 최근 전경련이 세계적 다국적기업들의 흐름에 발맞춰 UN 세계협약 등 기업의 사회적 책임(CSR)에 관련된 여러 기준들에 관심을 두고 그 실현에 앞장서고 있는 것은 노사문화의 발전을 위해서 매우 바람직한 일이라고 볼 수 있다.

### 노사관계에서 정부의 엄격한 법 적용과 공정한 역할 필요

정부는 집단적 노사관계에서 자율적 교섭을 원칙으로 하되 공정한 룰과 원칙을 설정함과 동시에 정해진 룰과 원칙을 엄정하게 집행하여 노사갈등이 공공의 이익을 저해할 경우 적극 개입하여 공정하고 평화적인 해결방안을 강구하여야 한다. 불필요한 정치논리보다는 시장원리에 충실한 훌륭한 노사관계 정책을 추진, 지식정보화시대에 맞는 노동시장의 구조적 변화에 대응할 수 있도록 법 제도를 제 · 개정하고 집행하여야 할 것이다.

불법파업을 묵인하는 것, 즉 법과 원칙을 엄정하게 집행하지 못하는 것은 노동조합의 교섭력을 과도하게 높게 만드는 것이며 노조가 약자라는 고정관념이 노조에게 지나친 관용을 베풀게 만들어 바람직한 노사문화에 방해가 될 수 있다는 것이다.

## 모두 다 공존하는 신 노사협력관계 문화 필요

근래에는 세계 각국이 노사 대립문화의 폐해를 깨닫고 협력문화로 전환하고 있으며, 더 나아가 노 · 사 · 정 · 국민이 국가적 차원에서 노사문제를 해결하고자 시도하는 신 노사협력관계 문화를 지향한다. 최근의 노사관계는 단순히 노사의 협조만을 강조하는 것이 아니라 국민경제적 입장에서 노사관계를 바라보는 성숙된 관계로 발전하고 있으며 정부도 기업 수준에 개입하여 국민적 관심에서 노사관계를 발전시키고자 노력하고 있다. 노 · 사 · 정 · 국민에 의한 4자 협력주의가 노사관계의 새로운 모형으로 등장하고 있는 것이다.

노사관계는 개별노사관계에서 출발하였지만 선진 각국의 노사관계는 이미 오래 전부터 대립적 노사관계에서 협력적 노사관계로 진입하였고, 또 최근에 와서는 3단계의 신 협력적관계(new cooperation)로 발전되고 있는 추세이다.

현재 우리나라 대부분 기업에서의 노사관계는 대립적인 노사관계에서 협력적인 노사관계로 변화하는 과정이라 할 수 있다. 그러므로 신 협력적인 노사관계를 구축하기 위해서는 노사관계의 핵심 주체라고 할 수 있는 사용자와 근로자의 의식과 관행 및 행동 등 가치관의 변화가 절실히 요구되고 있으며, 향후 노사관계가 공동의 이익을 극대화하여 레드오션의 방향에서 서로가 상생하는 블루오션의 방향으로 전환하여야 한다고 본다.

## 08 부정부패

부정부패는 어떤 수단을 써서라도 뿌리 뽑아야 한다.
부정부패야말로 세계로 나아가는
대한민국의 발목을 붙잡는 가장 큰 해악이기 때문이다.

　**우리나라**는 과거의 오랜 유교문화권의 전통으로 평등과 자율이라는 시민문화가 형성되지 못하였으며, 또한 성장과 발전이라는 그늘 아래 정치, 경제, 사회, 문화 등 제반환경이 투명하지 못한 것이 사실이다.

　그동안 이러한 환경 때문에 정경 유착으로 인한 부패, 재벌과 권력의 유착으로 인한 부패, 공직의 부패 등 사회구조적인 총체적인 부정부패가 만연하게 되었던 것은 사실이다. 하지만 우리 대한민국은 상기 언급한 각 분야에서 투명한 사회가 되지 않고서는 결코 세계 1등 국가가 되기 어려울 것이다. 이러한 문제가 해결되지 않으면 국가와 정부의 권위와 신뢰의 추락, 사회총체적 기강해이, 자원의 비합리적 배분과 막대한 시장경제의 비능률이 초래되기 때문이다.

　이번 장에서는 부정부패의 원인을 알아보고, 왜 부정부패가 근절

되어야 하는가, 세계에서 우리나라 부패의 수준은 어느 위치에 있는지, 비교적 부패가 없는 나라로 소문난 싱가포르의 경우를 소개하고 아울러 부패방지방안 제시와 함께 국민이 바라는 부패방지대안을 소개하도록 하겠다.

홍수 뒤에 계곡물이 단숨에 맑아지지 않고 시간이 걸려 맑아지는 것처럼 우리 부정부패의 일소도 하루아침에 척결되기는 어렵지만, 일정기간을 거치면 일소될 것이라 믿는다.

# 부정부패의 원인

## 사회구조적 원인

사회 전체적 수준에서 보면 부패는 기본적으로 사회 내에 존재하는 희소 자원을 배분하는 장치의 결함에서 발생하는 현상으로 이해해 볼 수 있다. 이런 관점에서 부패를 분석한 대표적인 연구자로 Rose Ackerman(1978)을 들 수 있다.

그녀는 사회의 희소한 자원이 완전 경쟁의 상태에서 배분된다면 부패란 발생할 수 없는 것인데, 현실적으로는 그러한 자원에 대한 배분 결정이 다수결이라는 비경쟁적 원칙이 지배하는 정치적 방법으로 이루어지기 때문에 부패가 발생하게 된다고 보았다. 정치부문에서의 부패가 사회 내 모든 다른 부문 부패의 근원이라는 주장과 일맥상통하는 주장이다. 또한 그녀의 주장은 부패가 민주주의 정치체제에 본질적으로 장착되어 있는 문제임을 시사해 준다.

사회 전체적 수준에서 부각되는 부패의 또 다른 원인으로 자주 지적되는 것으로 부패를 용인하는 사고방식, 관습, 풍토, 문화의 팽배 정도가 있다. 이는 그 사회가 지닌 역사적 경험, 지배적인 종교관, 인간관계를 지배하는 규칙 등과 깊은 연관을 맺고 있다.

이외에 정치 지도자를 비롯한 사회 각 부문 지도자들의 반부패 의지 결여라든가(윤태범, 1992/ 황성돈, 1992, 1994), 시민의 주권 의식 부족(Almond & Verba, 1965), 건전한 시민단체의 비활성화(Giddens, 1998) 등도 사회 전체를 분석 수준으로 한 논의에서 개인에게 부패의 기회를 제공하는 상황적 원인으로 지적된다.

## 조직적 원인

### ●낮은 보수

조직적인 측면에서 부패의 원인으로 가장 많이 거론되는 것은 조직이 구성원에게 주는 보상의 비현실성 또는 부적합성이다. 비현실적인 보수란 사회적 평균 생계비에 못 미치는 낮은 보수를 의미하며, 부적합한 보수란 준거집단의 생활수준에 상응하는 생활을 영위하기에 곤란한 수준의 보수, 즉 상대적 빈곤감을 유발시키는 수준의 보수를 의미한다.

### ●재량권

조직의 구성원들에게 주어지는 재량권, 특히 남에게 배타적 이익을 제공할 잠재력을 지닌 재량권도 개인에게 부패의 기회를 제공하는 중요한 원인이 될 수 있다. 이것은 기본적으로 업무처리 기준과 절차의 불명확성으로부터 야기되는 문제이다.

이런 유형에 해당하는 대표적인 경우로 규제관련 기관, 세입관련 기관, 정부 돈을 쓰는 기관의 종사자 사이에 발생하는 부패들을 들 수 있다. 또한 인사문제를 둘러싼 부패도 기본적으로는 이런 재량성에 기인하는 유형에 속한다. 반대로 기준이 구체적이고 결재의 단계가 많아 개개인에 주어진 재량권이 지나치게 축소되어도 부패가 야기될 수 있다. 민원인 입장에서 배타적 이익 크기를 지나치게 크게 만드는 결과를 초래하기 때문이다.

### ●적절한 조직관리 기술의 부재

적절한 조직관리 기술의 부재도 부패의 원인이 된다. 특히 조직 구성원들의 업무수행 과정을 모니터링하고 업적을 평가하는 체계가 미비되는 경우, 조직 구성원들은 자신의 직무에 충실해야 할 동기가 유발되지 않음으로 인해 부패에 연루될 개연성이 높아지게 된다.

실제로 Chapin and Sefton(1977)의 지적처럼 정부 조직에 부패가 끼어들기 제일 쉬운 시간은 조직의 구성원들이 공적인 일을 수행하고 있는 동안이 아니라 비생산적인 활동이 이루어지고 있는 동안일 수 있다. 이런 관점에서 보면 부패는 개인의 부패 욕구가 아니라 업무에 대한 개인의 책임성(accountability)에 문제가 있어 발생하는 현상으로 이해된다.

### ●기본 시설과 운영 경비에 대한 지원 빈약

업무 수행에 필요한 기본적인 시설과 운영경비에 대한 지원이 빈약한 경우 조직 구성원은 자신의 조직으로부터 이익을 받고 있는 외부 업자를 대상으로 한 부패 행위를 할 개연성이 높아진다. 이 경우에는 다른 경우와 달리 그 부패 행위에 대한 조직구성원들의 용인 수준이 상당히 높게 나타난다.

### ●조직의 폐쇄성

부패는 조직의 폐쇄성으로부터도 야기되는 현상으로 이해될 수 있다. 조직 내부적으로는 직무 분할이 개인 간 부서 간에 이루어지는 경우, 조직 외부적으로는 조직 외부인에 대한 정보공개 장치가 제대로 마련되어 있지 않을 경우 그 조직에 속한 개인들은 부패한 행동을 할 개연성이 높아진다. 조직의 생산성을 극대화하는 방편으로 고안된 분업화(division of labor) 및 부서화(departmentalization)의 원리가 역설적이게도 부패의 원인을 제공하게 되는 셈이다.

### ●취약한 부패 통제 장치

부패 행위를 통제하는 장치가 조직 내외부적으로 취약한 경우에도 그 조직에 속한 개인들은 부패한 행위를 할 개연성이 높다. 취약성에는 사정 당국의 직무 수행 능력 부족(인적·물적 자원과 기술의 부족 포함), 법규의 미비, 발각 시 부여될 처벌 강도의 부적절성 및 처벌의 낮은 실제 적용률 등이 모두 포함된다.

### ●취약한 리더십

조직의 리더는 조직의 다른 구성원들에게 역할모형이 된다. 또한 다른 구성원들의 조직 내 이익과 비용의 크기를 결정하는 권한을 가지고 있다. 따라서 그가 부패를 조장하거나 방치하는 생각과 행동을 보이게 되면 그 조직의 구성원들은 부패한 행동의 개연성을 갖게 된다.

## 개인적 원인

모든 부패는 궁극적으로 개인의 행위로 환원된다. 부패행위는 전술하였듯이 기본적으로 개인과 개인 간의 거래 행위이기 때문이다. 이렇게 볼 때 개인 차원에서 부패 행위를 하게 되는 원인은 인간 본성과 그가 처한 상황적 특성, 그리고 상황에 대한 특정 개인의 이해, 이 세 가지로 유형화 해볼 수 있다. 경제학적 방법론에 입각하여 이를 종합적으로 설명하면 아래와 같다.

— 부패는 개인이 속한 조직과 사회가 그 자체의 허술함(전술한 조직 및 사회 전체 수준에서의 부패 원인들)으로 인해 개인에게 부패의 기회를 제공하여 발생한다.

— 기회가 개인에게 주어졌다고 해서 그가 반드시 부패한 행위를 하는 것은 아니다. 그 기회에 대한 개인의 인식과 해석의 결과로써 부패는 발생한다. 특히 부패의 기회에 대한 개인의 인식과 해석의 결과, 부패 행위를 통해 얻게 될 것으로 기대하는 이익이 부패한 행위로 인해 부담하게 될 것으로 기대되는 비용보다 크다고 개인이 판단하는 경우 부패는 필요 조건적으로 발생한다.

—부패의 기회에 대한 인식과 해석은 각 개인이 지닌 조건과 조직 및 사회가 지닌 조건에 의해 결정된다. 인간의 기본적 욕구와 본성적 특성, 부패 행위를 통해 달성코자 하는 목적에 대해 느끼는 절실함의 정도와 같은 개인적 조건들은 특히 부패로부터

얻게 되는 이익과 치러야 할 비용의 크기에 관한 개인의 인식과 해석에 영향을 미친다. 전술한 조직과 사회의 각종 취약점들은 특히 부패와 관련된 각종 이익과 가치의 발생 확률에 관한 개인의 인식과 해석에 영향을 미친다.

## 부정부패 행위 근절 필요

### 최고통치권자 및 정부에 대한 국민적 신뢰 저하

해방 이후 지금까지 집권세력이 바뀔 때마다 거의 매번 부패를 일소하겠다는 강력한 통치권의 의지표명이 있어 왔음에도 불구하고, 이렇다 할 획기적 변화 없이 부패 문제가 상존하고 있음이 그러한 의지표명을 해온 최고통치권자는 물론 정부에 대한 국민적 신뢰를 저하시켜 왔다.

예를 들면 제5공화국의 경우, 국민적 정통성 면에서의 취약함을 안고 출범한 제5공화국 정부는 정통성 문제를 부패척결을 통해 만회하려고 했다. 이 공화국이 출범하자마자 6천 명 이상의 공무원들이 부패의 명목으로 숙정되는 등 대대적인 사회정화작업이 이루어졌다. 그러나 제6공화국에 의해 제5공화국의 최고통치권자 자신을 포함, 그 주변의 친인척들이 부패범으로 몰려 최고통치권자는 국회청문회에 불려나가고, 산사에서 유배 아닌 유배 생활을 했으며, 친인척들은 감옥살이까지 하게 되는 수모를 겪는 아이러니가 연출되었다.

제6공화국도 사건이 터질 때마다 '성역 없는 철저한 수사'를 외쳤지만 수서사건, 이동통신 업체선정 과정, 영종도 국제공항 건설, 그리고 경부 고속전철 건설 등을 둘러 싼 정경유착에 대한 의혹으로 곤욕을 치러야 했다. 제6공화국이 말기에 접어들어서는 출범 초기에 부패범으로 잡아들였던 제5공화국의 부패범들에 대해 사면, 복권조치까지도 내려졌다. 더구나 제6공화국의 최고통치권자 역시 거액의 비자금 조성과 관련하여 곤혹을 치르기도 하였다.

김영삼 정부에 들어서도 정권 초기에는 서슬 시퍼런 사정의 칼날 아래 강력한 개혁조치로 부패에 대한 단호한 대응을 하였다. 그러나 앞선 정권들과 다를 바 없이 장학로 사건, 아들 김현철의 깊숙한 이권 개입 등의 정경유착과 연관된 굵직한 부패문제가 대두되었다. 이로 인해 최고통치권자인 대통령의 아들이 수감되는 일이 일어나기도 하였고, 집권 말기에는 이러한 부패의 소산물로 IMF라는 국가 경제 파탄위기로 몰리기까지 하였다.

부패 문제에 대해 이런 조령모개(朝令暮改) 내지는 용두사미(龍頭蛇尾)식 접근방식을 취하는 한 무책이 상책이 된다. 차라리 부패척결을 운운하지 않고 그냥 국정을 운영하였다면 국민적 기대와 실망은 상대적으로 그리 크지 않았을 것이고, 실망한다면 그것은 최고통치권자 개인, 부패 공무원 당사자에 국한되는 것이지 대통령직, 정부 그 자체에 대한 신뢰저하로까지는 발전하지 않았을 것이기 때문이다.

### 사회총체적 위화감조성과 국가발전의 위기 초래

공정무사(公正無私)와 청렴결백(淸廉潔白)이 가장 많이 기대되는 직책의 소유자 부문(예컨대 고위공직자 및 권력기관 근무자, 검·경찰, 교육계, 언론계, 법조계, 금융계 등)에서의 부패는 공권력에 대한 국민의 신뢰를 급속히 저하시키는 것은 물론 "저런 사람들마저 썩었는데 나라고….” 하는 식의 자기비하적 가치포기 행태를 조장한다는 점에서 대단히 위험천만하다. 또한 이들이 발본색원되지 않고 버젓이 건재하고 있는 상황에서, “나도 이번에 한탕하고 평생 편하게 살아보자”라든가 “만일 사정에 걸리면 내가 잘못해서가 아니라 재수가 없어서 그렇게 된 것이지” 하는 식의 한탕주의를 만연시킨다는 점에서도 우려해야 할 사항이다.

이러한 공권력의 권위상실, 한탕주의, 그리고 자기비하적 가치포기 행태의 만연은 곧 국가발전의 한 원동력인 사회기강의 이완을 의미하는 것이며, 세계 각국의 흥망성쇠사는 사회기강의 이완으로부터 망국이 시작됨을 경고해 주고 있다. 또한 부패의 사회적 만연과 구조화는 인재와 재화의 불량순환을 초래하여 국가발전의 구조적 장애요인으로 작용한다는 것이 일반적인 진단이다.

인재의 불량순환을 초래한다는 진단이 나오게 되는 것은 다음과 같은 이유 때문이다. 부패는 이것이 발각될 경우 치러야 할 대가(pay-off)가 어떠한 다른 것에도 견줄 수 없을 정도로 엄청나기 때문에 부패한 행위를 한 사람은 자기 부하를 선택함에 있어서 무능력하더라도 자신의 부패를 눈감아 줄 수 있는 믿을 만한 사람, 또는 부패의 약점을 지니고 있는 소위 동업자를 택하려고 한다.

이렇게 해서 부패한 사람 주위에는 그와 마찬가지로 부패한 사람들, 또는 부패의 소지가 많은 사람들로 채워지게 되고, 시간이 경과함에 따라 이런 사람들로 충원된 조직엔 부패가 일종의 조직문화로까지 자리 잡게 된다는 것이다.

이렇게 되고 나면 설령 처음엔 부패에 물들지 않은 전문적 업무처리 능력을 지닌 사람이 이 조직에 들어오게 된다 하더라도 이내 스스로 부패한 행동을 하거나 아니면 그 조직을 떠날 수밖에 없게 되는 것이다. 결국 그 조직의 인사관리는 능력 있고 청렴한 인재의 등용 및 개발활동이 되기보다는 부패의 확대재생산 활동으로 전락하고 만다.

부패가 재화의 불량순환을 야기한다는 것도 이와 유사한 이유에서다. 일단 뒷돈 거래를 통해 불량한 제품이 정품에 우선하여 납품되고 나면 이러한 과거의 부정거래를 은닉하기 위해서라도 계속 불량한 제품을 구입해야 하고, 이것이 반복되고 나면 정품 만드는데 돈, 시간, 정력을 쓰는 것보다는 안전한 판매선과 구입선을 확보하기 위한 로비활동에 주력하는 것이 훨씬 중요하다는 행위규칙이 생산자와 구매자들 사이에 자리를 잡게 된다. 소위 Olson(1982)이 말하는 "개인적 합리성의 합이 전체적 비합리성으로 귀결되는 현상"이 나타나는 것이다.

## 자원의 비합리적 배분에 따른 막대한 사회경제적 비용의 초래
부패가 공공부문에서의 엄청난 경제적 손실을 가져온다는 것은 이미 잘 알려진 사실이다. 특히 세제상의 부패, 특혜를 위한 불필요한 계약 등과 같은 부패는 막대한 국가재정의 손실을 초래한다.

또한 교통평가, 환경평가와 무관한 건물의 건축이 허용되기도 하고, 토지의 용도변경이 비정상적으로 허용됨으로 대도시의 공해와 막대한 출퇴근시간의 허비가 초래되기도 한다. 나아가 정보 유출의 형태를 띤 부패는 적절한 정부의 계획기능을 왜곡시키게 된다(예 : 공사정보의 유출로 인한 지가상승 등).

부패의 폐해는 비단 공공부문에만 국한되지 않는다. 민간부문에 대해서도 상당한 폐단을 낳고 있다. 이각범(1992) 교수의 논문에 의하면, 제조업 생산비용에서 부패로 인한 비용은 금융비용과 물류비용 다음을 차지하며, 노무비용보다 높은 수준이라고 한다.

또한 전체 생산비용의 20%가 로비비용으로 나가며 그중 대부분이 뇌물성이라고 한다. 결국 이런 비용은 생산된 제품의 가격상승으로 연계되어 일반 소비자의 부담으로 귀속된다는 데 큰 문제가 있다. 부패한 행동의 값을 치르는 사람이 그런 행동을 한 사람이 아니라 엉뚱한 일반시민들이 되는 셈이다.

뇌물 중심의 로비가 사업성패의 관건을 이루고 있는 상황 하에서는 정상적 기술개발이 차단될 수밖에 없으며, 생산의욕 또한 저하되기 마련이라는 것이 이익집단론의 정설이다(예: Olson, 1982 / Gray & Lowery, 1988). 앞에 소개된 이 교수의 발표에 의하면, 부패로 인한 국민총생산의 손실은 연 20%가 넘는 것으로 추산되며, 이는 1987년 지하경제규모(당시 금액 50조원)와 맞먹는 것이라고 한다.


## 세계에서 평가한 우리나라의 부패의 수준

### 국제사회의 부패방지기관

1990년대 이후 동서독 통합, 소련 붕괴 등에 따른 냉전 종식으로 글로벌 경제가 확산되면서 반부패는 국제사회의 핵심으로 등장하였고, 힘의 경쟁이 이데올로기 중심에서 경제 중심으로 이동하여 세계경제는 공정하고 투명한 경쟁질서 확립을 추진하게 되었다.

## ● 국제기구를 주축으로 부패라운드 추진

- 세계무역기구(WTO) : 정부조달투명성협정(1996)1997년 1월 발효
- 경제협력개발기구(OECD) : 국제상거래에서 해외공무원에 대한 뇌물방지 협약 체결(1997) 1999년 2월 발효, 국내 이행법 「국제상거래 있어서 외국 공무원에 대한 뇌물방지법」(1998)
- 국제연합(UN) : 반부패협약 제정(2003년), 2005년 12월 발효, 회원국의 반부패정책 추진 조직 설치 등 제도정비, 부패자산 회복 및 국제공조
- 국제상공회의소(ICC) : 국제상거래에서 뇌물수수 방지 행동규칙채택(1997년)

## ● 지역협력체제를 주축으로 부패라운드 추진

- EU부패방지총국(OLAF) : 사기 및 금융비리에 대한 대응강화를 위해 개혁안 발표(2004년)
- 아시아태평양경제협력체(APEC) : 'APEC 반부패행동계획' 채택(2004년), APEC 반부패·투명성 T/F 회의」 설치(2005년)

## ● 국제투명성기구(TI) 등 민간차원의 부패방지 공조

※ 국제투명성기구 매년 국가청렴도 지수 및 순위 발표

**국제투명성기구(TI, Transparency International) 소개**

- 부패방지 목적으로 1993년에 설립한 NGO단체 (본부 : 베를린)
- 세계 80여 개국에 지부를 설치, 2년 주기로 국제반부패회의(IACC) 개최
- 한국지부는 반부패국민연대 (TI- Korea)
- TI지수는 국제투명성기구에서 발표하는 부패지수로 부패인지수(CPI)와 뇌물공여지수(BPI)가 있음
  - ● 부패인지수(CPI, Corruption Perception Index) : 공직부문(정치포함)에 존재하는 부패의 정도를 인식을 나타내는 지수
  - ● 뇌물공여지수(BPI, Bribe Payers Index) : 주요 수출국 회사들이 신흥 시장국 공무원에 대해 뇌물을 제공하는 정도에 대한 인식을 나타내는 지수

## 우리나라 부패의 심각성

외국 전문기관들의 평가는 우리나라의 부패가 실로 참담한 수준임을 보여주고 있다. 실제 부패지수가 우리나라보다 경제적으로 낙후된 아프리카 나라들과 비슷하거나 못한 나라로 평가되고 있는 것이다.

자존심을 앞세워 이런 평가에 대해 불쾌감을 표시하기에 앞서 겸허하게 받아들이고 부끄러워해야 할 일이다. 그리고 우리나라의 자존심 회복을 위해서라도 깨끗한 나라 만들기에 발 벗고 나서야 할 상황이다.

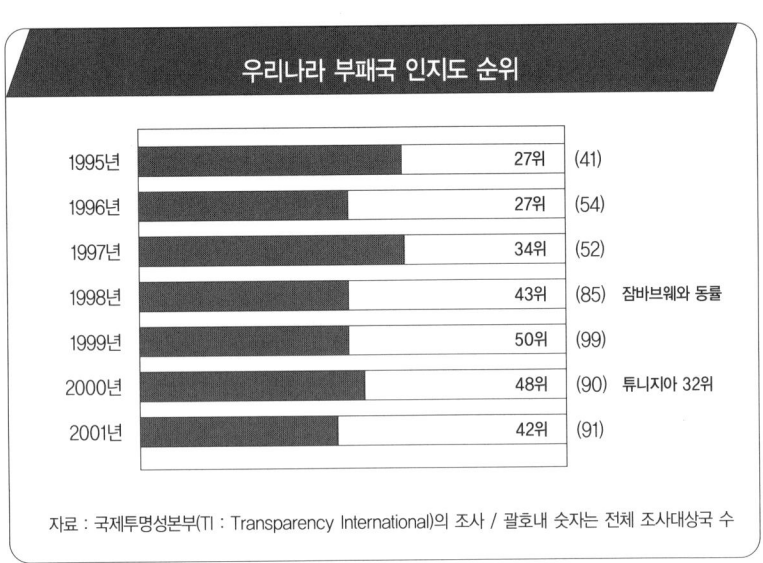

**우리나라 부패국 인지도 순위**

| | | |
|---|---|---|
| 1995년 | 27위 | (41) |
| 1996년 | 27위 | (54) |
| 1997년 | 34위 | (52) |
| 1998년 | 43위 | (85) 잠바브웨와 동률 |
| 1999년 | 50위 | (99) |
| 2000년 | 48위 | (90) 튀니지아 32위 |
| 2001년 | 42위 | (91) |

자료 : 국제투명성본부(TI : Transparency International)의 조사 / 괄호내 숫자는 전체 조사대상국 수

우리나라 뇌물 및 부패지수 순위

| | | |
|---|---|---|
| 1994년 | 31위 | (41) |
| 1995년 | 26위 | (48) |
| 1996년 | 26위 | (46) |
| 1997년 | 36위 | (46) |
| 1998년 | 33위 | (46) |
| 1999년 | 36위 | (47) |
| 2000년 | 34위 | (47) |

자료 : 스위스 국제경영대학원(IMD: International Institute for Management Development)이 평가
/ 괄호 내 숫자는 전체 조사대상국 수

### 한국의 뇌물 공여 지수(BPI)는 19개 세계 수출대국 중 2위

국제투명성본부(TI)가 세계에서 수출을 많이 하는 19개국을 대상으로 조사한 결과 한국이 중국에 이어 세계 2위의 뇌물 공여국으로 발표되었으며 부패정도가 갈수록 심각해지고 있는 것으로 나타났다.

1999년에 발표된 국제투명성기구의 뇌물 공여 지수 조사에 따르면 한국은 10점 만점의 뇌물 공여 지수에서 3.4점을 얻어 3.1점을 기록한 중국에 이어 두 번째를 기록했다고 전했다. 뇌물 공여 지수는 인도, 브라질 등 주요 수입국의 기업·은행 등의 임원, 공인회계사, 변호사 등 770명을 상대로 수출업체들 중 어느 나라 사람이 뇌물을 제공하는지를 설문 조사해 수치로 나타낸 것이다.

## 싱가포르, 홍콩, 대만 등의 부정부패 근절 사례
## : 부패, 어렵지만 노력여하에 따라 반드시 잡을 수 있는 현상이다

1960년대까지만 해도 우리나라와 부패 수준이 비슷했거나 더 심했던 싱가포르, 홍콩, 대만이 어떻게 해서 1980년대부터는 우리보다 훨씬 청렴한 곳, 더 나아가 국제적 평가에서 세계 최고 수준의 청렴한 곳으로 평가받을 수 있게 되었을까? 우리도 나름대로 해방 이후 부패 문제를 해결하기 위해 정부 차원에서 많은 노력이 지속적으로 있었다. 그런데 어째서 우리는 이들과 큰 차이를 보이게 된 것일까?

이들의 경험은 우리에게 매우 귀중한 교훈을 준다.

그중에서도 가장 중요한 것은 부패라는 문제는 난제이긴 하지만 노력하기에 따라 반드시 잡힐 수 있는 현상, 즉 사회의 일반적인 현상이 아니라 간혹 일부에서 발생하는 현상으로 만들 수 있다는 확신을 갖게 해준다는 점이다.

또한 이들의 경험은 부패 척결활동이 원활히 이루어지기 위해서는 첫째로 무엇을 위한 부패 척결인가에 대한 명백한 범국민적 인식, 특히 부패 척결이 국가발전에 필요충분조건이라는데 대한 확고한 믿음과 실제적 경험을 준다. 또 둘째로 최고통치권자의 살신성인적인 솔선수범, 셋째, 부패를 통제하는 강력하고 정교한 제반 법적 조치 및 사정 기구의 완비 등이 전제되어야 한다는 것을 가르쳐 주고 있다.

여기서는 지면관계상 첫째와 둘째의 사례만 소개하고자 한다.

### 명백한 목표 인식과 확인
부패 척결 작업에 정부가 나서게 되면 으레 제기되는 것들 중의 하나가 경제주체들의 활력을 움츠러들게 하여 궁극적으로 경제활성화에 장애요인으로 작용할 우려가 있다는 비판이다. 그러나 부패 척결에 성공한 나라들과 실패한 나라들의 경험을 종합해보면 부패 척결은 경제발전을 포함한 국가발전에 필요충분조건이라는 교훈을 얻게 된다.

먼저 필요조건이 된다는 것을 보자.

1930년대와 1940년대에 세계 경제의 '다크호스'로 각광받던 남미의 브라질, 아르헨티나 등이 지금은 3류 경제국으로 전락하게 된 것을 비롯하여, 한때 '아시아의 장미'로 칭송 받았던 베트남과 필리핀이 망국 또는 정국 혼란의 수순을 밟게 된 것, 얼마 전까지만 해도 초강대국의 지위를 누렸던 구 소련이 해체되고 이후 지금까지 체제혼란과 경제위기에 허덕이며 제자리를 잡지 못하고 있는 것, 이 모든 것들이 결국은 공직자를 포함하여 사회전반에 걸친 부패의 만연 때문이라는 사실은 부패를 척결하지 않고 방치할 경우 국가발전이란 있을 수 없다는 것을 입증해 주고 있다.

이와는 반대로 1960년대까지만 해도 경제수준이나 부패수준에 있어서 우리와 큰 차이가 없었던 싱가포르, 대만, 홍콩 등이 지속적인 부패 척결정책에 바탕을 두고 경제발전전략을 추진한 결과 지금은 우리보다 훨씬 앞선 국민소득과 경제성장을 이룩했다는 사실은 부패 척결이 경제발전에 충분조건임을 입증해 주고 있다.

부패 척결이 이들 나라들에 있어 경제발전으로 연계된 논리는 간단하다. 자원부족국으로 국제무역에 의존할 수밖에 없는 이들 나라에서의 부패 척결은 바로 국제무역거래의 생명이라고 할 수 있는 신용과 사업의 예측 가능성을 높여주며, 정당치 못한 나라들에 비해 외국의 투자를 보다 용이하게 유치할 수 있도록 해 준다.

또한 부패 척결은 부당하게 이익을 향유할 수 없다는 행위의 규칙을 세워주기도 하는 것인 바, 부패 척결에 바탕을 둔 경제발전은 곧 경제발전을 통해 결실되는 열매가 공정하게 배분된다는 것을 의미하는 것이므로 경제활동 주체들의 활동의욕을 북돋아 준다는 점에서 부패 척결이 경제활성화에 순기능으로 연계되는 것이다.

이러한 외국의 경험들은 '부패 척결이 경제활성화에 장애요인으로 작용하는 것이 아닌가?' 하는 한국에서의 비판과 우려에 경종을 울린다. 물론 무분별한 부패 척결작업은 경제활성화에 찬물을 끼얹는 쪽으로 작용할 수 있다. 그러나 이것은 어디까지나 부패 척결작업이 무분별하게 이루어질 경우에 국한된 것이지, 부패 척결작업 그 자체가 문제되는 것은 아니다.

싱가포르, 대만, 홍콩 등의 경험은 무역에 의존하며 살아가야 할 우리나라에서도 잘 정제된 부패 척결작업이 성공적으로 이루어지기만 하면 오히려 경제가 회생될 수 있다는 사실을 분명하게 보여주고 있는 것이다.

### 최고통치자의 강력한 의지와 솔선수범

유교문화권에 속한 나라들이 성공적 부패 척결작업의 대전제로 한결같이 꼽고 있는 것이 바로 부패 척결에 대한 최고통치권자의 강력한 의지와 살신성인적인 솔선수범이다.

중앙집권적이고 상명하복의 유교적 통치전통이 강한 나라에서는 최고통치권자가 무슨 생각을 하고 국정에 임하느냐 또는 어떤 행동을 하느냐가 정부뿐만 아니라 사회전반에 걸쳐 일종의 행위준거로서 작용한다는 논리이다.

대만과 싱가포르의 부패 척결작업을 보면 이 논리가 상당한 실제적 타당성을 지니고 있음을 알 수 있다.

대만의 경우, 국민당 정부가 공산당과의 싸움에서 패배하여 중국 본토로부터 대만 섬으로 퇴각한 직후 장개석 총통은 패배의 가장 큰 이유가 바로 관리들과 군인들의 부패였다는 것을 절감했다. 그래서 오늘날의 우리처럼 부패 척결을 제 1의 국정과제로 천명함과 동시에 부패한 공직자와 군인들을 광장에서 공개처형함으로써 강력한 부패척결 의지를 보였다. 또한 주변 친인척의 부패까지도 성역 없이 척결하는 솔선수범을 보였다.

대표적인 예가 바로 장 총통 며느리의 자살사건이다. 자신의 며느리가 보석을 좋아하며 각종 뇌물의 창구가 되고 있다는 사실을 알게 된 장개석 총통은 그녀의 생일날에 보석 상자를 선물로 주면서 집에 가서 열어보라고 했다. 그녀가 집에 돌아와서 열어 본 보석상자 속에는 한 자루의 권총이 들어 있었다. 더 이상 국가에 누를 끼치지 말고 자살을 택하라는 암시였고, 그녀는 결국 그 권총으로 자살하고 말았다.

## 부패 척결의 접근방법에 관한 교훈

### ●종합적 접근

부패 척결에 성공한 나라들은 척결작업을 조사, 예방, 교육 및 홍보라는 3개의 활동 축을 동시에 가동하면서 추진했다. 홍콩의 염정공서는 이런 접근법을 '3지창 접근법(Three-Pronged Approach)'으로 부르고 있는데, 사후 조사에만 의존한 것이 아니라 부패를 야기하는 불합리한 여건을 시정하고 각종 매체를 통해 교육과 홍보도 전문, 지속적으로 시행함으로써 정부의 부패 척결작업에 대한 범국민적 동참을 유도하고 정책집행의 효과를 제고시켰던 것이다.

예방의 예로 싱가포르를 보면, 싱가포르는 공무원을 엘리트화 하고 높은 보수를 지급함으로써 경제적 이유로 인한 부패의 소지를 차단하였다. 민간과 비교하여 하위공무원은 다소 낮지만 고위공무원이 될수록 보다 높은 보수가 보장된다. 또한 토지공개념은 물론 주택 공개념까지 도입하여 저렴하게 기본생활을 영위할 수 있게 하였으며, 교육비도 저렴하다. 그럼에도 공직자가 부정을 저지르면 가차 없이 처벌을 가한다.

교통경찰관은 근무 전에 자신의 개인 소지품을 모두 사무실에 놓게 하고, 불시검문을 했을 때 금품이 발견되면 뇌물을 받은 것으로 간주하여 단호한 처벌을 가한다고 한다. 공직사회 내의 가장 큰 부조리원인인 인사문제에 있어서는 순수 민간인들로 구성되어 있는 공직위원회로 하여금 공무원의 임용 및 승진을 전담토록 해 부조리한 인사관행의 여지를 근원적으로 없애는 방식을 택했다. 또한 민원처리에 따른 부조리를 없애기 위해 처리과정을 단순화하고, 대부분을 우편으로 처리하게 함으로써 민-관 간의 직접적인 접촉기회를 대폭 축소시켰다.

싱가포르의 경우 특기할 점은 긍정적 홍보전략이다. 예를 들어 '우리는 자랑스러운 싱가포르인'이라는 내용의 텔레비젼 광고가 거의 매시간 반영되고 있다. 이는 부패하지 않아야 한다는 규범적 강요보다는 긍지를 심어줌으로써 부패에 현혹 및 가능성을 줄이려는 고도의 심리학적 전략이 깔려 있는 것이다.

홍콩 염정공서의 부패예방실도 싱가포르의 경우와 유사하게 부패의 소지로 작용하는 각종 불합리한 관행을 개선하는 작업을 지속적으로 수행하고 있다. 또한 교육 및 홍보활동은 정부 사정기관의 업적에 대한 광고가 아닌 부패척결작업이 범국민운동으로 확산되어야 효과를 높일 수 있다는 의도로 이루어지고 있다.

이에 가장 모범적인 사례는 홍콩의 경우인데, 염정공서 내의 언론 및 교육국은 11개 지역에 나가 있는 염정공서 지역사무소들과의 긴밀한 협조를 통해 보도자료의 작성 및 배포, 뉴스 브리핑, 기자와의 질의응답 등 전형적인 대언론 홍보활동에 더하여 방송 및 홍보전문가들과 합동으로 격조 높은 수준급의 각종 홍보물과 TV 드라마를 제작하고 있다.

교육면에서는 염정공서의 교육전문요원들은 학교교사를 비롯한 교육전문가들과 합동으로 초 · 중 · 고교생용 윤리교과서를 직접 제작 · 배포하고 공무원은 물론 취업을 앞둔 청소년들과 고용주를 대상으로 건전한 직업관을 정착시키기 위한 직업의식교육까지도 주관하고 있다.

이상에서 보듯 부패 척결에 성공한 나라들은 단순히 조사 쪽에만 중점을 두지 않고 부패의 소지를 없애는 예방 작업과 척결작업의 효과를 넓히는 교육 및 홍보작업에도 큰 비중을 두어 종합적으로 부패 척결작업을 수행해 오고 있다.

### ●과학적 접근

싱가포르, 대만, 홍콩에서 볼 수 있는 공통점 중의 하나는 부패로 처벌받은 개인이나 집단은 물론, 부패가능성이 있는 개인과 집단에 대한 정보까지 일괄적으로 전산화하는 부서를 설치·운영함으로써 부패 발생의 방지는 물론 과학적 증거조사를 기하고 있다는 점이다. 또한 사정기관들 간에도 전산연계망을 구축하여 신속하게 자료를 축적·교환토록 하여 조사의 효율성을 높이고 있다.

우리나라는 이들 국가에 비해 규모도 크고 복잡한 사회구조를 지니고 있다. 이런 점에서 볼 때 전산화를 통한 과학적 접근의 필요성은 더욱 절실하다고 할 수 있다. 최근 전자정부 사업들이 본격화되면서 이 부분에서 상당한 진척이 이루어지고 있는 것은 매우 고무적인 일이다.

## ●전략적 접근

모든 개혁이 그렇듯이 부패 척결작업도 여러 가지 제약 속에서 이루어진다. 우리나라의 경우 우선 시간적 제약이 가장 크다. 싱가포르는 1960년대 초부터 부패척결을 시작하여 약 20여 년의 시간이 걸렸고, 대만이 25년, 홍콩이 1970년대 중반에 시작하여 15년 정도가 소요되었다. 이런 사실은 곧 부패 척결작업은 장기적 과제라는 것을 의미한다. 또한 부패 척결에 동원될 수 있는 사회의 총 에너지가 제한적이라는 것도 주요한 제약요인이다. 부패척결 이외에 경제발전, 국가안보 강화, 사회복지 증대 등 사회의 에너지를 부패 척결 한 곳에만 집중할 수 없는 것이 현실이다.

이와 같은 제약요인은 부패 척결작업이 전략적으로 이루어져야 한다는 것을 시사하고 있다. 이런 맥락에서 부패 척결에 성공한 나라들의 다음과 같은 사항들은 우리의 부패 척결 전략수립에 상당한 도움이 되는 교훈이라고 생각된다.

첫째, 싱가포르와 홍콩의 경우에서 보듯이 청렴화의 제1차적 대상으로 기존의 사정담당자와 사정기구들이 선정되어야 한다. 이 부문에 대한 사정을 통해 사정활동의 정당한 권위가 회복되는 계기가 마련되었으며, 그 후 이 기구들에 의해 부패 척결작업에 힘이 실려 효과적인 척결이 가능해졌던 것이다.

둘째, 부패 척결에 성공한 나라들의 개혁순서를 보면 초기에는 사람에 대한 처벌 중심이었다가 차츰 불합리한 법과 제도 및 관행을 개선하는 쪽에 더 많은 비중이 생기며 이런 작업이 일정한 단계에 도달하면 의식개혁을 위한 교육과 범국민 부패추방운동으로 발전하였다.

셋째, 주어진 개혁의 기간이 짧은 우리의 상황에서 어떤 부문에 주력해야 할 것인가는 그 부문에 대한 개혁이 5년 동안에 이루어질 수 있는 부문인가 하는 개혁 난이도, 부문이 개혁되었을 때 얼마나 많은 여타 부문에서의 부패가 연쇄적으로 개혁될 수 있는가 하는 개혁 파급도, 경제활성화에 어느 정도나 긍정적 또는 부정적 영향을 주는가 하는 경제 영향도, 그리고 국민들이 그 부문에 대한 개혁에 얼마나 많은 관심을 가지고 있는가 하는 국민 기대도 등을 종합적으로 고려하여 신중히 선별되어야 한다.


## 부정부패 근절 방안

지금까지 부정부패의 원인, 부정부패의 근절 필요성, 세계에서 차지한 우리나라의 부패수준 정도, 부패수준이 낮은 세계 유수의 국가의 사례 등을 알아보았다.

사실 부정부패를 짧은 기간 동안에 척결한다는 것 자체가 무리가 될 수 있으며, 실현될 수도 없다. 따라서 부정부패의 해소를 위해서는 개인, 가정, 사회, 학교, 언론, 시민단체, 공직자, 사회지도층 등 모든 국민과 국가가 다 같이 참여하는 중·장기적인 해결방법이 제시되어야 하고, 아울러 이 운동이 일시적이 아닌 지속적인 운동으로 유지되어야 한다.

　여기에서는 부정부패 이전에 국민들의 일반적인 마음과 몸의 자세에 관하여 소개하고, 부정부패의 해소에 관한 개괄적인 방법을 제시하고자 한다.

### 국민들의 일반적인 마음과 몸자세

#### ●사람의 지조는 담백할수록 강하다

　허름한 옷을 입고 변변찮은 음식을 먹고 있는 사람 중에는 얼음이나 옥처럼 청청결백한 자가 많지만, 비단옷을 입고 기름진 고기를 먹는 사람은 도리어 비굴하고 아첨하기를 달게 여긴 경우가 많다. 채근(菜根)과 같이 나무뿌리를 캐먹는 어려움 속에서 도덕생활을 할 수 있는 것과 같이, 거친 음식으로 배를 채우는 가난한 사람 가운데 청렴결백한 사람이 많다는 것이다.

#### ●낮추는 것이 높아지는 것이다

　세상을 살아가는 데는 한 걸음 양보하는 것을 높게 여기고, 한 걸음 물러난 경우가 때로는 자신의 인격을 높이고, 또 자연히 남보다 높은 곳에 이르게 되는 경우가 많다는 것이다. 진시황 시절에 법가정치의 대가인 초나라 사람 '이사(李斯)'는 자기가 이방인이라는 약점을 만회하기 위하여 "태산불양토양(泰山不讓土壤)이요, 하해불택세류(河海不擇細流) — 태산은 비록 한줌의 흙이라도 마다하지 않았으므로 그와 같은 큰 산을 이룰 수 있었으며, 큰 바다는 졸졸 흐르는 개천 물도 가리지 않았기에 그와 같은 깊이를 이룬다는 것"이란 말을 남긴 사례는 아직도 유명하다.

또한 천주교의 신부 사제서품식 예식에서는 신부가 땅에 엎드리는 예식이 있는데, 이는 모든 기득권을 포기하고 자기 자신을 낮춘다는 의미가 있다. 한 걸음 물러나는 것은 곧 한 걸음을 전진시키는 기초가 되는 것이다.

## 부정부패 근절의 개괄적인 방안

### ●최고통지자의 지속적인 관심과 실천이 필요

전통적인 유교문화권의 나라에서는 최고지도자의 부정부패 예방과 방지를 위한 결연한 의지가 지속적인 관심으로 실천되어야 한다고 본다. 정치, 경제, 사회, 문화 등 각 분야에서 고질적인 부패의 요소가 도사리고 있어, 일시적인 구호와 방편으로서는 부패의 온상을 제거하기가 어렵고 한계가 있다.

또한 자신이 직접 솔선수범의 자세로 실천하여 행동한다면 각 계각층, 각 분야에서 이 운동이 전파되어 어느 정도 시간이 경과하면 전 국민에게 영향을 미칠 것으로 보인다.

### ●대규모 반부패 네트워크의 형성 · 대응과 제도보완 필요

민간 사회, 기업, 정부, 이 삼자는 우리 사회에서 중요한 반부패 운동의 주체가 되어야 한다. 그리고 각 지역과 부문을 포함하며 단체와 개인이 망라되는 전국적인 대규모 반부패 네트워크를 구성하자는 것이다. 각 지역 단위에서 접수한 특정 영역의 사안들 ─예를 들자면 언론, 교육, 환경, 대기업 등이 연루된 문제들─ 은 그 분야의 전문적 단체들과 연대하여 해결하고 또 전문 분야의 단체들은 이 네트워크에 연결된 지역 조직들의 힘을 빌리는 상호 보완적 기능을 담당할 수 있을 것이다.

국민 운동적 차원으로 상승하는 반부패 운동은 근원적인 부패 체계의 타파를 이루기 위해 모든 국민이 참여하여 자기 몫을 담당하여야 한다는 것이다.

부패에 연루되면 그 기업의 제품은 즉각적으로 소비자의 외면을 받게 되고, 그 기업은 주주들에게서 외면당할 것이라는 부담은 기업에 대한 커다란 사회적 압력이 될 것이다. 따라서 기업은 뇌물과 상납이라는 편법이 아닌 기술과 상품의 품질, 기업의 청렴성을 통해 세계에서 경쟁하는 기업 문화를 만들기 위해 노력하게 될 것이다.

아울러 국제사회의 반부패단체(TI, APEC 반부패·투명성 T/F 회의 ) 등과도 네트워크를 통하여 반부패 확산을 위한 신속한 정보 전달 체계를 확립하고 대응력을 갖출 필요가 있다. 아울러 국제 반부패 규범(Global standard)에 부합하도록 국내법령 및 제도보완이 매우 시급하다고 본다.

### ●공직 후보자 부패 전과 공개 필요

각 부정부패에 연루된 인물들이 다시 공직에 나가 또 부정부패를 저지르는 악순환이 수없이 되풀이되고 있다. 이를 어떻게 단절시킬 것인가? 우선 직무 수행과 관련된 전과가 있는 후보자의 신상은 필수적으로 공개해야 하며, 선거법 개정 운동을 통해 그들의 공직 진출을 원천 봉쇄해야 한다. 이러한 장치를 통해 부패 인물들을 공직에서 현실적으로 상당 부분 추방해낼 수 있을 것이다.

### ●청렴 준수 의무제 도입 운동 필요

청렴 준수 의무제를 도입하자는 국민적 운동을 전개해야 한다. 각종 조달이나 공사, 용역, 구매 등 계약 관계가 성립되기 위해서는 먼저 해당 계약과 관련하여 뇌물, 상납, 향응 제공 등 각종 부패 행위가 없어야 한다는 것을 의무적으로 조건화해야 한다. 부패에 연루되어 일시적으로 들어오는 소득보다 이것이 발각되어 치러야 할 엄청난 사회적 대가와 압력이 훨씬 크게 될 때 반부패 운동의 성공이 가능해진다.

### ●단체 및 기업 윤리강령 제정과 실천운동 필요

기업의 반부패 운동 참여는 우선적으로 단체와 기업별 윤리(행동) 강령의 제정과 실천 운동을 통해서 추진될 수 있다. 또 승진이나 인사고과에 '청렴성'도 중요한 평가 요소 가운데 하나로 삼아야 할 것이다.

### ●학교교육과정 등에 청렴교육 등 확대 필요

초·중·고등교과서에 부정부패의 예방과 근절을 위한 교육과정을 확대운영하여 학생시절부터 검소하고 소박한 생활지향과 도덕성 함양에 뿌리를 내려야 한다.

# 09 통일관

철저한 계획과 대비를 통한
남북통일이야말로 한민족이 세계 1위를
노리는 데 있어 가장 중요한 준비과정이다.

통일문제는 초·중·고등학생, 대학생, 일반인 등 우리 국민 모두의 관심사이며, 동 관심사에 대하여 최소한 우리 국민들 사이에서만이라도 의견을 일치하는 방향으로 접근할 필요가 있다고 본다.

이 번 장에서는 일반적인 통일의 필요성과 통일이 이룩될 시 고려사항 등, 주변국가 중에서도 우리 통일에 대해서 가장 영향을 많이 미치는 미국이란 나라와 우리의 관계에 대해서 자세히 알아보고, 본 설문조사에서 나타난 우리 국민들의 통일에 대한 시기, 방법에 대해서 알아보고자 한다.

이 장의 일부는 임현지 저 「한국사회 이것이 문제다」 자료를 토대로 작성되었음을 미리 밝힌다.

## 통일의 필요성

첫째, 분단으로 인해 개인이 겪게 되는 갖가지 고통과 불편을 방지하고 제거함으로써 오늘의 삶을 좀 더 자유롭고 풍요로운 것으로 만들어가기 위해서이다.

둘째, 통일은 우리 모두가 공유하는 민족적 정서다.

남북은 이념과 체제가 다를 뿐만 아니라 생활양식과 가치관도 변하였다. 이에 더해 남북한은 경제적, 사회적, 문화적 삶의 질에 있어서도 현격한 차이를 나타내고 있다. 하지만 우리 민족은 단군 이래로 한반도를 터전으로 하여 오랫동안 하나의 민족국가를 형성하여 하나의 언어, 하나의 역사, 하나의 문화를 이루어 살아왔기 때문에 남북이 하나의 체제, 하나의 정부를 이루어 하나의 민족국가로 다시 통일되어야 함은 당연하다.

셋째, 통일은 민족의 비원이다.

분단으로 인해 많은 이산가족들이 생겼다. 고향에 갈 수 없고, 부모형제도 만날 볼 수 없는 현실에서 민족적 비원을 풀기 위해서는 어떻게 해서든지 남북이 통일이 되어 하나의 생활권을 이루어야 한다.

넷째, 민족의 생존과 안전을 위해서다.

우리는 6·25 전쟁이라는 동족상잔의 민족적 비극을 겪었다. 그리고 아직도 남북을 합쳐 약 170만 명의 군대가 휴전선을 사이에 두고 대치하고 있다. 이러한 군사적 긴장과 전쟁 재발의 위험성은 항상 불안의 대상이 되므로 우리 민족은 전쟁의 공포로부터 해방이 되어야지만 참다운 평화를 누릴 수 있다.

다섯째, 방대한 국방비지출 등의 분단비용이 낭비되지 않는다.

분단으로 인해 발생하는 과도한 군사비, 인력 낭비, 불필요한 외교

경쟁, 경제적 손실 등을 '분단비용'이라고 하는데, 지난 분단 56년간 우리가 치러온 분단비용은 가히 천문학적 액수다.

1999년도 우리나라 국방예산은 전체 예산의 18%인 14조 3천억 원이었다. 전쟁 위험이 적은 다른 나라들의 국방예산은 보통 전체 예산의 7~8% 정도인데, 이 수준으로 국방비를 줄인다면 남한에서만 국방비가 약 8조 원 가량이 절약이 되며, 이 8조원이면 400만 중·고등학생에게 1인당 1년간 200만 원씩 돌아가는 돈이다. 모든 중고생에게 수업료 전액 면제는 물론 무료 급식, 교과서를 모두 무상 공급하고도 남는 돈이며, 수년 내 학교마다 냉난방 시설은 물론, 수만 권의 책을 구비한 도서관, 인터넷을 자유로이 이용할 수 있는 시설도 모두 갖출 수 있는 돈이다.

또한 북한도 해마다 국민 총생산액의 1/4 정도를 군사비에 쏟아 붓고 있어 남·북한을 합치면 연간 약 200억 달러(약 20조원)나 되는 엄청난 돈을 남북 대결로 인해 낭비하고 있는 셈이며, 군의 정예화를 위해서는 훨씬 더 많은 예산을 필요로 한다고 한다.

이와 더불어 남·북한에는 160만에 가까운 군인이 있는데, 통일이 되면 30~40만 명 정도면 충분하다. 통일 전 동서독 주둔 군인이 140만 명이었는데, 통일 후 36만 명으로 줄었다는 독일의 경우를 보아도 짐작할 수 있는 사실이다.

통일이 되면 젊은이의 3/4 정도는 군대에 안 가고 경제 활동을 할 수 있으니 그 경제적 효과는 엄청나다. 또한 분단으로 인해 세계 각국에 남북이 각각 경쟁적으로 외교관계를 맺느라 들이는 막대한 외교비용도 절반 이상 줄게 되니 통일비용은 남북 분단으로 인한 남북의 경제, 생활, 문화적 차이를 줄이기 위한 생산적인 투자가 될 것이다.

분단비용은 통일이 안 되면 계속해서 지불해야 하는 항구적인 비용이지만, 통일비용은 남북이 통일되고 생활 조건이 유사해지면 더 이상 들어가지 않는 한시적인 비용이기 때문이다.

이에 따라 통일이 실현되면 분단비용은 사라질 것이고 남과 북의 평화가 정착되고 교류 협력이 활성화되면 군사비 등을 줄여 남북 간의 경제적 격차 해소를 위한 일에 투자할 수 있게 된다. 이는 분단비용을 통일비용으로 전환하는 것이며, 통일비용을 줄이는 지혜이기도 하다. 통일이 되면 국방비 외의 유형·무형 분단비용들이 없어질 것이고 경제적 상승효과도 엄청나게 클 것이다. 또한 그간 소모적으로 사용되어 온 분단비용을 생산적인 국민 복지 증진에 투자하여 복지사회 건설을 앞당길 수 있게 된다.

여섯째, 민족 전체의 발전과 국가의 번영을 위해서다.

우리 민족에게 주어진 남북의 인적, 물적 자원을 모두 민족의 발전과 번영에 투입한다면 지금보다 훨씬 더 발전되고 잘 사는 민족사회를 이룩하게 될 것이 분명하다. 남북통일이 된다면 우리의 경제력은 장기적으로 보아 세계 8위권 또는 5위권에 들게 될 것이라는 전망과 예측도 나오고 있다.

일곱째, 한반도의 평화적 통일은 동북아는 물론이고 세계의 평화와 안정에도 크게 기여하게 될 것이다.

탈냉전, 화해협력의 시대로 가는 세계추세에 역행해 한반도는 아직도 냉전의 고도로 남아있다. 한반도가 통일이 된다면 전후 50년 동안 지속되어온 냉전 체제는 비로소 완전히 청산되고, 동북아의 평화와 안정, 나아가서 세계평화에도 크게 기여하게 될 것이다.

여덟째, 통일은 우리나라가 다가오는 21세기 아시아, 태평양 시대의 주역으로 발돋움을 해 나가기 위한 필수적 조건이다.

세계의 모든 나라가 이념과 국경을 넘어 하나의 지구촌을 이루어 살아가면서 '자유화, 복지화, 세계화'로 나아가고 있고 바야흐로 세계 문명의 중심이 유럽에서 아시아, 태평양으로 넘어오고 있기 때문이다.

## 통일 시 고려사항

첫째로는 남한의 경제적 안정과 북한의 경제체제의 변화가 필수적으로 뒷받침 되어야 할 것이다.

우리나라는 '97년 외환위기를 겪으면서 경제가 어려움을 겪었으나 2000년 들어 온 국민이 하나 되어 IMF사태를 극복했다. 하지만 아직 경제가 완전 정상화되지는 못하였다. IMF 후유증으로 인해 주식폭락과 실업이 늘어나고 있는 실정이고 아직도 대기업들의 구조조정이 마무리되지 않고 있다. 이런 경제적인 위기 속에서 급속한 통일 정책을 실행한다는 건 너무나 위험부담이 크다는 것이다.

1990년도에 통일을 한 독일을 예로 들어보자.

그 당시 독일의 경제는 매우 호황을 겪고 있었다. 독일의 국민들은 통일에 환호했고 모든 일이 잘 풀릴 것으로 보았다. 하지만 서독에 비해 너무나 뒤떨어진 경제적 상황에 있던 동독으로 인해 독일의 경제는 실업과 인플레이션 현상 등 어려운 위기에 처하게 되었다. 물론 독일이 통일을 이룩하면서 사전에 준비를 하지 않은 것은 아니다. 철저한 준비 속에서 이루어진 통일을 하였지만, 여러 가지의 시행착오와 경제적 수난을 겪었다는 것이다.

우리도 통일은 반드시 해야 하지만 너무 성급하게 서두는 것만 능사가 아니라는 것을 독일의 예로 알 수 있다.

또 북한의 내부적인 변화가 뒤따라야 한다.

현 북한의 사회주의의 체제가 자본주의 방식의 경쟁과 능률의 개념을 도입한 경제제제로 과감히 전환되어야 한다. 남한도 무조건적인 일부 물자나 협조한 편의적인 지원보다도 근본적으로 북한이 자생할 수 있는 지원책을 강구해야 한다. 단순한 물자 지원책으로 북한의 침체된 경제를 살리는 것은 반드시 한계가 뒤따른다. 탈무드에서 말하길, "아이에게 물고기를 주지 말고 물고기 잡는 법을 가르쳐 주라"고 했다. 예를 들면 정부는 북한에 주요한 기간산업시설과 에너지 분야를 지원하여 주고, 민간은 자본과 기술을 투자하고, 북한은 자기내부의 체제를 변화시켜 능률과 경쟁개념을 도입하여 산업과 노동시장을 변화시킨다면 통일에 대한 준비비용을 절약하면서 자연스럽게 남과 북이 하나로 되는 지름길이 될 것이다.

둘째는 우리 국민들이 통일이 정말 우리 민족에게 얼마나 필요한 것인지를 인식하는 것이다.

우리나라 국민이라면 초등학교 시절 우리의 소원은 통일이라는 노래를 배운 것을 기억할 것이다. 하지만 세대교차가 이루어지며 요즘 젊은이들에게는 더 이상 통일은 관심사가 아니다. 물론 통일이 되어야 한다는 건 느낄 것이다. 하지만 그냥 막연한 생각일 뿐이지 통일에 대해서 고민하고 생각하는 사람은 줄어들었다. 언제까지 분단 후 반세기라는 긴 시간이 우리를 이렇게 만들었다는 탓만 할 것인가.

한민족이면 꼭 같은 국가여야 하나? 그것도 반세기가 흘러 두 국가를 이루고 있는 지금? 그렇다면 수많은 민족이 모여 한 국가를 이루고 있는 미국이란 나라는 뭔가 잘못된 나라인가? 이런 진부한 질문과 답은 문제를 해결하는데 더 이상 도움이 되지 못한다. 개성이 강한 신세대들에게 어필하지 못하기 때문이다.

이것을 위해 근본적인 교육을 실시해야 된다. 분단국가로 반세기가 흐르며 고통을 받고 있는 이산가족들, 휴전선 방어를 위해 우리가 실질적으로 겪는 금전적인 손해와 대외적인 이미지손상. 미국으로부터의 압력 등 현실적인 문제를 들고 일어나야 할 때다. 현재 10만 명이 넘는 이산가족들이 고통을 겪고 있다. 또한 전시 국가라는 특수적인 상황 때문에 한해에 엄청난 예산을 국방비로 낭비하고 있다.

셋째로 문화적인 이질감의 해소도 통일 전에 이루어져야 되는 중요한 과제중 하나이다.

우리 민족은 반세기가 넘게 떨어져 살고 있다. 그동안 남한과 북한은 상반된 국가를 이룩하고 살면서 서로간의 대화는 일체 금기시 되어왔다. 이는 같은 말과 같은 피부색을 가지고 있는 한 민족에 상상할 수도 없는 벽을 쌓았다. 민주주의와 공산주의, 이 두 체제 속에서 우리의 민족은 할 수 없는 이질감을 느껴야만했다. 외부와의 접촉이 일체 금지되어 있는 북한은 우리에게 낯선 느낌마저 안겨준다. 분명 한 민족인데도 말이다. 이 문제는 생각보다 심각하다. 만약 이 문제를 해결하지 못한다면 통일이 되더라도 통일 국가 속에서 민족의 분열이 생길수 있기 때문이다.

동독과 서독은 통일 전 민간단체 등 국민들 사이에 많은 교류가 있었다. 하지만 우리나라의 경우 수많은 법들이 민간단체의 북한 접촉을 방해하고 있다. 이러한 상황이 계속된다면 시간이 가면 갈수록 우리는 북한을 이해하지 못할 것이다. 지금도 일부의 어른들은 빨갱이란 말을 쉽게 한다. 빨갱이란 단어가 우리에게 주는 영향은 실로 엄청나다. 이 말은 북한과의 대화를 처음부터 불가능하게 하는 말이다. 그 단어는 부정적인 뜻만을 내포하고 있기 때문이다.

우리는 북한을 이해하고 포용해야 한다. 절대로 배타적으로 보면 안 된다. TV에서 북한말에 대한 주제가 오고내릴 때도 순수 한국말인 단어를 쓴다고 신기하게 볼 것만이 아니라 그 것이 북한을 이해하는 중요한 도구가 되어야 할 것이다. 문화적인 이질감을 해소하기 위해서는 언어의 장벽을 허무는 것이 가장 중요한 것이기 때문이다

## 통일을 전제로 한 미국과 한국의 올바른 이해

항미(抗美)로 일관한 북한이 핵개발을 통해 용미(用美)의 몸짓을 하고 있다면, 친미(親美)로 얼룩진 남한은 미국의 대북공세 이후 반미(反美)바람을 맞고 있다. 민족공조를 내우며 봉남통미(封南通美)하는 북한이나 한미동맹에 의해 반북승공(反北勝共)해 온 남한의 현실은 한반도의 운명이 미국의 세계전략에 깊은 영향을 받고 있음을 보여준다.

미국을 대하는 남북한의 입장과 이해는 완연히 다르지만, 미국 없는 남북한의 미래는 불가능하다고 해도 지나치지 않다. 비록 남북통일이 기본적으로 민족 내부문제이긴 하지만 한미관계의 기조와 변화에 따라 그 방향이 영향을 받을 수밖에 없기 때문이다.

최근 한미관계는 틈새가 벌어져 있다. 여기서 주목할 만한 사실은 과거 국가주준에서 일어났던 한국과 미국사이의 이해갈등이 현재 시

우리가 넘어야 할 山
173

민사회의 영역으로 전이되고 있다는 점이다. 미국도 변화하고 있고, 한국도 변화하고 있다는 것이다. 양 국가가 이제는 서로 변화하는 과정에서 서로의 입장을 존중하면서 새로운 발전방향으로 양국 관계를 모색해야 할 것이며, 이러한 과정에서 통일에 대한 전망도 수정되어야 할 것이다.

### '신보수주의로 가고 있는 미국' 미국은 변하고 있다

'국제관계서 영원한 우방도 영원한 적도 없다' 라는 말이 있듯이 선린과 적대를 상대화시켜야 국익을 지킬 수 있다. 미국은 자국의 이익을 위해 대외정책에서 세 가지 기준을 적용해 왔다. 자유와 인권, 경제적 이해, 군사적 이해가 그것이다.

돌이켜 보면 한미관계는 이 삼중의 잣대에 의해 얼룩지면서 때로 협력하고 때로 반목해 왔다. 오랜 한미관계의 역사로 인해 막연히 우리는 미국을 잘 안다고 생각하고 있다. 그러다 보니 미국 하면 좋은 나라, 강한 나라, 부자나라라는 고정관념이 국민들 중 일부에 들어서 있다. 미국에 대한 올바른 이해를 위해서는 이 고정관념부터 깨야 한다. 이 부분에 대해서는 "미국을 무조건으로 우방으로 생각하지 말라."는 한국 최초의 미국 유학자 유길준의 통찰이 큰 의미를 보여주고 있다.

세계에 자유와 평화의 상징으로 알려져 있는 미국, 그러나 그 배후에는 침탈과 정복의 어두운 면이 있다. 콜럼버스의 신대륙이 미국으로 독립하기까지는 프랑스, 스페인, 영국과의 전쟁이 있었다. 독립전쟁의 정당성은 그렇다 치고, 멕시코와의 전쟁은 오늘의 텍사스, 뉴멕시코, 캘리포니아 세 주가 말해 주듯 땅 빼앗아 먹기에 다름 아니었다.

미국이 초강대국이 되기까지는 백인에 의해 희생된 인디안 원주민, 흑인노예, 와스프(WASP)의 희생자인 여러 소수인종, 가난하고 억압받은 하층, 그리고 제3세계의 민중이 있었다. 자유와 평등의 이상 아래 삼권분립, 연방주의, 지방자치 등 '생동하는 민주주의'의 대표적인 나라치곤 억압과 차별의 흔적이 매우 심하다.

건국 이래 미국은 자유주의와 보수주의라는 큰 지향 아래 체제를 유지하여 왔다. 민주당과 공화당이라는 양당제도의 맥락에서 구현되고 있는 그러한 이념적 차이는 국내외 정책에서 두드러지게 나타난다. 그러나 봉건주의와 사회주의 전통이 없는 미국의 자유주의나 보수주의는 통합적 이론체계를 갖고 있지 않다. 보수적 자유주의처럼 개인의 재산권보호를 위해 인간복지보다 시장경제를 선호하는 자유방임적 분파도 있고, 진보적 자유주의와 같이 재산권보다 인간의 권리와 평등을 강조하는 민중적 입장도 있다. 마찬가지로 인간 활동에 대한 국가의 통제를 주장하는 전통적 보수주의 유기체론적 시각도 있고, 자유적 보수주의처럼 다른 개인에게 해를 끼치지 않는 한 인간의 자유가 보장돼야 한다는 세속적 관점도 있다.

민주당과 공화당은 불과 200년이라는 짧은 역사적 경험 때문에 유럽 국가들과 달리 좌우 이데올로기에 입각한 확고한 노선과 강령을 가지고 있지 않다. 뉴딜을 부르짖은 루스벨트 대통령 시기에 민주당의 자유주의정책이 만개됐다면 신보수수의의 효시인 레이건 대통령 시절에 공화당의 보수주의정책이 개화됐다고 할 수 있다. 이제 서민의 정당으로서 민주당과 상층의 정당으로서 공화당이라는 도식은 옛말이다. 특히 대통령선거의 경우 두 당은 승리를 위해서는 성, 인종, 종교, 지역, 계층의 차이 없이 다양한 정책을 내거는 '잡동사니(catch all)' 경향을 보이고 있다.

그중 부시정권은 역대 공화당 출신치고 가장 강성이다. 미국은 테러, 학살, 독재를 방지하기 위해 국제개입을 주도해야 한다는 신보수주의가 그 사상적 바탕이다. 이른바 '대량살상무기' 보유국에 대한 선제공격론이 정당화되고 있는 것이다.

부시정권은 9·11테러 이후 철저한 자기방어 논리 아래 공세적 세계전략을 구사하고 있다. 냉전체제 붕괴 이후 단일 헤게몬으로 등장한 미국은 환경에 대한 도쿄의정서 조인거부, 해외에서의 미국인 범죄에 대한 국제사법재판소 회부거절, NMD 독자개발 등에서 볼 수 있듯이 일방주의적 외교전략을 구사하고 있다.

미국 하버드대학 케네디행정대학원 원장 나이(Joseph Nye)의 분석을 원용하면, 문화 같은 연성권력을 주장하는 '국제주의자'에 대해 군사력 같은 경성권력을 추종하는 '국가주의자'가 부시정권의 주류를 이루고 있기 때문이다.

세계적 규모의 반전시위에도 불구하고 미국의 이라크침공과 점령이 강행된 것도 강한 군사력에 의한 문제해결을 시도하는 미국의 현실주의 세계 질서관에 기인한다. 부시정권은 미국만이 국제적으로 공동선을 행사할 수 있다는 과신에 차 있다. 세계 최강국으로서 미국이 국제사회에서 보이지 않게 따돌림을 받고 있는 것도 결국 이러한 독선과 오만 때문이다.

세계 정치학계의 거두로 「문명의 충돌」의 저자인 헌팅턴은 민주주의에 대해 강한 신념을 가지고 있는 보수적 자유주의자이다. 유럽문명과 타 문명사이의 충돌을 예견한 그가 미국의 이라크침공과 점령을 제국주의 전쟁으로 비판한 것은 매우 흥미롭다. 미국이 테러와 독재에 대한 전쟁으로 강변하고 있지만, 이슬람교도들은 그것을 이슬람에 대한 전쟁으로 받아들일 뿐이라고 그는 지적한다. 초강국의 지위를 지키려는 이러한 미국의 일방주의적 외교정책은 결국 미국을 국제사회에서 외톨이로 만들 것이라고 역설하고 있다.

## 한국의 대미관도 변하고 있다

우리 국민들의 미국관이 바뀌고 있다. 2003년 서울대학교 사회발전연구소의 국민의식 조사에 따르면, 미국에 대해 "거부감을 느낀다"고 한 응답자가 41.9%로 "호감을 느낀다"고 답한 24.6%에 비해 거의 2배에 달한다. 이러한 반응은 50대 이상이 거부감을 보인 비율이 24.5%인 데 비해, 20대 64.4%, 30대는 48.4%로 세대 간의 현격한 차이가 있다. 1997년에 비해 미국에 대한 호감도는 연령과 무관하게 줄어들었다. 보다 흥미로운 사실은 국가선호도 면에서도 50대가 미국, 중국, 북한, 러시아, 일본을 꼽고 있다면, 20대는 이와 거의 반대로 일본, 북한, 중국, 러시아, 미국을 열거하고 있다는 것이다. 한국전쟁을 겪는 노년세대와 그렇지 않은 청년세대 사이의 국가인식 차이세서 우리가 겪고 있는 보·혁 갈등의 일면이 두러난다.

근래 한미갈등의 저변에는 미국의 일방주의적 외교정책과 한국민의 대미인식 변화가 구조적으로 맞물려 있다. 노년세대와 달리 청년세대가 북한의 핵개발에 대해 비교적 관용적인 것은 미국의 일방주의적 외교정책에 대한 일종의 반작용이다. 햇볕정책 이후 나타난 평양에 대한 감상적 민족주의 탓도 있지만, 북한을 '악의 축'으로 지목한 부시정권의 공세적 세계전략에도 반발하고 있다. 이것이 최근의 한미갈등을 고조시킨 반미시위와 반미운동의 진원이다.

미국에 대한 한국의 시각은 세대변화의 맥락에서 볼 때 동맹론에서 종속론으로 바뀌어 가고 있다.

미국이 한국민을 일본 제국주의로부터 해방시켜 주었을 뿐 아니라 북한의 남침에서 전우로서 한국을 지켜 주었다고 보는 것이 동맹론이다. 이런 생각은 노년세대에 각인돼 있다. 그러나 동맹론은 주한미군이 동북아 안보를 위해 존재한다는 커다란 의미를 놓치고 있다. 실제로 닉슨정권과 카터정권하에서 철군논의가 말해 주듯 미국의 한반도 이해는 경제적·군사적 고려가 자유와 인권보다 우선한다.

종속론은 미국이 한반도에 갖는 관심이 정치·군사적 내지 경제적 동기에서 출발하고 있다고 본다. 이는 다시 '주사파'의 관점에서 남한은 미국에 정치·군사 면에서 예속돼 있다고 하는 주장과 '민족경제론'의 견지에서 한미관계가 경제적 종속을 확대재생산하고 있다고 보는 논의로 나누어진다.

이는 모두 청년세대에 호소력이 있다. 그러나 주사파의 주장은 북한 통일전략의 연장선 위에 있고, 종속론은 세계경제에의 참여가 가져온 발전의 역할을 부정하는 한계가 있다. 북한의 경제위기에서 자력갱생의 취약성과 남한의 '연관발전'이 지니는 상대적 우위성은 종속론의 허점을 보여준다.

그러나 동맹론과 종속론이 공통적으로 간과하고 있는 것이 바로 미군의 한반도 주둔으로 압축되는 미국의 존재가 우리에게 갖는 의미이다. 미국은 자국의 대외정책적 이익을 위해 한반도에 군대를 상주시키고 있다는 점에서 우리의 의사와 무관하게 언제든지 철군할 준비가 돼 있다.

외국국가의 군대가 주권국가, 그것도 수도의 심장부에 주둔하고 있다는 것은 여간 민족적 자존심을 상하게 하는 것이 아니지만, 미군의 존재가 전쟁억제와 경제발전의 기능을 넘어 경제대국 일본과 군사대국 중국에 대한 견제의 역할을 하고 있다는 사실에 주목해야 한다. 동북아 세력관계에서 주한미군은 중국과 일본에 대한 일종의 균형추 기능을 한다. 미국의 존재가 우리에게 주는 장점과 단점을 폭넓은 각도에서 주한미군의 의미를 되새길 필요가 있다.

문제는 우리가 용미를 얘기하면서도 미군의 존재를 무조건 당연한 것으로 받아들이거나, 아니면 송두리째 부정하는 이분법적 사고의 틀을 넘어서지 못해 왔다는 점이다. 이 와중에서 정념적 친미와 반미가 다투어 왔을 뿐 자주국방과 자립경제가 수사 이상의 실체를 갖지 못해 왔다는 현실을 직시해야 한다.

과연 미국과 한국을 대등하게 볼 수 있을까. 두 나라가 세계제제 안에서 공동의 이해를 지켜 나가는 과정에서 서로 동반자가 될 수도 있지만, 쌍무관계에서는 그렇지 못하는 경우가 많다. 쌀 개방이나 반덤핑 같은 미국의 통상압력, 핵개발을 둘러싼 북한과의 직접협상을 어렵게 만드는 외교력의 한계, 그리고 불평등조항을 안고 있는 SOFA 개정에 대한 미국의 냉담한 반응 등 우리와 미국의 관계는 대칭적이지 못하고 있다. 특히 한미갈등이 있을 때마다 주한미군 철수나 감축을 들고 나오는 미국의 소아적 태도는 한국민들에게 미래의 한미관계에 불안과 회의감을 주고 있다.

한국의 정서는 예전과 다르다. 지난 4월에 대한민국 국회는 비전투병 이라크파병 동의안에 대해 노무현 대통령의 간곡한 호소에도 불구하고 여야의 일부가 그 정당성에 의문을 제기하면서 반대의사를 표명하였다. 지난 1966년 전투병력 월남전 파병에서도 일부 소장파 의원들이 반대를 하였지만, 이것은 나중에 박정희 대통령이 미국과의 협상에서 최선의 유리한 조건을 얻어내기 위한 자작극으로 밝혀졌다. 그 후 40여 년의 격차가 있었지만, 이러한 한국 민주주의의 성장에서 미래 한미관계가 발전적으로 재구성되어야 한다는 좋은 시사점이라고 보아야 할 것이다.

## 미국은 시민사회를 통한 교류와 다양한 네트워크가 필요하다

미국은 한국인들에게 멀고도 가까운 나라지만, 한국은 미국들에게 멀고도 먼 나라다. 한국에 지미(知美)가 적은 것보다 미국에 지한(知韓)이 더 없다. 한국의 초등학생도 지구에서의 미국의 위치를 알지만, 미국의 대학생 중 3분의 1인은 한국이 아시아 대륙 어디에 있는지 잘 모른다. 그러니 서로 이해보다는 오해가 많을 수밖에 없다.

한국과 미국의 만남은 주로 정치인, 기업인, 지식인 등에 한정되어 있다. 주로 위로부터의 엘리트 교류다. 두 나라 사이의 상호이해 증진이란 점에서 이들의 역할은 결코 과소평가 할 수 없다. 그러나 이들이 여론주도층이라고 해서 자족해서는 안 된다. 우리보다 미국은 여론에 매우 민감한 나라다. 국내정책수립 과정에서 여론은 매우 중요하다.

예를 들어 미국이 이라크전을 벌이기 전에 과연 어느 정도의 사상자를 자국민이 받아들일 것인가에 관한 여론조사가 있었다. 사상자가 3천 명이 넘으면 전쟁수행이 불가능하다는 게 결론이었다. 부시 대통령이 2004년 재선을 위해 테러와 전쟁을 이용한다는 비판도 미국사회에서 여론의 중요성을 환기시켜 주는 대목이다.

미국 대학에는 한국에 관한 강좌가 많지 않다. 그간 국제교류재단과 학술진흥재단이 벌인 노력에도 불구하고 중국학이나 일본학에 비해 한국학은 초라하다. 한반도의 측수사정이 제대로 전달될 수가 없다. 마찬가지로 우리 대학에서도 미국역사와 사회에 관한 강의를 찾아보기 어렵다. 과연 미국에 대한 학습 없이 대미에 대한 비판이 가능할까. 미국에서 한국학에 대한 투자하는 것 못지않게 한국에서도 미국학에 대한 배려가 필요하다.

오늘날은 NGO(비정부단체)의 시대이다. 이들은 국가의 경제를 뛰어넘어 지식, 정보, 가치, 규범을 전파한다. 국가 간 협력에서 정부나 기업의 몫도 중요하지만 NGO의 역할에 주목할 필요가 있다. 특히 미국은 일찍이 토크빌(A. Toqueville)이 '결사체의 예술'에 의해 민주주의가 꽃피었다고 언급한 대로 수많은 NGO가 자원봉사, 의정감시, 정책대결, 대안제시 등을 하는 일이 많다.

한미관계에서 NGO의 기여 가능성은 두 나라의 국민사이의 신뢰를 높일 수 있다는 데서 나온다. 미국은 우리와 달리 사적 신뢰보다 공적신뢰가 잘 형성되어 있는 나라이다. 연고와 정실보다 능력과 원칙이 통하는 사회이다. 두 나라의 NGO를 통한 대화와 교류가 이러진다면 국경을 넘는 '사회적 자본'의 탄생을 예상할 수 있다.

사실 한국과 미국 사이의 공식적인 토론의 공간은 주로 정치인, 기업인, 지식인에게 독점되어 왔다. 일반대중은 소외되어 왔다고 해도 과언이 아니다. 한미 갈등의 현장에 종종 개인적 인맥을 갖는 엘리트들이 동원되는 것도 바로 이 때문이다. 두 나라 사이의 중대현안을 둘러싼 이견으로 정부 간 대화가 막히는 경우 이들이 돌파구를 열어 왔다는 점에서 그 역할은 무시할 수 없다. 하지만 위로부터의 연줄망은 효과에 비해 유지비용이 많이 들고 계속성이 떨어진다는 것이다.

바로 이러한 점이 시민사회의 네트워크가 필요한 이유다. 한국과 미국의 두 시민을 연결해 주는, 느슨하더라도 공식적인 네트워크를 만들어야 한다.

NGO를 통한 시민사회 네트워크는 한미 사이의 현안에 관한 이견을 Off-Line과 On-Line를 통해 조정할 수 있게 해 준다. 물론 한국과 미국에는 두 나라 사이의 상호이해를 위해 조직된 관변 내지 민간단체들이 있다. 그러나 이들은 유명 인사들의 사교클럽으로서 대화와 교류를 늘이는 데는 한계가 있다.

지난 일이지만 미군장갑차에 의한 두 여중생 사망과 미군사법정의 두 병사에 대한 무죄판결의 배경이 되는 SOFA 개정문제를 가지고 두 나라 국민들이 인터넷상으로 의견교환만 가졌더라도, 한미갈등이 현지의 언론에서 일방적인 반미로 호도되는 것은 막았을지 모른다. 촛불시위로 이어진 대미항의가 주권국가 국민의 정당한 의사표시로 전달될 수 있는 길을 찾아봤어야 했다는 것이다.

우리의 경우에도 대미항의를 단지 친미와 반미라는 단순 이분도식에 의해 재단하는 것을 넘어 한미관계의 미진한 점을 보충할 수 있는 기회로 삼았어야 했다. 미국이 잘한 것은 인정하고 잘못한 점은 논의할 수 있는 인터넷 네트워크가 필요한 것이다.

미국에는 150만에 가까운 한인교포들이 살고 있다. 이 중 한인 2세대는 대부분 대졸 이상의 학력에다 미국인 평균소득의 약 1.4배를 벌고 있다. 이들은 미국과 한국 두 나라 사이의 주변인 또는 방관자라기보다 복합적인 정체성을 가지고 있다. 바로 이들이 두 나라 국민들 사이의 국제문제에 관한 인식의 격차를 메울 충분한 역량을 가지고 있다고 본다.

재미한인 중 제1세대는 문화적 이질감과 언어장벽으로 주류사회보다 무국사회에 더 관심을 갖는 회귀성을 보여 왔다. 회오리바람의 한국정치가 이들을 정략적으로 국내로 동원하는 과정에서 교포사회는 분열되고 갈등에 휩싸이기도 했다. 로스앤젤래스, 뉴욕, 시카고, 애틀랜타 등 큰 도시로 갈수록 한인 교포사회의 내분과 반목은 더 심하다는 것이다.

그러나 주류사회의 일원으로 참여하고 있는 한 2세대나 1.5세대는 다르다. 전문 직종에 조사하는 이들은 주로 한국보다 미국에 더 관심이 높다. 미국사회 안에서 개인적 신뢰 혹은 집단적 참여를 통해 일정한 역할을 하고 있는 이들을 한미 사이의 시민단체 네트워크를 만드는 이음돌로 삼을 수 있을 것이다.

## 발전적인 한미관계를 위한 제언

한국과 미국 사이에는 겉으로 드러난 것보다 숨겨져 있는 갈등이 많다. 일반 국제관계와 마찬가지로 두 나라 사이의 국익에서 조화되는 부분과 일치되지 않은 부분이 얽혀 있기 때문이다.

중요한 사실은 우리가 민주화를 이루기까지는 한미갈등이 주로 정권 대 정권의 차원에서 이루어져 왔다는 점이다. 비록 국익으로 포장돼 있었더라도 한국의 경우 그것은 국가, 그중에서도 파워 엘리트의 이해였을 뿐 시민사회의 의사와 요구는 배제돼 있었다. 그러나 촛불시위에서 볼 수 있듯 한미갈등은 이제 시민사회 영역에서 일어나고 있다. 갈등극복이 정부차원에서 해결되기 어렵게 된 것이다. 이것이 시민사회 네트워크가 절대적으로 필요한 이유다.

최근 반미시위나 반미감정의 대두를 놓고 미국은 노무현정권의 방

관에 대해 그 저의를 의심하고 있지만, 실은 민주화된 한국에서 국가
는 더 이상 시민사회를 좌지우지할 수 없다.

　미국과 한국의 시민사회는 변하고 있다. 양적으로나 질적으로 급
격히 성장한 한국의 시민사회는 이제 더 이상 국가의 포로가 아니다.
신·구 사회운동을 통해 외교정책에 대해 도전하고 항의한다. 대중적
차원의 반전이나 반핵 평화운동을 보라. 그러나 냉전체제 붕괴 이후
역설이게도 미국의 시민사회는 국제적 쟁점에 대해 관심을 덜 보이고
있다. 대외정책을 견제하고 감사하는 시민사회의 시야가 좁아져 있다.
제2의 이라크전쟁에 반대하는 조직화된 역량을 보여주지 못하고 있는
것이다.

　미국과 한국사이의 갈등을 자연스럽게 인정해야 한다. 그것을 외
면하거나 미봉하기보다 극복할 수 있는 방안을 찾아야 한다. 바로 그
러한 점에서 시민사회 네트워크는 국가를 넘어 사회수준에서 일어나
고 있는 최근의 한미갈등을 해소하는 데 중요한 역할을 할 수 있다.

　이것이 두 나라 사이의 견제와 균형을 취해 줄 수 있다. 지금이 바
로 두 나라의 시민사회 안에 NGO를 통한 다양한 연결망을 만들어야
할 중대한 시점이다.


## 향후 통일의 시기와 방향

　세계 유일의 분단국가인 우리나라 국민들의 「통일에 대한 견해」는
다음과 같다.

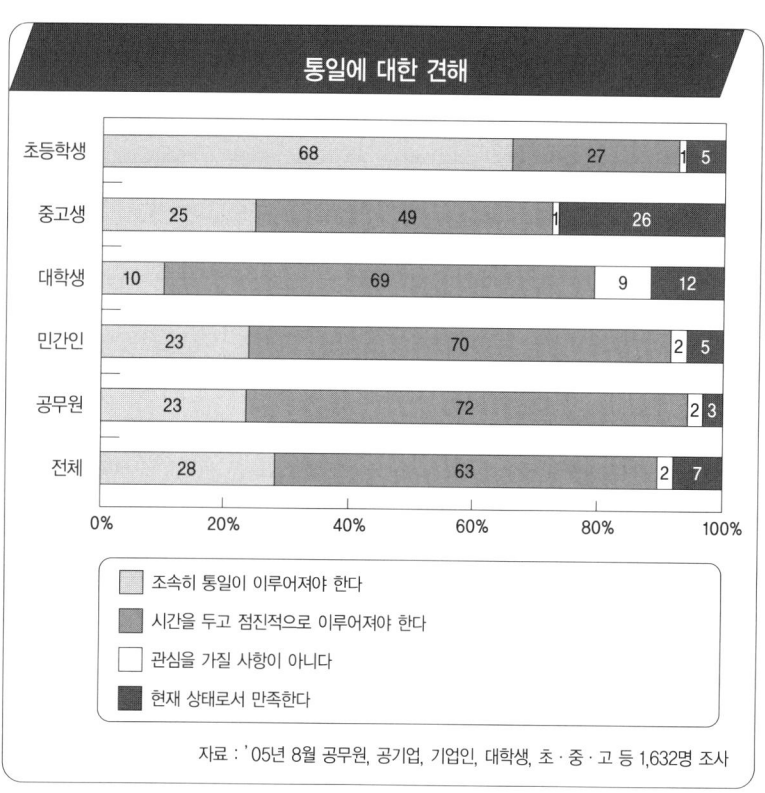

**통일에 대한 견해**

| | 조속히 통일이 이루어져야 한다 | 시간을 두고 점진적으로 이루어져야 한다 | 관심을 가질 사항이 아니다 | 현재 상태로서 만족한다 |
|---|---|---|---|---|
| 초등학생 | 68 | 27 | 1 | 5 |
| 중고생 | 25 | 49 | 1 | 26 |
| 대학생 | 10 | 69 | 9 | 12 |
| 민간인 | 23 | 70 | 2 | 5 |
| 공무원 | 23 | 72 | 2 | 3 |
| 전체 | 28 | 63 | 2 | 7 |

■ 조속히 통일이 이루어져야 한다
■ 시간을 두고 점진적으로 이루어져야 한다
□ 관심을 가질 사항이 아니다
■ 현재 상태로서 만족한다

자료 : '05년 8월 공무원, 공기업, 기업인, 대학생, 초·중·고 등 1,632명 조사

● **시사점**

우리 국민은 조속히 통일이 필요가 28%, 시간을 두고 점진적인 통일이 63%, 현재의 분단방식을 선호 7%, 관심대상이 아님 2%로 나타났다. 특이사항은 초등학생의 경우 67%가 조속한 통일이 필요하다고 했으며, 점진적인 통일은 27%에 불과하였다. 이에 따라 시간을 두고 점진적인 통일의 경우는 공무원이 73%, 민간인 70%, 대학생 69%, 중·고생이 48%로 공무원, 민간인, 대학생, 중·고생, 초등생 순서로 연령과는 반비례한 것으로 나타났다.

통일의 방식에 관한 생각은 다음과 같다.

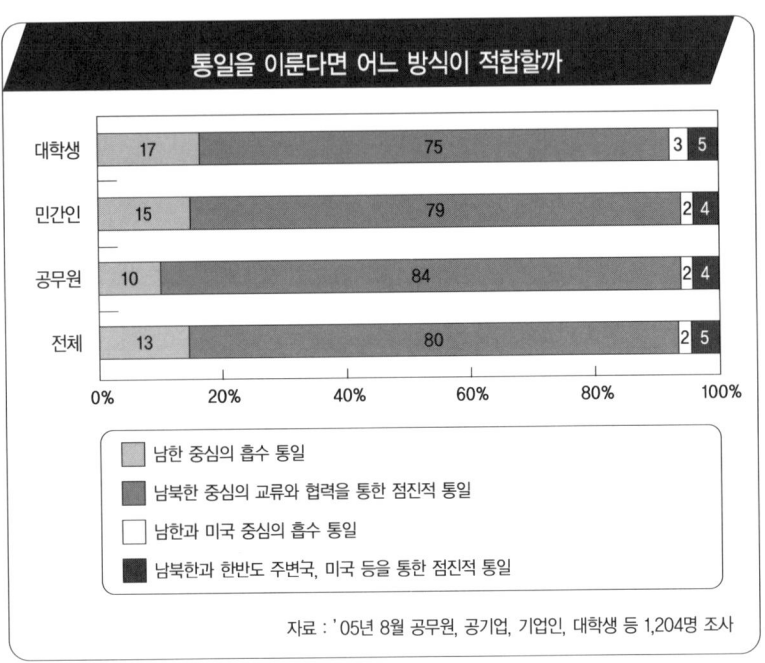

**통일을 이룬다면 어느 방식이 적합할까**

| | 남한 중심의 흡수 통일 | 남북한 중심의 교류와 협력을 통한 점진적 통일 | 남한과 미국 중심의 흡수 통일 | 남북한과 한반도 주변국, 미국 등을 통한 점진적 통일 |
|---|---|---|---|---|
| 대학생 | 17 | 75 | 3 | 5 |
| 민간인 | 15 | 79 | 2 | 4 |
| 공무원 | 10 | 84 | 2 | 4 |
| 전체 | 13 | 80 | 2 | 5 |

자료 : '05년 8월 공무원, 공기업, 기업인, 대학생 등 1,204명 조사

● **시사점**

　남·북한의 교류와 협력을 통한 통일 80%, 남한 중심의 흡수통일 13%, 남북한과 한반도 주변국, 미국 등을 통한 점진적 통일 5%, 남한과 미국 중심의 흡수통일 2%로 나타났다. 역시 우리 국민들은 교류와 협력을 통한 점진적인 통일방식을 선택한 것이다.

# 제3부 정상에 서다
- 백년대계를 내다보는 나라, 진정한 1등 국가를 향하여

## 01 공직자가 올바로 서다

공직자는 국민을 대변하는 자리에서 일하는 국민의 일꾼이다.
한시 바삐 잃어버린 신뢰를 되찾고 힘을 모아 지금의 위기를 극복하자.

**국민**과 공직자의 관계는 물과 물고기, 또는 바늘과 실처럼 끊으려야 끊을 수 없는 상호 밀접한 관계다. 하지만 최근에는 이러한 관계가 많이 소원해지고, 특히 국민들이 공직자를 보는 시선이 별로 좋지 않은 듯하다.

사실 우리 국민들은 일제의 통치, 6·25 전쟁으로 인한 남북의 분단, 과도기 정부, 군사정부를 거치는 동안에 억압되고 통제되었던 욕구가 문민정부에 들어서부터 서서히 터지기 시작, 국민의 정부와 참여정부에 이르러 봇물을 이루고 있다. 늦게나마 국민들이 역사의 주인공으로서 주인의 역할을 제대로 하고 있는 것이다. 향후 국민과 공직자의 관계는 상호간에 신뢰하는 분위기 속에서 긍정적이고 발전적인 방향으로 가야한다. 주인인 국민이 고용자를 신뢰하지 못하고 늘 꾸짖기만 한다면 오히려 능률이 떨어질 수도 있다. 현명한 주인은 '잘못하는 것은 과감히 채찍질을 하되, 당근을 같이 주는 방법'을 사용해야 한다.

　이러한 상호 존중된 분위기 하에 더욱 더 분발하여 공직자는 국민과 국가를 위하여 아이디어를 개발하고 한 차원 높은 서비스를 제공할 것이며, 또한 국민들도 보다 안정적이고 고차원적인 서비스 수혜를 받을 수 있다. 이러한 관계의 정립에서 보다 높은 시너지(Synergy:상승) 효과가 발생하여 우리 대한민국호가 확실한 핵심선진국으로 가는 지름길이 생겨나는 것이다.

　이 장에서는 공직자에 대한 개념, 공직자의 개괄적인 문화, 공직자의 주요 실태 등과 공직자 주변 환경의 변화, 바람직한 공직자의 방향 등을 소개하고자 한다. 또한 이 장의 일부는 이시원(경상대 교수) 「21세기 행정환경에서 요구되는 바람직한 정부 및 공직자상」 자료를 토대로 쓰인 것임을 밝힌다. 본문 중 괄호 표시와 이름은 인용 표시이다.

## 공직의 의미

　첫째, 공직(puplic office)의 의미는 국민의 공복(public servant)이라는 뜻이다. 공복이란 국민의 심부름꾼이며 봉사자란 뜻을 가진다. 결코 국민과 백성을 다스리고 통제하며 군림하는 직책이 아님은 물론이다. 이러한 맥락에서 전통적인 가치관에서 비롯된 관존민비의 사상은 잘못된 것이다.

　둘째, 공직은 국민의 대표자로서 역할과 기능을 가진다.

　국민의 대표자란 의미는 정치적 대표자란 의미이고, 법적인 대표자는 아니다. 그러나 공직자는 국민의 복리를 위하여 최선을 다하여 봉사할 책임을 진다. 공직자는 국민과의 관계에서는 일반인보다 더 강한 책임의식을 느껴야 되고 정부와 공직자와의 관계는 특별권력관계 (special power relationship)를 향유하며 국민에 대하여 책임과 의무를 가진 봉사자로서 공직윤리를 가져야 한다. 그렇기 때문에 국민은 공직자에게 기대가능성을 가지고 국민의 선량한 봉사자 역할을 수행할 것을 기대하게 된다.

셋째, 공직은 어떤 법적인 규범이나 공직적인 기준보다도 공직자 자신이 공적임무(public mission)를 수행하며 실천하는 더욱 중요한 의미가 있다.

공직은 사적인 이익보다는 공적인 이익을 도모하여야 한다. 공기관과 사기관의 중간에 있는 유사한 정부기관이나 비영리기관 등도 사회의 이익을 도모하는데 초점을 두어야 한다.


## 공직자의 개괄적인 문화

### 공직자의 문화의 개괄

전통적으로 한국은 유교문화의 영향에 의해 국민 또는 대중을 국가의 주인으로 보기보다는 통치의 대상으로 보았고 국가에 대한 충성심을 강요해 왔다. 그리고 이러한 상황에서 일제식민통치를 거치면서 제대로 된 근대화과정을 거치지 못한 채 해방을 맞게 되었다.

해방 이후 대부분의 공직은 일제식민통치하에서 같은 민족을 억압하고 수탈하던 친일파들에 의해 그대로 유지되었다. 그러므로 그들은 결코 국민들과 화합할 수 없었고 항상 거부감과 두려움의 대상이 될 수밖에 없었다. 또한 그들의 대민행정도 불합리하고 비효율적이었으며 국민 위에서 군림하려는 경향이 짙었다.

결국 국민은 공무원을 불신하고 공무원 역시 국민을 불신하는 불신의 순환이 계속될 수밖에 없었다. 이러한 과정에서 전통적인 한국의 행정문화, 또는 공직 문화는 권위주의, 계서주의, 집합주의(가족주의), 온정주의, 운명주의 등으로 굳어져갔다.

### 권위주의

권위주의는 위계질서와 지배, 복종의 관계를 중요시하는 행태로서 자기의 주장에 대한 하급자나 타인의 이의 제기에 대해 용납, 타협, 절충하는 것을 거부하는 것을 말한다. 특히 한국 행정에 있어서 내적, 외적인 권위주의는 행정 발전을 저해했을 뿐 아니라 국민들과의 거리감을 더욱 심화시켰다. 이러한 권위주의에 대한 비판은 다음과 같이 정리될 수 있다.

첫째, 권위주의는 집권주의적 조직 운영을 강화함으로써 상층부만의 독단적인 의사결정을 허용하고 외부로부터의 참여를 배제시킨다.

둘째, 지위체계를 과잉 경직화하여 지위향상을 위한 과잉경쟁과 인간소외를 발생시킨다.

셋째, 상위자에게 맹종하는 과잉동조, 과잉충성을 유발한다. 이 경우 사람들은 피동화 하고 창의성이 억압되며 하위자들은 위만 쳐다보는 해바라기형 인간으로 변한다.

넷째, 국민과의 관계에서 군림적인 자세를 취함으로써 관존민비(官尊民卑)적 행태, 관인지배적 행태를 발생시킨다.

권위주위에 대한 조사자료(전환기의 공무원 가치관, 1997)에 의하면 '우리 나라 국민들은 공무원들에게 불평만 일삼고 요구는 않는 편이다' 라는 질문에 60% 이상이 긍정적 반응을 보여 아직까지 공직사회에 권위주의적 의식이 남아 있음을 말해 주고 있다. 반면에 '수단과 방법이 잘못되어도 결과만 좋으면 된다' 라는 질문과 '부하가 반대 의견을 제시하더라도 내 생각대로 밀고 나간다' 라는 질문에 대해서는 각각 85%, 65%의 부정적인 답을 보여 이러한 권위주의를 스스로 해결해 나가려는 노력이 보인다.

### 계서주의, 서열의식

공직 내의 사회적 층화를 존중하고 신분에 따른 계층의식을 강조하는 성향이다. 서열의식은 대개 실적 이외의 인적 특성에 바탕을 두고 있으며 전통관료제의 계급질서를 유지시켜 왔다. 이러한 계서주의나 서열의식은 지위구조의 과잉 경직화, 변동 저항적인 행태, 의사전달의 장애, 창의성의 억압 등 여러 가지 관료적인 병폐를 초래할 수 있다.

한국인은 역사적으로 오랜 군주통치로 인하여 권력에 대한 맹종의식이 사회에 뿌리 깊게 잡혀 있으며 36년간의 식민통치와 40년 가까운 독재정치 아래서 국민들은 심한 권력의 횡포를 경험하였다. 동시에 위계질서와 지배복종의 관계를 중요시하는 유교문화가 오랫동안 종교적 신념처럼 자리를 차지하게 되어 힘 있는 사람에게 쉽게 굴복하게 되고 지배자나 상급자의 권위를 윤리적 내지는 예의적 차원에서 자연스럽게 수용하는 경향이 높았다.

이러한 흐름은 행정 내에서 권력을 발생시키며, 그로 인해 명령계통과 원칙에의 높은 의존도, 엄격한 계층제에 의한 질서유지, 권력 집중현상 등이 발생하기 마련이다.

### 온정주의(의리주의)

인정, 우정, 의리, 상호신뢰 등 감성적 내지 정적 유대관계를 중요시하는 성향으로, 특히 우리 민족은 정이 많은 민족으로 알려져 있다. 어떻게 보면 조직 내의 분위기를 부드럽게 하고 동료 간의 협동을 촉진하며 관료적인 성향을 완화할 수 있을 것으로 보이기도 한다.

하지만 행정의 합리성과 공평성이라는 측면에서 비쳐볼 때 조직의 목표와 국민을 위한 정책에 대한 충성심보다 상관에 대한 인간적인 충성심 그리고 조직 내의 친분관계를 우선시하는 경향이 나타나곤 한다.

바로 이러한 경우에 정실인사가 나타나 부정부패의 유혹을 뿌리치기 어려운 것이다. 즉, 공직자나 고객이 친분관계나 연줄을 이용하여 목적을 달성시키려 하며 조직 내의 갈등을 해결하지 못하고 회피하는 경향이 발생해 민주주의와 조직의 발전을 저해하게 된다는 것이다.

앞에서 언급했듯이 한국에서 온정주의적인 특징은 매우 강하게 나타난다. 이러한 성향은 대체로 한민족 고유의 민족성에도 그 원인이 있겠지만 가족을 정부의 원형으로 보는 유교적 이상에 기초한 가족주의적 국가관에서 기인한 것이라고 본다.

### 집단주의(가족주의)

한국의 문화는 개인을 사회적인 틀에 묶어 놓고 개인적 행동의 기회를 제한하며 개인의 목표를 집단의 목표에 종속시키려는 경향이 있다. 즉, '나'보다는 '우리'를 더 중요시한다는 것이다.

전통적으로 한국 사람들은 대가족 위주의 생활로 촌락 공동체, 씨족 공동체를 형성해 상호 의존해 생활해 왔고, 또한 가정과 당파 또는 파벌과 같은 집단에 소속되어 친밀한 인간관계를 유지하면서 집합적인 활동을 해 왔다.

집단주의적 특성은 이러한 가족주의에서 파생되어 나온 것으로 공(公)과 사(私)의 혼동현상과 직접적인 연관을 가진다. 즉 이와 같은 특성은 공무원(관료)사회에서 동향인, 동창관계, 출신지, 출신배경 등을 인연으로 하여 의리관계를 맺은 사람끼리 할거현상과 파벌현상을 조장하게 되어 불평등을 형성한다.

이상으로 한국 행정, 공직문화의 가장 큰 특징이라고 할 수 있는 4가지를 제시해 보았다.

이 내용들은 그 자체로서도 문제지만 비민주적 행정, 비합리적 행정으로 파생되어 행정발전의 저해요인이 되었다. 하지만 이러한 부정적인 영향으로 중앙집권적인 산업정책의 수행과 국민들의 단결에 적지 않은 역할을 하였음을 무시할 수는 없을 것이다.

## 몇 가지 주요한 사례를 중심으로 본 공직자에 대한 실태

우선 국민들이 공직자들에 대해서 보고 느낀 설문결과를 소개하고 공직자들의 공직에 대한 만족도와 불만족, 공직자의 삶의 질 향상에 대한 견해에 대해서 설문결과를 소개하고자 한다.

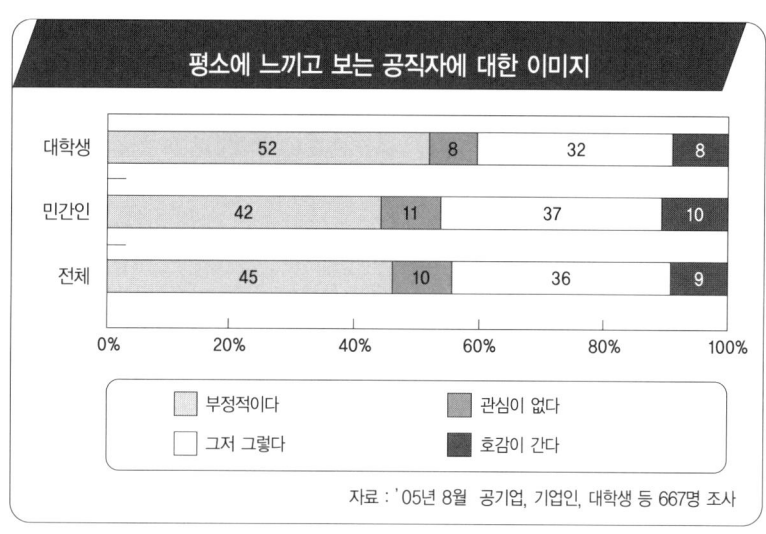

평소에 느끼고 보는 공직자에 대한 이미지

| | 부정적이다 | 관심이 없다 | 그저 그렇다 | 호감이 간다 |
|---|---|---|---|---|
| 대학생 | 52 | 8 | 32 | 8 |
| 민간인 | 42 | 11 | 37 | 10 |
| 전체 | 45 | 10 | 36 | 9 |

자료 : '05년 8월 공기업, 기업인, 대학생 등 667명 조사

● 시사점

　평소에 국민들이 보고 느끼는 공직자에 대한 견해에 대해서는 부정적이다 45%, 그저 그렇다 36%, 관심이 없다 10%, 호감이 간다 9%로 나타났다. 평소에 국민들이 공직자에 대한 평가가 부정적이거나 관심이 없는 편이 55%로서 문제가 있는 것으로 보인다. 아울러, 부정적인 평가도 공기업, 기업인보다도 대학생들이 더 많은 비율이 52%로 나타났다.

### 행정에 대한 일반적인 인식도

　2003년 1월부터 2004년 8월까지 행정관서 출입경험을 조사한 결과 89.9% 이르는 대다수 국민 응답자들이 행정관서 출입경험을 가지고 있는 것으로 나타났다.

행정관서 업무처리과정 및 결과에 대한 만족도에 있어서는 "만족한다"는 비율이 "불만족한다"는 비율보다 더 높게 나타나고 있다. "불만족한다" 응답한 경우 그 이유를 질문한 결과 '시간지체' 35.1%, '복잡한 행정절차' 31.1%, '공무원의 불친절' 18.4% 등의 순으로 나타났다.

불만족한 행정업무처리에 대한 시정요구여부에 있어서는 "있다" 19.6%, "없다" 80.4%로 나타나, 많은 국민 응답자들이 행정업무처리가 불만족스러워도 시정을 요구하지 않는 것으로 나타났다. 또한 시정요구 시 공무원의 반응에 대해서도 "만족 한다" 19.9% 의견보다 "불만족 한다"는 의견이 43.2%로 더 많았다.

행정관서로부터 부당한 일을 당했을 경우 처리방법에 대해서는 "직접 해당기관에 찾아가 항의" 38.6%, "인터넷을 통해 호소" 22.2%, "행정기관 민원실에 진정" 21.6% 등의 순으로 나타났다.(행정에 관한 공무원과 국민의식 조사 ; '04년 12월, 확인수, 안상현, 서성아 등)

### 정부역할 및 정책에 대한 국민의식

행정서비스 요소별 만족도를 조사한 결과 전문성, 효율성, 형평성, 정보제공, 공정성, 주민의사 반영도, 일관성, 정확성, 친절성 등 모든 요소에서 "만족한다"는 응답보다는 "불만족한다"는 응답이 더 많게 나타났다.

행정개혁이 가장 필요한 분야로는 '행정과 시민과의 관계증진' 부분이 가장 높게 나타났고, 공무원의 인사제도·관리의 개선, '정부산하기관의 정리 및 합리화' 등의 순으로 나타났다.

정부개입에 대한 견해에 있어서 경제문제에 대한 정부의 개입은 "찬성한다"는 응답이 60.5%로 상당히 높게 나타났고, 중앙정부가 지방정부에 개입하는 것에 대해서는 '찬성' 39.7%, '반대' 11.0%로 나타났다.

정부정책에 대한 국민의 인식에 있어서 비중이 확대되어야 할 분야는 경제정책, 복지정책, 교육정책 등의 순으로 나타났고, 비중이 다소 축소되어야 할 분야로는 국방정책, 통일정책, 건설교통정책 등의 순으로 나타났다. 정부의 각종 정책에 대한 평가에서 정보통신정책을 제외한 모든 분야에서 대체로 "만족한다"라는 응답보다는 "불만족한다"는 응답이 더 많았다.


## 주변 환경의 변화에 대한 대응력 강화 필요

우리 대한민국호가 핵심선진국으로 진입하기 위해서는 공직자들이 먼저 변화하는 주변 환경에 대하여 능동적으로 대응하고, 전문적인 실력을 쌓아야 한다고 본다.

예를 들면 정보화, 글로벌화, 과학기술화, 환경문제, 산업화, 인구문제, 시민단체와의 관계, 집단갈등 문제, 빈부의 격차문제, 지역 간의 불균형 문제 등 다양하고 복합적인 문제 등을 슬기롭게 해결해야 한다.

21세기를 맞이한 정부행정의 국내·외적인 환경변화에 대한 주요 이슈를 중심으로 간략히 살펴보면 다음과 같다


### 국제적 환경


#### ●과학기술의 발전

21세기에도 과학기술의 급진적인 발전은 계속될 것으로 예견되고

있다. 그러나 과학기술의 급진적인 발전은 생활을 윤택하게 하는 것과 동시에 '무엇을 위한 과학기술 개발인가?' 라는 근원적인 의문도 키웠다. 인간의 복제문제가 대두되면서 인간과 환경, 현재와 미래의 관계를 재정립할 필요성이은 물론, 지난 한 세기 동안 과학주의, 실증주의가 주도하던 생명과학 시대에 간과해 왔던 인간 존재자체에 대한 의미를 반성적으로 성찰해야 한다는 분위기가 서서히 일고 있다.

특히 생명복제기술의 발전은 인류의 윤택한 생활에 기여하는 면도 있을 것이다. 하지만 바이오테러 또는 무기로 오·남용 되거나 이미 일부에서 시도하고 있는 인간 개체 복제에 적용되어 복제인간, 맞춤인간 등 자연섭리에 반하는 생명체를 탄생시켜 사회질서의 붕괴, 윤리의식의 저하와 같은 사회문제를 파생시킬 수도 있다. 이에 따라 각국에서는 관련 연구와 기술개발을 제한 또는 금지해야 한다는 의견이 제기되고 법과 제도적 정비가 이루어지고 있다.

정보통신기술의 발달로 급속히 확산되고 있는 인터넷도 우리 생활에 편리함과 풍요로움, 여유 등을 제공하고 있지만 인터넷을 이용한 사이버 범죄나 가상공간에서의 윤리의식 부재 등이 가져오는 부작용도 매우 크다.

### ●세계화에 대응

세계화는 금융과 기업경영활동의 범위가 전 세계적으로 확대되고 경쟁이 가속화되는 복합적 현상이라고 할 수 있다. 정보 및 통신기술의 발달, 국제금융시장 규모의 확대와 금융규제의 완화, 광범위한 시장통합, 사회체제(자본주의 체제) 간의 경쟁심화 등 다양한 요인이 세계화를 가속화하고 있고, 문제의 지구화(세계화, 환경문제, 인권문제 등), 세계화는 21세기에도 지속적으로 가속화 될 것이다.

세계화에 따르는 국가 간 상호연계의 증대로 인해 제도적 차이가 완화되면 개별 국가의 정부가 선택할 수 있는 정책선택의 폭 등에서 정부의 입지가 상대적으로 약화될 가능성이 높다. 그러나 다른 한편으로 세계화에 따라 경제사회적인 문제가 더욱 복잡하고 중요하게 대두될 것이므로 정부의 역할은 더욱 커질 것이며 정부가 역할을 제대로 못할 경우 개별 국가들이 감당해야 할 세계화의 비용이 가중된다. 요컨대, 세계화 과정에서도 개별 국가의 고유성이 유지되는 가장 중요한 분야는 정부분야로 정부의 역할과 국가의 제도적 구조의 중요성은 지속된다는 말이다.

세계화 시대에 정부가 담당하여야 할 고유한 기능과 역할은 개방과 개혁의 결과로 나타나는 상대적 피해자를 보상해주는 사회보험체계의 확립과 소득재분배 문제에 관여하는 것이라고 볼 수 있다. 그러므로 세계화가 유발하는 소득분배구조의 변동, 기업경영활동의 세계화에 따르는 임금격차와 소득격차 문제해결, 불균등한 임금의 격차를 해소하기 위한 정책은 정부의 중요한 과제로 남을 것이다.

또 세계화는 개방화를 의미하기도 한다. 이것은 전 부문에 걸친 규제완화, 자유화, 각종 무역 및 투자 장벽의 철폐 등을 의미하는데, 이를 담당할 주체는 정부가 될 수밖에 없다. 개방과 자유화의 속도를 조절하는 기능도 정부가 담당하지 않을 수 없다.

## ●지식 · 정보화 능력

21세기로의 전환과정에서 가장 획기적인 변화는 지식 · 정보화이다. 세계는 지금 산업사회에서 정보와 지식이 고부가 가치창출의 원천이 되고 지식주도 경제로의 패러다임 전환을 맞이하고 있다.

대부분의 OECD국가에서는 이미 정보통신 등의 첨단기술산업과, 교육, 컨설팅 등의 지식집약적 서비스 산업의 비중이 GDP의 50% 이상을 차지하는 등 전반적인 산업의 중심축이 지식 · 정보산업으로 이동해가고 있다. 지식과 정보가 경제의 중심이 되고, 또 종래 단일 방향 의사소통과는 달리 인터넷을 통하여 실시간 쌍방향 의사소통이 가능하게 되면서 우리의 일상생활은 물론 경제생활에 엄청난 변화를 가져왔다. 인터넷을 통한 이메일의 교환, 전자상거래의 확산, 전자도서관, 원격교육, 금융서비스의 혁신, 원격의료, 재택근무 등은 이미 우리 생활에서 실감할 수 있는 변화들이다. 이러한 지식 · 정보화를 통한 사회의 변화는 21세기에 더욱 더 급속하게 진행될 것으로 전망되고 있다(임현진, 서이종, 2000).

한편 지식 · 정보화가 가져올 문제에 대한 적절한 대응도 요구된다.

지식 · 정보화의 진행과정에서 정보화가 앞선 주체가 정보화에 뒤떨어진 개인 또는 국가를 통제할 가능성과 지식 · 정보화의 국가 간, 지역 간, 계층 간 불균형의 심화와 그에 다른 빈부의 격차 심화가능성, 그리고 개인의 자율성 및 프라이버시 침해의 가능성 등의 문제들이 제기되고 있다.

세계 각국의 정부들은 이러한 문제들을 완화 내지 해소하기 위하여 개별적으로 또 공동으로 적절히 대응해야 할 책무를 지고 있다.

### ●환경보존과 지속가능한 발전과의 유연한 대응

전 세계가 산업화의 길을 걸어오면서 인류에게 가장 심각한 도전으로 다가온 것이 환경오염의 문제이다. 이제 환경문제는 개별 국가의 차원을 넘어선 전 지구적인 문제가 되고 있다. 그럼에도 각 국가는 자국의 이익을 도모하기 위해 경쟁적인 개발의 고삐를 늦추지 않고 있다. 상황이 이러니 한편에서는 개발 지향적인 사고방식을 버리고 인간과 자연이 공존하는 체제 구축을 강조하게 되었다. 특히 산업화에 따른 생태계 파괴에 대한 인식, 자연 환경의 훼손에 대한 반작용으로서 생태계 보존, 자연 친화적인 사회 건설 등을 강조하는 생태주의가 중요한 사회적 가치로 등장하게 되었다.

또한 더 나아가 산업 자본주의 체제에서 강조하는 확대 재생산과 공리주의적 지향성이 만들어 놓은 환경 문제를 직시하면서 '지속 가능한 발전' 개념의 비 엄밀성에 대하여 비판, 새로운 사회 체계 구축을 통하여 인간과 환경이 공존해야 한다는 주장이 나오고 있는 것이다(이홍균 2000).

21세기를 맞이한 세계 각국은 환경보존과 지속가능한 개발이라는 명제 간의 갈등을 국내외적으로 극복해나가야 할 책무를 지고 있다.

### ●NGO 역할과 활동에 대응

중국이나 일본, 중동의 국가처럼 문화적 이유 또는 권위주의적 정부 때문에 시민사회가 크게 제약을 받는 지역을 제외하고는 지난 반세기 동안 비정부기구(NGO)의 수가 급격히 늘어났으며 그 역할과 영향력도 폭발적으로 늘어났다(조효제, 2000).

NGO는 국내적인 거버넌스의 주요한 파트너로서의 역할뿐만 아니라 전 지구적 거버넌스(global governance)의 중요한 축을 이루고 있으며(김번웅, 1999), 국제적인 연계망을 가진 NGO는 개별 국가는 물론 국제기구와 전 지구 공공정책 네트워크를 구성하여 21세기에 당면하는 전 지구적인 문제해결의 핵심적인 주체로서 등장하고 있다.

NGO의 활동범위는 이들의 관심분야 만큼이나 광범위하다. NGO는 새로운 아이디어를 창안하고 주창활동을 하거나 항의하며, 대중적 지원을 끌어낸다. 또한 제반 분야의 문제를 분석하여 국가적, 국제적 의제를 형성하고 수행하며 감시한다. 그리고 변화가 가속화될 21세기에는 NGO가 정부보다 더 빠르게 새로운 요구와 기회에 대응할 것이다. 이에 따라 21세기에는 국내외적인 문제를 막론하고 각국 정부와 국제기구가 각 분야의 NGO들과 연계를 형성하여 문제를 해결해 나가야 할 것이다.

## 국내적 환경

### ●인구구조의 변화에 대응

2000년 7월 1일 기준으로 우리나라 총인구는 4,700만 명이며, 2013년 5천만 명을 돌파, 2023년 5,070만 명을 정점으로 이후 점차 감소추세로 나갈 전망이다. 이것은 인구성장율이 2000년 0.71% 증가에서 2022년에는 0%에 도달한 후 2030년 -0.24%, 2050년 -1.04%로 전망된 결과이다.

21세기 우리나라 인구구조의 변화 가운데 가장 특기할 사항은 평균수명의 증가와 노령인구의 증가이다. 의료기술의 발달, 국민들의 건강에 대한 관심의 증가로 평균수명은 2000년 75.9세에서 2030년 81.5세 그리고 2050년에는 83세로 늘어날 전망이다. 65세 이상 노령인구는 2000년 7.2%에서 2010년에는 10.7%, 2030년에는 23.1% 그리고 2050년에는 34.4%가 될 것으로 예측되고 있다. 반면에 생산가능

인구는 점차 줄어들어 생산가능인구의 노인 부양부담은 2000년 약 10
명당 1명에서 2030년에는 약 3명당 1명이 될 전망이다.

학령인구는 점차 줄어들어 2000년 총인구중 24.2%인 1140만 명
수준에서 2030년에는 14.1%인 710만 명으로 낮아질 전망이다. 대학
진학 연령 인구도 줄어들어 2004년에는 대학입학 대상연령인 18세 인
구가 대학정원보다 더 적을 것으로 보이며 2016년부터 본격적으로 줄
어들기 시작(63만 명: 대학정원의 96%)하여 2030년에는 48만 명(대
학정원의 73%)에 도달할 전망이다.

| 우리나라의 인구추이 (2000년~ 2050년) | | | | |
|---|---|---|---|---|
| 구 분 | 2000 | 2010 | 2030 | 2050 |
| 총인구(천명) | 47,008 | 49,594 | 50,296 | 44,337 |
| 출생률(%) | 1.29 | 1.01 | 0.77 | 0.63 |
| 사망률(%) | 0.53 | 0.60 | 0.99 | 1.65 |
| 인구성장률(%) | 0.71 | 0.38 | −0.24 | −1.04 |
| 평균수명(세) | 75.87 | 78.78 | 81.53 | 82.30 |
| 남 | 72.06 | 75.50 | 78.38 | 79.95 |
| 여 | 79.50 | 82.22 | 84.83 | 86.24 |
| 학령인구(천명) | 11,383 | 10,141 | 7,081 | 5,487 |
| 노령인구(천명) | 3,395 | 5,302 | 11,604 | 15,271 |
| 노령인구비율(%) | (7.2) | (10.7) | (23.1) | (34.4) |
| 생산가능인구(천명) | 33,702 | 35,741 | 32,475 | 24,417 |

자료 : 통계청. (2001.11). 「장래인구추계결과」. 재구성

## ● 지역 간 갈등의 심화에 대응(수도권과 비수도권의 갈등)

그동안 우리나라의 지역 간 갈등은 영호남 지역 간의 갈등으로 묘사되어 왔다. 그러나 2000년대에는 수도권과 비수도권과의 갈등이 심화될 것으로 예견된다. 이미 이러한 수도권과 비수도권과의 갈등은 새로운 지역 간 갈등의 조짐으로 드러나고 있다. 수도권 억제 정책에도 불구하고 현재 우리나라 인구의 약 46.3%가 수도권에 분포하고 있으며 공공기관, 금융, 주요 언론기관, 주요 기업의 본사 등 제반의 측면에서 수도권에 과다 편중된 현상을 보이고 있다. 즉 수도권 집중은 인구, 산업 및 고용, 중추관리기능, 지식기반 등의 모든 측면에서 심각한 수준에 이르고 있는 것이다(초의수, 2001).

수도권 집중을 둘러싼 정치적 갈등은 지방자치가 실시되면서 본격화되었다. 2000년에 들어 비수도권 지역 광역자치단체장의 집단적인 움직임이 나타나기 시작하였다. 2000년 5월 영호남 8개 시도지사 협의회를 통해 이들 8개 자치단제장은 공동으로 '국토균형발전을 위한 선언문'을 발표하면서 수도권의 집중을 완화하여 국토의 균형발전을 기해야 한다는 강도 높은 주장을 하였다.

이와 같은 비수도권 자치단체장들의 움직임과 함께 2001년 9월 부산, 대구, 광주 등 전국 각 지역에서 지역지식인들이 지방분권 실현을 위한 지식인 선언을 동시에 선포하고, 중앙집권(서울집중)이 나라와 지역의 발전을 가로막는 최대의 걸림돌임을 주장하였다.

또한 수도권 집중문제를 둘러싸고서 정부내부에서도 부처 간에 입장을 달리했다. 국토의 균형적 개발의 틀을 짜고 있는 건설교통부는 인구집중을 유발하는 시설의 수도권 입지에 대해서 소극적인 입장을 가지고 있는 반면에 산업자원부는 기업의 국제경쟁력 강화를 위해 공장시설 등의 수도권입지를 억제해서는 안 된다는 입장을 보이고 있다.

이처럼 과거에는 상상키 어려운 비수도권 광역자치단체장들의 집단적인 불만표출과 지역지식인들의 연대활동이 본격화되면서 수도권과 비수도권과의 갈등은 첨예하게 일어날 가능성이 높으며 이것은 정부의 큰 부담으로 작용하게 될 것이다.

### ●산업구조의 변화에 대응

압축된 산업화 과정에서 제조업과 서비스산업의 성장이 지속적으로 이루어져 왔다. 그러나 산업화가 심화되면서 제조업 부문은 대규모 장치산업위주의 소품종 대량생산 및 물량위주의 수출구조로 바뀌어 여건변화에 신축적 대응이 곤란한 상태로 진단되고 있다. 또한 1990년대 들어 섬유 등 경공업 기반이 급속히 붕괴하여 제조업 내 경공업 비중이 줄어들었으며 부품·소재 등 중간재와 기계류 등 자본재산업의 낙후로 생산 및 수출확대가 수입을 유발하는 구조로 고착되었다.

이와 함께 정보와 지식이 생산요소 또는 상품으로 경제 전반에 광범위 하게 사용·유통되는 정보·지식중심의 지식기반산업(knowledge based industry)이 선진국을 중심으로 큰 비중을 차지하게 됨에 따라 우리나라도 지식기반산업이 성장의 새로운 활력요소로 부상하였다.

전자상거래·문화·관광·영상·정보통신분야 등 지식기반 서비스분야의 성장은 가속화될 것이며, 이에 따른 직업구조의 재편도 가속화될 것으로 예견되고 있다. 이에 따라 정부는 이러한 변화의 흐름에 대응한 산업정책의 방향을 설정해야 할뿐만 아니라 지식기반산업으로의 재편에 적응하지 못하는 개인과 집단들에 대한 보호와 지원의 책무를 안고 있다.

## ●노동시간 단축에 대응

입법추진이 되어 2002년부터 시행된 주5일 근무제로 우리 경제와 사회 전반에는 커다란 파급효과가 나타냈다. 관공서와 은행 등부터 시작된 주5일근무제는 도입 초기에는 다소 행정의 불편을 불러오기는 했지만 이제는 완전히 자리를 잡게 되었다. 그 영향으로 최근에는 주5일 근무제가 거의 정착되기에 이르렀으며, 그로 인해 경제와 사회생활에도 큰 변화가 나타났다.

우선 늘어난 여가시간으로 인해 여행, 문화, 운송업종 등이 수혜를 보았고 또한 그와 관련한 소비증가로 국민생활 패턴이 선진국형으로 바뀌어갔다. 그러나 한편으로는 그 부작용으로 많은 기업이 값싼 노동력을 찾아 중국이나 동남아 등지로 생산공장을 옮겨 제조업의 공동현상이 일어나기도 했다. 지금은 주5일 근무제는 시행 후 드러난 각종 부작용을 점차 해소하고 있고, 국민들의 생활 패턴 변화 역시 자리를 잡아가고 있는 시점이다.

## ●정부에 대한 국민(시민)의 의식변화에 능동적 대응

우리나라는 정부와 국민과의 관계에서 국민들을 정부가 지도하고 규제해야 할 대상으로, 그리고 정부가 제공하는 공공서비스의 단순한 수혜자 내지는 수동적인 소비자로 인식해 왔다. 이것은 전통적으로 관우위, 관주도의 관념이 뿌리 깊게 박혀있기 때문이다. 그러나 이제는 국민들의 권리의식과 참여의식이 높아져 정부가 국민을 설득하고 납득시키지 않으면 안 되는 상황이 되었다. 더욱이 인터넷을 기반으로 한 온라인 공간을 통해 국민들이 정부와 의사소통할 수 있는 영역이 엄청나게 확대됨에 따라 정부의 일방적인 활동만으로 공공의 문제를 해결하기가 어렵게 되었다.

최근 학계에서 활발하게 논의되고 있는 뉴 거버넌스 개념도 정부에 대한 국민의 의식변화와 괘를 같이한다고 볼 수 있을 것이다.

국민을 정부의 통치대상이 아니라 정부와 어깨를 나란히 하여 공공의 문제를 공동으로 해결하는 주체로서 인식하는 정부와 국민의 관계가 설정되어야 하는 것이다.


## 향후 공직자의 발전방향

공직자는 올바른 마음자세와 국민의 봉사자라는 신념을 갖고서 자기가 맡은 분야에 최선을 다하여 국민들에게 최상의 서비스를 제공하고, 아울러 글로벌화에 대비한 전문지식과 기술 등을 습득해야 한다. 공직자들에게 이러한 마음자세와 실력을 쌓을 수 있는 여건을 조성키 위해서는 우선적으로 조직 내의 민주적인 분위기 조성과 함께 깨끗하고 정직한 공직사회 풍토가 구현되어야 한다.

### 조직의 민주성의 확보 필요

#### ●권위주의 조직문화 개선 필요

조직의 내부적 부분에 있어서는 아직까지 한국 공직 문화는 권위주의나 온정주위의 틀 속에서 벗어나지 못하고 있다. 특히 내부 의사결정에 참여하지 못해 업무에 대한 불확실성이 존재하고, 이것이 복지부동과 사기저하와 같은 폐해를 불러 일으켰다. 그러므로 서열이나 권력에 관계없이 온전하고 자유로운 의사소통이 이뤄지고 지시와 강제보다는 협의와 타협을 존중하며 기술적 지식에 근거한 영향력을 수용하는 태도가 요구된다.

### ●개인의 자율성 및 창의성 존중 필요

자유민주성은 조직 안에서 개인의 자유와 개성의 존중을 의미함과 동시에 조직 밖에 있는 국민의 선택과 수요를 중요시하는 근무자세와 목적가치를 의미한다.

조직 내적인 측면에서는 개인의 자유를 토대로 한 다양성을 인정하고 상호 갈등의 수정과 타협과정 속에서 창의와 자유로운 경쟁을 유도해야 한다. 또한 민주주의의 확산에 따른 작은 정부의 요구는 자유민주주의의 외적인 측면과 연관된다. 작은 정부는 시민의 통제에 유연하며 개방적이고 효율적인 정부로써 시민생활에 대한 규제보다는 시민생활의 보조자 역할을 한다. 이러한 정부는 국민의 다양한 요구에 만족시키기 위해 창의와 경쟁의 노력으로 생산성을 향상시키지 않으면 안 되고, 공무원은 자율적인 책임행정의 가치를 반영해야 한다. 생산성과 효율성을 위한 압력은 정책집행 부분에서만 국한된 것이 아니라 정책결정 부분에 있어서도 성취를 위한 권한의 위임과 이에 상응하는 자율적인 책임행정을 강조하게 되는 것이다.

요약하자면 자율과 창의성의 존중은 공무원 개인의 능력과 재능에 다른 보상과 선택의 결과에 대한 책임을 강조하며 자유, 경쟁, 성취의 도덕성을 강조하게 된다. 그리고 외부적으로도 보다 나은 서비스제공을 위해 경쟁력과 생산력의 제고에 힘쓰게 될 것이다.

## ●절차의 민주성과 평등성 확보 필요

민주주의에서 평등은 자유 못지않게 중요한 개념이다. 하지만 이러한 평등은 절대적 평등이라기보다는 개인의 능력에 따른 상대적 평등으로 '기회의 평등'이라는 개념으로 이해해야 할 것이다.

한국은 역사적으로 지속되어 온 유교문화와 집단의식에 의한 계급주의, 남성우월주의, 지역우월주의, 학벌중심주의 등으로 인해 평등이 제대로 이뤄지질 못했다. 현대에 있어서도 이러한 병폐는 취업이나 승진에 있어서 불평등의 양상을 낳았다.

사회의 이익도 평등하게 분배되어야 한다. 사회구성원의 다양한 이익이 상호 조정되고 권리와 의무의 명확한 배분이 없이는 사회의 지속적인 발전이 없으며 안정이 보장될 수 없기 때문이다. 즉, 일부 구성원의 이익 독점이나 일부계층에 대한 핍박을 전제로 한 성장은 사회전체 구성원의 자발적인 협조를 얻어낼 수 없으며 결국은 엄청난 비효율을 발생시킬 것이다.

참고로 중앙과 지방공직자를 대상으로 "조직의 민주화"를 위하여 가장 필요한 사항에 대한 설문결과를 보면 다음과 같다.

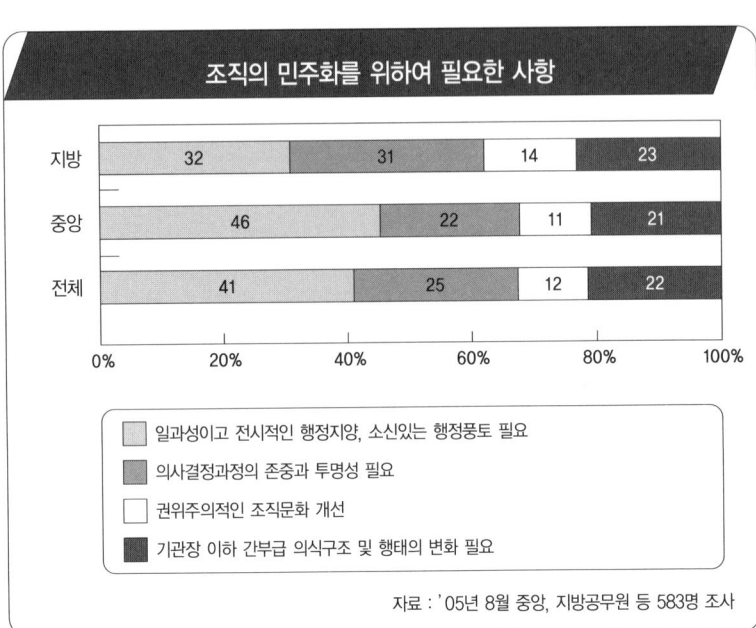

**조직의 민주화를 위하여 필요한 사항**

| 구분 | 일과성이고 전시적인 행정지양, 소신있는 행정풍토 필요 | 의사결정과정의 존중과 투명성 필요 | 권위주의적인 조직문화 개선 | 기관장 이하 간부급 의식구조 및 행태의 변화 필요 |
|------|------|------|------|------|
| 지방 | 32 | 31 | 14 | 23 |
| 중앙 | 46 | 22 | 11 | 21 |
| 전체 | 41 | 25 | 12 | 22 |

자료 : '05년 8월 중앙, 지방공무원 등 583명 조사

● **시사점**

   조직의 민주화를 위해서 가장 필요한 사항에 대하여 일과성이고 전시적인 행정을 지양하고 소신 있는 행정 필요 41%, 의사결정 과정의 존중과 투명성 필요 25%, 기관장이하 간부급의 의식구조 및 행태의 변화 22%, 권위주의 문화개선 12%로 나타났다. 설문결과를 보면 일과성이고 전시적인 행정 지양이 41%, 의사결정 과정 존중 25%로서 과거의 일방적인 행정을 지양하고 상호를 존중하는 문화를 중요시 하는 것으로 나타났다.

## 공직 윤리관의 확립이 필요

한국 공무원에 대해 대부분의 국민들은 부정적인 반응을 보여 왔다. 그 주된 원인은 공무원들의 윤리관의 결여에서 비롯되었다고 볼 수 있다. 즉 우리나라는 전통적으로 공무원에 대해 '청렴결백'이라는 당위성이 너무도 깊게 못 박힌 반면에 근대 이후의 공무원들은 이를 만족시키지 못한 이유에서이다.

역사 이래로 수많은 정치지도자들이 공무원의 부정부패 척결을 외쳤고 수많은 부패한 공직자들이 법의 심판을 받았지만 아직까지 그 해결점을 찾지 못한 채 공무원의 사기를 저하키고 국민들과 불신의 골만 깊게 했다. 그러니 이제는 형식적이고 가시적인 처벌의 차원을 넘어서 근원적인 원인규명을 통한 보다 거시적인 처방을 제시해야만 한다.

그에 따라 구체적으로 공직자의 의무만을 강조해 처벌할 것이 아니라 그들 스스로 공직자 윤리를 확립할 수 있도록 의무에 상응하는 권리의 부여와 여건도 병행되어야 할 것이다.

참고로 「OECD 국가 공직자 윤리기준」을 소개하여 보고자 한다. 여기엔 핵심적인 공직사회의 가치(core public service value)로서 다음과 같이 제시되어 있다.

우선, 공정성, 합법성, 청렴성, 투명성 등이 가장 중요한 가치로서 고려되고 있으며, 기타 효율성, 평등성, 책임감, 정의감이 고려되고 있다. 물론 여기서 고려되는 가치들은 모두 중요하게 고려되어야 한다는 점에서 반드시 어느 가치를 더 중시해야 한다고 주장하기는 어렵다고 본다.

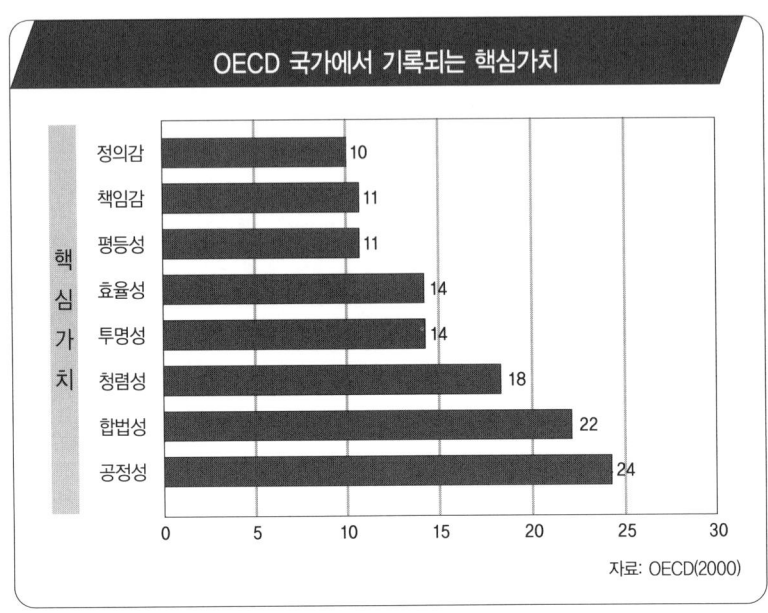

**OECD 국가에서 기록되는 핵심가치**

| 핵심가치 | 값 |
|---|---|
| 정의감 | 10 |
| 책임감 | 11 |
| 평등성 | 11 |
| 효율성 | 14 |
| 투명성 | 14 |
| 청렴성 | 18 |
| 합법성 | 22 |
| 공정성 | 24 |

자료: OECD(2000)

아울러 최근처럼 고위공직자의 비리가 노출되면 온 사회가 떠들썩거리는 것이 우리의 현실이다. 공직사회, 그리고 공무원에 대한 부정적 인식은 공직사회 스스로 초래한다는 비판이 있다. 즉 공직사회가 외부의 반응이나 비판에 너무 소극적으로 대처한 나머지 실제 이상으로 비난의 대상이 된 측면이 적지 않다는 것이다.

참고로 KSOI(한국사회여론연구소/소장: 김헌태)가 지난 '05년 3월 29일 TNS에 의뢰해 전국의 성인남녀 700명을 대상으로 실시한 정기여론조사 결과를 보면 국민의 85%가 고위공직자들이 최근에 도덕성 시비로 잇따라 사퇴하는데 대해 국민들은 투명사회를 위한 불가피한 과정으로 보고 있는 것으로 나타났다.

부동산 투기의혹에 연루된 공직자들의 사퇴 도미노 현상에 대해

'청렴한 사회로 가기 위해 겪어야 할 과정'이란 응답이 85.3%로 압도적이었고, '능력 있는 인물이 탈락하는 등 부작용이 크다'는 응답은 13%에 그치고 있어, 국민들의 뜻이 향후 고위공직자에게 시사하는 바가 무척 크다고 볼 수 있다.

### 깨끗하고 정직한 공직자

우리 사회에서 가장 고질적인 병폐 중의 하나는 공직자들의 부정부패이다. 공직자들의 부정부패는 구조적 요인과 개인의 도덕성 결여 등 여러 가지 요인이 있다. 그중 우리나라의 경우는 구조적 요인으로는 정부주도의 압축 성장과정에서 정당화 되었던 정부의 규제와 간섭을 들 수 있다. 정부의 규제가 각 분야에 걸쳐 광범위하게 제도화 됨에 따라 규제의 집행권을 가진 공직자들이 직무와 대가교환을 할 수 있는 기회와 정보를 독점할 수 있는 지위를 갖게 되고, 이것이 부패의 유인을 제공하는 구조적 요인으로 작용한 것이다.

공직자 개인의 윤리의식의 결여도 중요한 요인임에 틀림없다. 공직부패의 주체는 공직자 개인이기 때문이다. 우리나라에서 부패문제를 공직자 개인의 윤리나 도덕성이 부족한데서 오는 일탈행위로 보고 부패의 적발과 처벌강화를 강조하여 왔지만 앞으로는 부정부패의 구조적 요인을 제공해왔던 정부의 과도한 규제와 개입의 범위를 줄이는 정부의 노력과 함께 공직자들 스스로 청렴의식을 내면화하는 노력이 지속적으로 이루어져야 할 것이다.

또한 나아가 우리나라 행정에서 체제화 된 부패를 타파하기 위해 공직자들이 부패에 저항하는 정신을 가져야 할 것이다. 깨끗하고 정직한 공직자상은 공직자의 도덕성을 가늠하는 잣대이다. 능력과 함께 도덕성을 갖춘 공직자상을 국민들은 기대하고 있다.

참고로 본 설문조사에 나타난 공직자의 가장 큰 불신사유와 부정부패 방지 방안을 소개하고자 한다. 아울러 부패방지와 함께 공직자의 처우개선도 꾸준히 지속되어야 한다고 보며, 청렴하기로 유명한 싱가포르 정부의 공직제도 도입에 대한 견해도 소개하기로 하겠다.

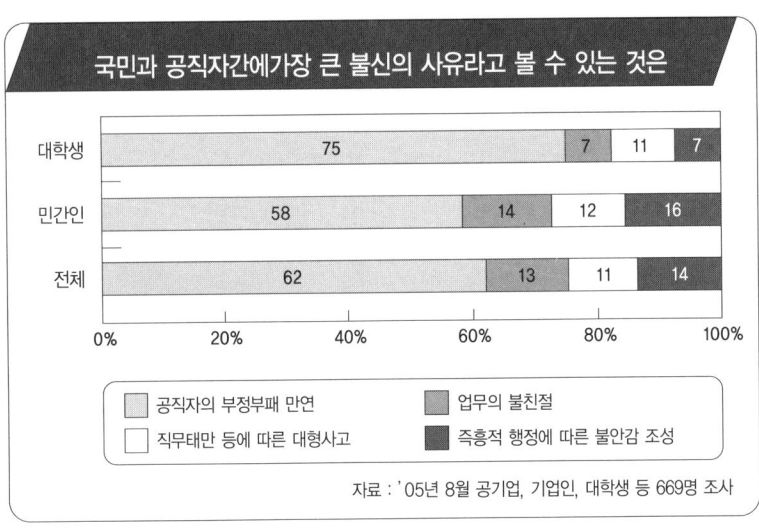

### 국민과 공직자간에가장 큰 불신의 사유라고 볼 수 있는 것은

- 공직자의 부정부패 만연
- 직무태만 등에 따른 대형사고
- 업무의 불친절
- 즉흥적 행정에 따른 불안감 조성

자료 : '05년 8월 공기업, 기업인, 대학생 등 669명 조사

● 시사점

국민과 공직자 간의 가장 불신의 사유는 공직자의 부정부패의 만연 62%, 즉흥적인 행정 14%, 업무 불친절 13%, 직무태만 등으로 인한 대형사고 유발 11% 등으로 나타났다. 동 결과에서와 같이 공직자를 가장 불신한 사유가 공직자의 부정부패로서 공직자에게 시사하는 바가 무척 크다고 볼 수 있다.

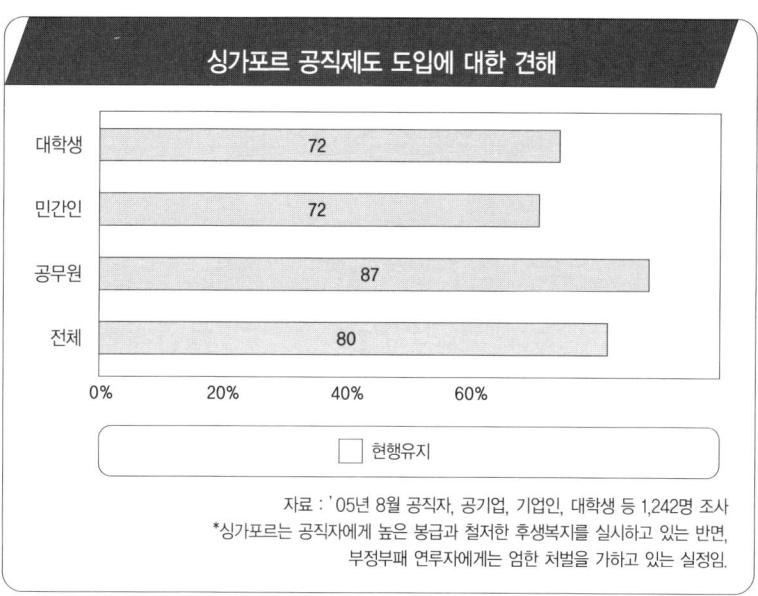

싱가포르 공직제도 도입에 대한 견해

| | |
|---|---|
| 대학생 | 72 |
| 민간인 | 72 |
| 공무원 | 87 |
| 전체 | 80 |

0%　　20%　　40%　　60%

☐ 현행유지

자료 : ´05년 8월 공직자, 공기업, 기업인, 대학생 등 1,242명 조사
*싱가포르는 공직자에게 높은 봉급과 철저한 후생복지를 실시하고 있는 반면,
부정부패 연루자에게는 엄한 처벌을 가하고 있는 실정임.

● 시사점

　　우리 국민들은 「싱가포르 공직제도」도입에 대하여 적극찬성 80%, 현행유지 13%, 도입 불필요 7%로 나타났다. 우리 국민의 정서는 공직자에 대한 부정부패에 연루자에 대해엄한 처벌을 원하는 대신, 공직자의 처우도 같이 고려하는 것으로 나타나고 있다.

또한 공직자를 대상으로 부정부패를 예방하고 감소시키기 위한 방법에 대한 결과는 다음과 같다.

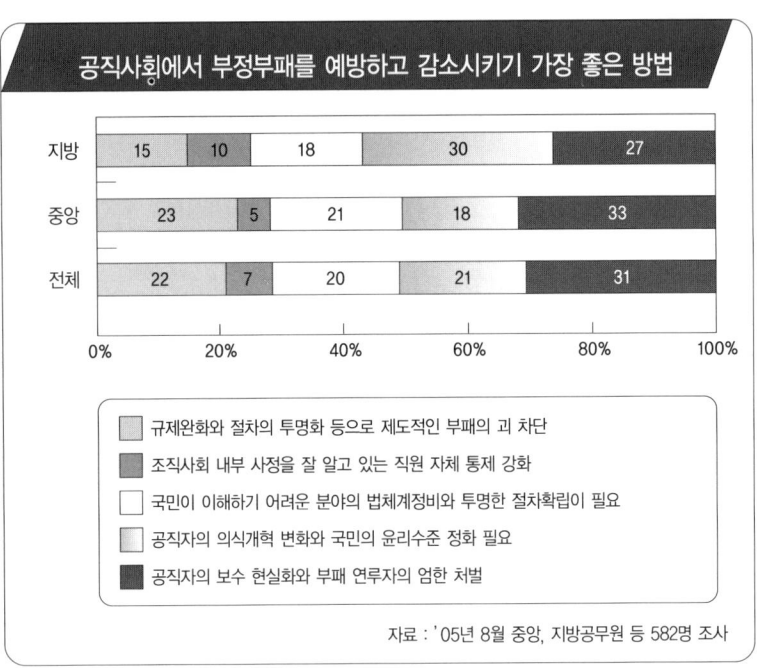

공직사회에서 부정부패를 예방하고 감소시키기 가장 좋은 방법

| | | | | | |
|---|---|---|---|---|---|
| 지방 | 15 | 10 | 18 | 30 | 27 |
| 중앙 | 23 | 5 | 21 | 18 | 33 |
| 전체 | 22 | 7 | 20 | 21 | 31 |

0%　　20%　　40%　　60%　　80%　　100%

- 규제완화와 절차의 투명화 등으로 제도적인 부패의 괴 차단
- 조직사회 내부 사정을 잘 알고 있는 직원 자체 통제 강화
- 국민이 이해하기 어려운 분야의 법체계정비와 투명한 절차확립이 필요
- 공직자의 의식개혁 변화와 국민의 윤리수준 정화 필요
- 공직자의 보수 현실화와 부패 연루자의 엄한 처벌

자료 : '05년 8월 중앙, 지방공무원 등 582명 조사

● 시사점

공직자의 보수 현실화와 부패연루자 엄한 처벌 31%, 규제완화 등과 절차의 투명화의 제도적인 부패의 고리 차단 21%, 공직자의 의식변화 및 국민의 윤리의식 정화 필요 21%, 행정절차의 간소화 및 법체계의 정비 등 20%, 내부조직 통제 강화 7% 등으로 나타났다.

## 능력 있는 공직자

세계화와 지식정보화 등의 국내·외적인 환경 속에서 정부가 대응해야 할 공공문제는 점점 더 복잡하고 까다로워지고 있다. 정부의 대응능력은 조직화된 지식정보관리 시스템을 구축하여 활용하는 제도적 능력에 달려있지만 궁극적으로는 정부에 종사하는 공직자들의 능력에 달려있다. 이들이 문제해결과 관련된 전문지식과 정보를 얼마나 가지고 있는가, 그리고 문제해결에 필요한 창의력을 어느 정도 발휘하는가에 따라 문제해결의 질은 달라지기 마련이다.

공직자들의 계층적 지위에 따라 그 정도의 중요성은 다르겠지만, 공직자들은 지식, 정보, 창의력 등 지적능력과 복잡하고 다양하게 얽혀 있는 이해관계를 조정할 수 있는 정치적 능력을 겸비하고 있어야 한다.

국민들에게 능력 있는 공직자로, 충만한 정부로 비추어질 때 국민들은 우리 사회가 당면한 무수한 문제의 해결을 정부에 안심하고 맡길 수 있는 것이다. 그렇지 못할 경우 정부에 대한 신뢰 내지는 지지가 상실되고, 정부정책에 대한 순응도 낮아질 수밖에 없다. 따라서 공직자들은 정부의 책임 있는 구성원으로서 끊임없는 학습을 통해 직무수행에 필요한 지식과 정보를 획득하고 다른 사람들과 협동하여 문제를 해결할 수 있는 균형 있는 품성을 기르는 등 능력계발에 최선을 다해야 한다.

## 책임질 줄 아는 공직자

공직자는 국민과의 관계에서 대리인의 관계에 있다고 볼 수 있다.
대리인은 행위의 결과에 대해 위임자에게 보상을 받거나 책임을 지는 위치에 있다. 그들이 국민의 대리인으로 성공적인 결과를 거둔 경우에는 그에 적절한 보상을 받을 권리가 있고 실패한 결과에 대해서는 그에 상응한 책임을 져야 할 의무를 안고 있다. 그러나 우리는 국민의 대리인으로 정부의 정책결정과 집행에 관여하였던 공직자들이 국민들에게 실망과 좌절을 안겨준 많은 정책실패에 대해 응분의 책임을 지는 모습을 찾을 수 없었다.

가까이는 의약분업정책이 불러일으킨 혼란의 책임소재를 둘러싸고도 누구나 자신의 책임이 크다고 선뜻 나서는 공직자가 없었다. 정책실명제나 행정실명제의 도입은 책임소재를 밝히는데 유용한 제도가 되겠지만 무엇보다도 공직자들 스스로가 직무수행에 대한 책임을 지겠다는 의식을 내면화시키고 실천하는 것이 중요하다. 그리하여 국민들로 하여금 직무수행에 책임을 지는 공무원상을 심도록 노력해야 할 것이다.

참고로 조선세종 때의 소신 있기로 소문 난 대쪽 재상 '허조의 공직관'을 소개하여 보고자 한다.

### ● 허조의 공직관

황희 정승과 함께 허조는 세종의 정치에서 빠뜨릴 수 없는 인물이다. 영의정 황희가 잡다한 인재를 추천해 올리면 이조판서 허조는 그 인물이 해당 직책에 적합한지를 가려내곤 했다. '일 만들기 좋아하는' 안숭선 등이 여러 가지 정책제안을 내놓으면 그 제안이 잘못될 수 있는 소지를 지적해 내는 것도 허조의 몫이었다.

예나 지금이나 원칙을 고집하며 반대의 목소리를 내는 것은 쉽지 않은 일이다. 특히 '역린(逆鱗)'을 거스르면서 국왕을 비판하는 것은 위험하기까지 하다. 그럼에도 불구하고 허조가 임종시에 "태평한 시대에 나서 호연(浩然)히 홀로 부끄러울 것이 없다."며 행복한 죽음을 맞을 수 있었던 비결은 무엇이었을까.

첫째, 허조는 자기관리에 엄격한 사람이었다. 그는 허기를 면할 정도의 식사에 만족했다. 여색을 가까이하지도 않았다. 자손들이 방만해질 것을 우려해 재산을 남겨주지 않았다. 이 때문에 사관은 그를 '밤낮으로 스스로를 경계한 인물'로 평가했다. 후대의 조광조 역시 "선배들의 극기의 공력(克己之功)이 이와 같았다"고 찬탄했다.

둘째, 그는 깐깐하고도 철저한 공직자였다. 세종실록에서 꼬치꼬치 따져 묻는 허 판서의 모습을 찾는 일은 어렵지 않다. '말라깽이 송골매 재상(瘦鷹宰相)'이라는 별명만큼이나 깐깐한 그의 업무처리 때문에 조정 신료들은 늘 조심스러워 했다. 근 10년 동안 이조판서로 일하면서 그는 추천된 인물들을 검증하는 데 진력했다. 그의 인재검증방식은 철저했다. 낭관(郎官)의 정밀한 검증과 간택을 거친 후보자를 놓고 그는 전랑들과 함께 모여 평론에 평론을 거듭했다. 그리고 마침내 중의(衆議)에 합한 연후에야 임명하곤 했다.

셋째, 그는 인재 고르는 일 못지않게 유능한 관직자의 보호를 중시했다. 그는 고을 수령의 민사법 판결에 대해 관내 백성들로 하여금 상급기관에 고소할 수 있게 한 제도를 반대했다. 사회기강이 무너지고, 수령들의 소신 있는 판결이 나오기 힘들 뿐만 아니라 간사한 자들의 모함에 유능한 관직자가 걸려들 수 있다고 보았기 때문이다. 결국 세종은 허조의 의견을 일부 수용해 백성들의 고소를 받되 오판 때문에 수령을 처벌하지는 말라고 지시했다. 백성들의 원억(冤抑)을 줄이고 하정(下情)을 상달되게 하는 '정치의 책무'도 중요하지만, 지휘관의 보호

역시 필요하다고 보았기 때문이다.

넷째, 어전회의에서 그의 역할은 주로 폿대를 세우는 일이었다. 새 법을 제안한 사람들은 그 법의 긍정적인 효과만을 강조하는 경향이 있다. 하지만 늘 그렇듯이 일에는 빛과 그늘이 있게 마련이다. 바로 그 일을 꼬장꼬장하게 따져 물어 기준을 세우고 그늘을 최소화하는 것이 허조의 임무였다. 그는 특히 새 법을 만드는 것보다는 현재의 제도를 고쳐 쓰는 게 낫다고 보았다. 세종이 관리의 농간을 줄이고 국가재정을 확충하기 위해 정액세법을 도입하려 하자, 그는 다음과 같이 주장했다.

"바뀐 제도가 가져올 이점이 한두 가지라면 손해는 그 열 배, 백 배가 될 수 있습니다. 그러니 새 제도의 폐단을 극복할 수 있는 대안이 마련될 때까지 지금의 제도를 고쳐가면서 쓰십시오."

놀라운 것은 이런 허조에 대한 세종의 태도다. 세종은 때로 "허조는 고집불통이야." 라면서 불만을 표시하기도 했지만 늘 끝까지 그의 의견을 경청했다. 허조가 제기한 문제점을 해결한 뒤 그 정책을 시행한 것은 물론이다. 허조 역시 조정의 최종 결정을 인정했다. "신이 수차례 아뢰었어도 윤허를 얻지 못했으나, 이 정도면 거의 중용을 이룰 수 있겠습니다." 라던 그의 말이 그것이다.

## 개방적 사고의 공직자

국내 행정환경의 변화에서 언급한 바와 같이 정부에 대한 국민의 의식은 정부활동의 단순한 객체나 수혜자가 아니라 적극적인 참여로 바뀌고 있다. 특히 인터넷의 급속한 확산으로 온라인상에서 실시간으로 정부의 각 기관과 쌍방적 의사소통이 가능해짐에 따라 일반 국민들의 정부활동에 대한 관심과 참여는 엄청나게 늘어나고 있다. 이러한 변화에 실질적인 대응하기 위해서는 공직자들의 개방적 사고가 무엇보다도 중요하다. 정부 내에서도 정부조직의 민주화와 분권화가 촉진됨에 따라 여러 방면에 걸친 협동과 조정이 빈번하게 요구되고 있다. 참여와 협동의 전제조건은 공직자들의 열린 마음이다. 공직자들이 먼저 비밀주의적 행정문화를 불식하는데 앞장서야 하는 것이다.

## 할거주의가 아닌 목적원리를 지향하는 공직자

우리나라 정부행정의 폐단 중 하나로 지나친 할거주의(割據主義 : 파벌이나 지역 따위의 형편이나 처지만을 앞세우는 배타적인 경향)의 집착을 들 수 있다.

정부부처 간의 할거주의, 부처 내의 조직 간 할거주의 등으로 인해 공동으로 대응해야 할 문제에 대한 해결능력이 떨어지고 있다. 특히 최근 일련의 행정개혁조치로 인해 정부 부처가 상호견제 내지는 경쟁의 대상이 되고 있는 상황에서는 더욱 그러한 경향이 커지고 있다.

같은 부처 내에서도 각 국과별로 경쟁체제에 돌입해 자신의 조직이나 부서가 가지고 있는 정보와 지식을 타 부서에 제공하지 않으려고 하니 정부부처, 부처내의 조직 간에 유기적인 협조를 통해 해결해야 할 문제의 대응에 상당한 손상을 입고 있는 것이다.

21세기를 맞이한 공직자들은 과거 자기 부서의 이익에만 집착해왔던 할거주의의 원리가 아니라 문제해결을 우선시하는 목적원리에 충실해야 할 것이다.

## 자긍심과 함께 강한 신념을 갖는 공직자

오늘날의 공직자의 주변 환경은 복잡하고 다양해지고 있다. 급격한 자본주의 체제의 도입과 시장경제로의 변화로 인한 공직자의 윤리 기준도 많은 변화를 요구받고 있으며, 또한 시민사회의 성숙과 국민들 수준의 현격한 상승에 따른 고부가가치 행정서비스를 요구받고 있다. 게다가 모든 행정조직도 국민을 위한 투명한 행정체제로 변화되고 있는 실정이다. 이에 따라 우리 공직자들도 전문적인 실력 배양과 더불어 공직자로서 강한 자긍심을 가질 필요가 있다고 본다.

또 자긍심과 함께 민간에게 허용되지 않는 공익을 집행하는 봉사자 또는 대리인으로서 강한 윤리성 함께 도덕성을 지녀야 한다고 본다. 앞에서 전술한 통계결과에서와 같이 우리 국민들이 고위공직자 등에 대한 강한 청렴과 도덕성 요구는 이를 확실하게 뒷받침해주고 있다고 볼 수 있다.

국민들은 공직자가 맡은 바 업무에 대하여 소신을 갖고 투명하고 공정하게 업무를 집행하기를 바라고 있으며, 아울러 공직자들은 공직을 천직으로 생각하여 자기의 직분을 행하는 그 자체를 큰 보람으로 삼아, 긍지를 찾고 자신감을 가져야 할 것으로 보인다.

참고로 요즈음 같은 물질만능주의 풍토 아래 흔들리지 않고, 안분지족하고 책임을 다하는 공직자가 되기 위하여 그리스의 소신 있는 철학자 디오게네스의 신념을 소개하고자 한다.


### ●디오게네스의 신념

디오게네스는 넓은 빈터에 나무통을 하나 놓고 그 통 속에서 살았다. 누구의 간섭도 받지 않고 살고 있으니 거리낄 것이 없고, 또 그렇게 편할 수가 없었다. 이 무렵에 그리스를 정복한 알렉산더 대왕이 디오게네스에 대한 평판을 듣고 그를 만나고자 면담을 명령했다. 하지만 대왕이 부른다고 달려갈 디오게네스가 아니었다. 정복자 알렉산더였으나 별수 없이 스스로 디오게네스를 찾아가 말하였다.

"나는 알렉산더 대왕이오. 나는 힘이 있으니 그대가 원하는 것은 무엇이든 들어 줄 수가 있소. 소원이 무엇인지 말해 보오."

디오게네스가 답했다.

"저쪽으로 조금만 비켜 주십시오. 제가 원하는 것은 지금 쬐고 있는 햇볕입니다."

디오게네스를 만나러 갔다가 이 대답만 듣고 돌아오던 알렉산더대왕은 함께 수행해 간 신하들만 알아들을 듯 나직이 중얼거렸다.

"만일 내가 알렉산더가 아니었더라면 저 나무통 속의 디오게네스가 되었을 것이다."


이제 우리 국민들이 바라는 바람직한 공직자상을 소개하고, 공무원의 업무에 대한 자신감과, 초등학생과 중·고생을 중심으로 평소에 공직자를 어떻게 인지하고 있는지에 대한 결과를 소개하고자 한다.

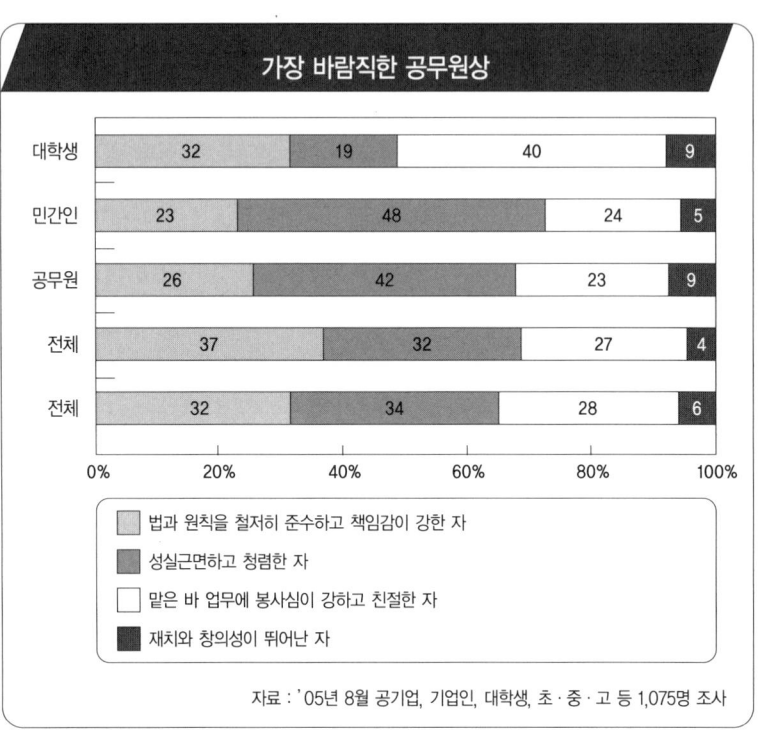

가장 바람직한 공무원상

| | 법과 원칙을 철저히 준수하고 책임감이 강한 자 | 성실근면하고 청렴한 자 | 맡은 바 업무에 봉사심이 강하고 친절한 자 | 재치와 창의성이 뛰어난 자 |
|---|---|---|---|---|
| 대학생 | 32 | 19 | 40 | 9 |
| 민간인 | 23 | 48 | 24 | 5 |
| 공무원 | 26 | 42 | 23 | 9 |
| 전체 | 37 | 32 | 27 | 4 |
| 전체 | 32 | 34 | 28 | 6 |

자료 : '05년 8월 공기업, 기업인, 대학생, 초·중·고 등 1,075명 조사

● 시사점

가장 바람직한 공무원상에 대하여는 성실하고 청렴한 공무원 34%, 법과 원칙을 준수하고 책임감이 강한 공무원 32%, 친절하고 봉사심이 강한 공무원 28%, 재치와 창의성이 뛰어난 공무원 6% 등으로 나타났다. 국민들이 공직자를 선호한 결과를 보면 창의성과 재치보다도 청렴하고, 법과 원칙을 철저히 준수하며, 책임감이 강하고 친절한 공무원을 선호하는 것으로 나타났다.

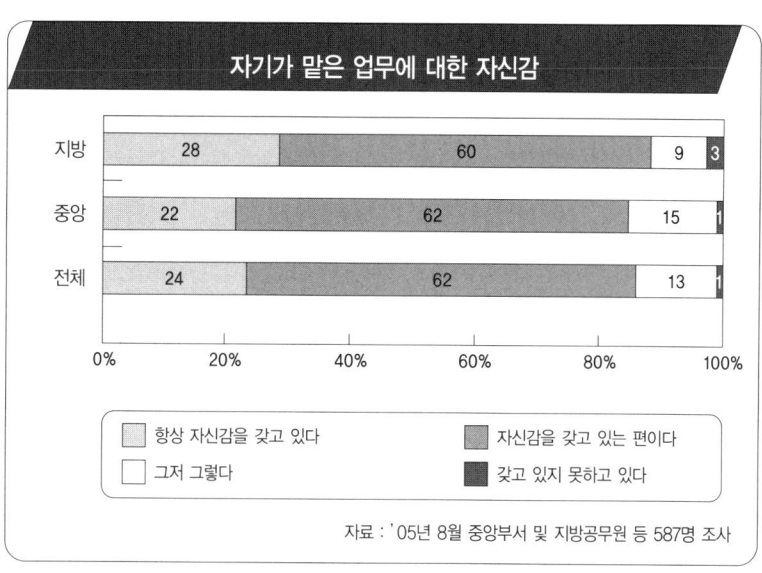

● 시사점

 공직자의 업무에 대한 자심감에 대하여 항상 자신감을 갖고 있다 24%, 자신감을 갖고 있는 편이다 63%, 그저 그렇다 12%, 갖고 있지 못하고 있다 1%로서, 공직자는 87%가 자신감을 갖고 있는 것으로 나타나 매우 긍정적이라고 볼 수 있다.

## 02 국민통합으로 가다

한국인의 결집력이 이룬 성과는 역사가 증명하고 있다.
다시 한 번 하나로 마음을 모아 국민통합을 향해 나아가자.

**우리 국민**은 자긍심과 결집력이 뛰어난 국민성을 가지고 있지만 최근 우리 사회에는 불안심리가 팽배해 있다.

'05년 8월 조사에 의하면 국민의 94%가 이 사회에 대하여 불안감과 불신감을 갖고 있는 것으로 보이며, 또한 연세대 이훈구 교수의 '사회인식조사('04.4월 조사)'에서도 국민의 76%가 이 사회에 대해서 불신감을 갖고 있는 것으로 나타났다. 아울러 우리 사회를 보다 건강하고 풍요로운 사회로 가꾸기 위해 가장 필요한 것에 대한 설문에서 국민들은 자기보다도 상대편을 배려하고, 이해하는 자세를 가장 필요로하는 것으로 나타났다.

최근의 물질지상주의 문화와 개인 이기적인 풍조, 사회지도층의 도덕성 상실 등 총체적인 사회의 부실은 현대 시멘트 문화의 두꺼운 배짱이라고 볼 수 있다.

사실 우리 조상들은 따뜻한 마음씨와 아름다운 인정이라는 핵에너지를 소지하고 있어서 인간관계에서 이탈은 가장 괴로운 고독과 소외감을 느끼는 요소였다. 이제 다시 우리 조상들의 좋은 전통을 이어 받아서 다 같이 더불어 사는 따뜻한 세상을 만들어 보도록 하자.

계곡에 흐르는 물은 돌에 부딪치면 돌아가고 비탈에 이르면 세차게 떨어지고, 평평한 곳에 이르면 유유히 흘러서라도 마침내는 망망대해로 향한다. 반면에 무척 강한 것처럼 보이는 화살은 곧바로 날아가다가도 딱딱한 바위 같은 것에 부딪치면 이겨내지 못하고 이내 부러지고 만다. 한 손바닥보다는 합장의 힘이 많은 힘의 효과가 있으며, 폭포수의 물방울은 갈라서면 약하지만, 다시 합쳐지면 엄청난 힘을 낸다는 것을 기억하자.

## 국민통합의 전제

### 개인과 사회의 통합

통합능력은 개인과 사회 모두에 중요하다. 개인 차원에서 통합은 온전한 자기 정체의 수립과 완성을 의미한다. 한 개인은 삶의 과정에서 인간관계를 넓혀가면서 그에 상응한 정체성의 다원화를 경험한다. 성숙한 개인은 이렇게 다원화된 자기 모습을 하나의 틀 속에서 조화롭게 결합시키는 능력을 발휘하여 나름대로의 확신과 정체성을 형성하여 나간다. 이러한 통합능력이 부족하면 자기분열, 열등감 등에 시달리거나 자 신속의 모습에 동화되어 외골수 인생을 살게 된다.

사회 차원의 통합은 훨씬 복잡하고 어려운 과제다. 우선 통합능력이 결여된 사회의 모습을 그려보면 분열된 사회에서는 평등과 정의와 같은 기본적 가치들에 대한 합의가 존재하지 않는다. 사실상 정의 관념이 없다고 보아도 좋을 지경이다. 아울러 신뢰와 존중도 상실되어 사람들을 묶는 끈은 거의가 이해타산일 가능성이 높다.

이러한 분열의 심화는 자기 그룹과 다른 극단 층과는 또 다른 대립의 각을 세워서 분열의 증세를 낳는다. 같은 생각과 연고의 사람들이 뭉쳐 동지애를 확인하고 그들의 이상을 전체 사회로 확대하려 한다. 그러나 이런 시도는 다른 집단의 저항에 부딪히고 결국 편 가르기와 반목질시, 원한의 감정은 이질성을 용납 못하는 대립의 각을 세우는 것이다. 개인과 마찬가지로 통합에 실패한 사회는 끊임없이 불안에 시달리고 힘을 낭비할 수밖에 없을 것이다.

예를 들면 보수와 진보 간의 이념 갈등, 산업화 세력과 민주화 세력 사회 공헌 갈등, 기득권층과 소외계층 간의 갈등, 대기업과 중소기업 간의 분쟁, 기성세대와 신세대 간 문화의 갈등이 대표적이라고 볼 수 있다.

이러한 갈등을 해소하기 위해서는 서로의 존재를 인정하고 상대에 대한 악감정을 떨쳐버리고 서로의 장점을 살리는 것이 사회 전체의 이익을 실현하는 유일한 길임을 깨달아야 한다. 서로 다른 의견들은 설득과정을 통해 합리적으로 중재될 수 있다는 믿음을 결코 포기해서는 안 될 것이다.

양자택일보다는 상호보완의 논리로 사회현상을 이해하고, 명쾌한 이분법이 아닌 연속적인 스펙트럼을 통해 중간지대의 존재를 인정할 때 사회통합은 가능 할 것이다.

## 맹자(孟子)의 중용 및 화합의 철학

맹자는 전국시대 추나라(지금의 산동성 추현) 사람이다. 태어난 연도는 정확하지 않지만, 지금으로부터 약 2,400년 전에 태어나 향년 80여 세의 고령으로 운명하였다는 설이 있다. 맹모단직교자(孟母斷織敎子), 맹모삼천(孟母三遷) 등으로 보아 주변 환경은 매우 가난하였고, 어렸을 때 학업을 무척 게을리 했던 것으로 보인다.

맹자의 철학과 신념은 공자의 인(仁)을 인정(仁政)으로 발전시켰으며, 성선론(性善論)으로부터 출발하여 "백성은 귀한 존재이며 왕의 존재는 대단하지 않다."고 하는 민귀군경(民貴君輕) 사상을 제기하였다. 이는 당시의 사정으로 볼 때 대단히 고귀한 사상이 아닐 수 없다.

맹자는 혼란이 극에 달한 전국시대를 살아가면서 백성들을 구제하겠다는 일념으로 인정(仁政)과 왕도(王道)를 표방하여 일생동안 분주히 천하를 돌아다녔다. 하지만 그의 주장은 세상에 받아들여지지는 않았다. 그래도 자신이 옳다고 믿는 것을 부단히 추구하는 이 불굴의 정신은 지금까지 사람을 감동시키기에 부족함이 없다.

또한 그는 매우 원만한 처세방식을 갖고 있었는데 복잡한 세상사와 다변하는 시세는 사람들에게 상황에 따라 신속하게 대처할 것을 요구하고 있으니 궁극적으로 사람의 원만한 처세는 사물의 객관적인 규율을 정확히 파악하는 데서 비롯되며, 인생을 깨치는 데서 비롯되는 것이다.

## 부질없이 한 쪽만 보고 사는 어리석음

매미가 나무에 앉아서 이슬을 마시고 있었다. 이슬을 마시는 데 정신이 팔려 뒤에서 사마귀가 노리고 있는 것을 까맣게 몰랐다. 또한 사마귀는 매미에게 정신이 팔려 옆에서 참새가 노리고 있는 것을 모르고 있었다. 또 참새는 참새대로 사마귀에 정신이 팔려 밑에서 사람이 노리고 있는 것을 모르고 있었다.

이 세 관계는 눈앞의 먹을 것을 잡고자 열중하여, 자기 주변의 위험을 전혀 모르는 어리석음을 표현하고 있다. 세상은 혼자서는 살 수 없으며 서로 간의 도움과 격려가 필요할 때가 너무나 많다. 지금 우리의 아파트 문화를 한 번쯤 되돌아보면 우리들의 문화가 얼마나 편협하고 소극적으로 생활하고 있는 것을 느낄 수 있을 것이다. 서로의 마음의 벽을 허물고 자세를 낮추고서 상대를 배려하는 마음을 가져보도록 하자.

## 국민화합이 잘 되는 나라가 강대국이 된다

### 정치적 합의문화를 이끌어 낸 "독일"

과거 독일은 1600조 원 규모의 통일비용 영향으로 심각한 재정적자의 위기에 빠졌다. 또 경직된 노사관계와 놀고먹는 복지에 따른 고질적인 '독일병'으로 경기 침체까지 겹쳤다.

이러한 국가적 위기를 타개하기 위해 나온 카드가 대연정(정치적으로 다른 세력이 서로 정권지분을 나누어 정치를 하는 것)이었다. 집권 사민당이 좌파연합을 버리고 우파와 40년 만에 대연정을 선택한 것이다.

메르켈 총리는 대연정을 바탕으로 기업 법인세율을 낮추고 실업급여 요건에 대한 심사를 강화하여 기업하기 좋은 환경을 만드는 등 경제 살리기에 나섰다.

## 계층 간의 화합을 바탕으로 경쟁력 제고를 이룩한 "싱가포르"

싱가포르는 국가가 형성되던 1959년 당시 사회갈등 위기에 직면했다. 영국식민지에서 독립하여 자치정부가 첫 출범했는데 사회 전반에 인종과 이념, 계층 간 갈등이 만연한 상황이었다.

이에 리콴유 초대 총리는 중도우파적 정책을 통해 경제 활성화와 민생안정에 주력했다. 또한 청렴하고 소탈한 리더십으로 확고히 다진 국민지지를 기반으로 이념 통합과 계층 간 화합을 강력히 추진하여 종교별로 최소 하루 이상 공휴일을 지정하는 등 각 민족 고유문화를 존중하고 다양성 속에 조화를 추구했다.

이러한 통합노력과 확고한 리더십은 그 후 싱가포르가 가파른 성장을 이루는데 튼튼한 기반이 되었다.

## 뿌리 깊은 지역갈등을 극복한 "스페인"

바르셀로나가 포함된 카탈루냐 지방은 정체감이 강하고 독립 의지가 높은 지역으로 항상 스페인 사회통합에 장애요인이었다. 스페인 정부는 이 같은 지역갈등을 완화하기 위해서 1978년 헌법에 의해 지역공동체들이 스스로 희망하는 권한과 지위를 결정할 수 있는 지방자체제도를 실시하였다.

특히 독자적인 문화 보존과 세계적인 수준으로 확산을 골자로 한 언어·문화정책을 지방정책의 핵심에 두어 갈등을 성공적으로 완화시킬 수 있었다.

### 언어와 종교문제를 잘 극복하여 사회통합을 이룬 "스위스"

스위스는 프랑스어, 독일어, 이탈리아어, 로망어 등 4개 국어를 사용할 만큼 다른 인종과 언어, 그리고 가톨릭(보수파)과 신교(진보파) 간 종교문제로 과거 많은 갈등과 대립을 겪었다. 그러나 상대방을 적이 아닌 파트너로 인정하고 각 정파·종교집단 간 타협과 협상을 통해 권력을 공유하는 한편 국가와 관련한 중요 사안을 직접민주주의를 통해 해결하는 정책을 펼쳐 '승자독식' 문제를 극복하였다. 그렇게 통합문화로 바뀌나가면서 스위스는 국민소득 3만 8000천 달러인 부자나라, 경쟁력 있는 나라로 변모하였다.


## 국민통합의 길로 가는 길

### 서로 이해하고 배려하는 마음 필요

폭풍우가 몰아치면 새들도 어쩔 줄 모르고 불안해하며, 날씨가 화창하고 바람이 온화한 때에는 초목에 이르기까지 기쁨에 넘친다. 이것은 우주만물의 순리이며 자연의 법칙이다. 하물며 만물의 영장인 우리 인간 세상에는 더할 나위 없는 즐거움과 행복, 보다 믿을 수 있고 신뢰받는 건강한 사회가 필요하다.

우리 사회가 보다 건강하고 풍요로운 사회로 가기 위한 전제조건으로 가장 시급한 내용을 알아보면 다음과 같다.

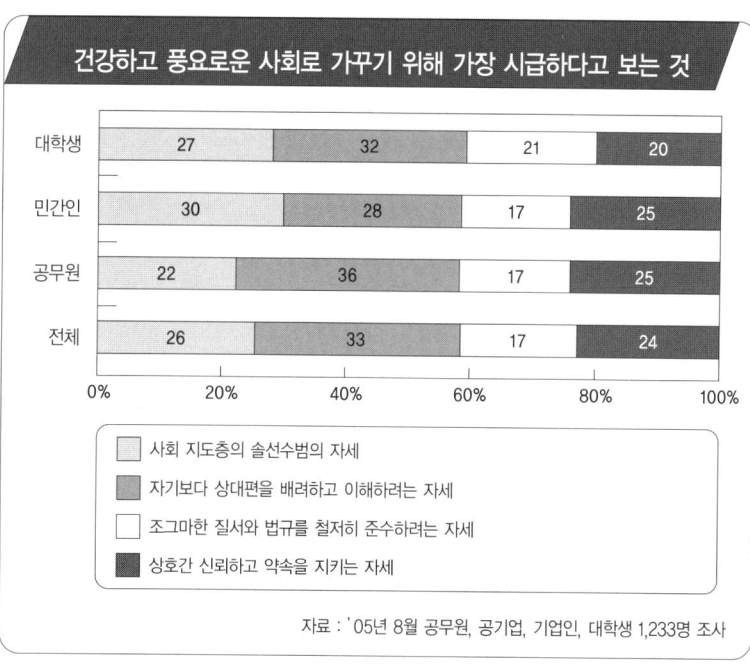

건강하고 풍요로운 사회로 가꾸기 위해 가장 시급하다고 보는 것

| | 사회 지도층의 솔선수범의 자세 | 자기보다 상대편을 배려하고 이해하려는 자세 | 조그마한 질서와 법규를 철저히 준수하려는 자세 | 상호간 신뢰하고 약속을 지키는 자세 |
|---|---|---|---|---|
| 대학생 | 27 | 32 | 21 | 20 |
| 민간인 | 30 | 28 | 17 | 25 |
| 공무원 | 22 | 36 | 17 | 25 |
| 전체 | 26 | 33 | 17 | 24 |

□ 사회 지도층의 솔선수범의 자세
■ 자기보다 상대편을 배려하고 이해하려는 자세
□ 조그마한 질서와 법규를 철저히 준수하려는 자세
■ 상호간 신뢰하고 약속을 지키는 자세

자료 : '05년 8월 공무원, 공기업, 기업인, 대학생 1,233명 조사

● 시사점

　　자기보다 상대편을 배려하고 이해하려는 자세 32%, 사회지도층의 솔선수범의 자세 26%, 상호간 신뢰하고 약속을 지키는 사회 24%, 조그마한 질서와 법규를 준수하려는 자세 17% 등으로 나타났다. 건강하고 풍요로운 사회로 가기위해서는 자기보다도 상대편을 배려하는 자세를 중요시 하였다.

### ● 입장을 바꾸어서 생각해 보자

높은 지위에 있을 때는 그 지위가 위태롭다는 것을 모르지만, 낮은 곳에 있어 보면 그 위험을 잘 알게 되고, 어두운 곳에 있어 본 뒤에야 밝은 빛이 눈부신 것을 알게 된다. 한가하게 살아 보아야 비로소 열심히 활동하고 있는 자가 너무 수고로운 줄을 알게 되며, 침묵을 지켜 본 후에야 비로소 말이 많은 것이 시끄러울 뿐이라는 것을 안다. 고귀함과 비천함, 어둠과 밝음, 조용함과 떠들썩함, 침묵과 수다를 대비하여 입장을 바꾸어서 생각하는 마음을 가져 보자.

### ● 어려움에 처하면 나보다 못한 사람을 생각하여 보자

사람은 하는 일이 뜻대로 안 되고 스스로 불행하다 여기면 곧 실의에 빠져서 원망하고 탓하는 마음이 생겨 까닭 없이 하늘을 원망하고 남을 탓하게 된다. 그러나 어려움에 처하거나 자신이 스스로 불행하다 싶으면 나보다 못한 사람이 있음을 생각하여 마음을 고쳐먹고, 나태함에 빠질 때에도 열심히 사는 사람들을 생각해서 의욕을 되찾는 일이 무엇보다 중요하다. 삶을 대함에 있어 부정적인 태도보다는 긍정적인 자세를 유지하자.

### ● 깨끗한 것은 더러운 것에서 나온다

옛날 인도의 큰길가에는 연못이 많이 있었다. 그 연못에는 쓰레기가 산더미처럼 버려져서 진구렁을 이루고 있었다. 그리고 그 진흙 구덩이 속에서 눈부시게 피어나는 연꽃이 있었다. 연꽃의 순결함과 청정(淸淨)함, 그 신비스러운 관계에 석가세존께서는 눈을 돌리셨다. 연꽃의 잎 표면에는 무수한 솜털이 나 있어서 물기를 배척하므로 어떤 이물질도 받아들이지 않는다. 환경에 지배당하지 않는 힘을 가지고 있는 것이다. 따라서 진흙 속에서 피면서도 순결한 것이 바로 연꽃인 것이다.

　우리 인생도 이와 크게 다르지 않다. 가난하고 누추한 생활을 하는 사람도 가난과 누추함이 깊으면 싶을수록 아름답고 기품 있는 생활을 더욱 확실히 보장받을 수 있는 것이다. 밑바닥에 처해 있다고 절망할 것이 아니다. 오늘도 더러운 진흙 속에서 연꽃은 피어나고 있으며, 찬란한 태양을 맞이하고 있다.

### ●반도체 명인 황창규 사장
#### "멀티 프로세싱형 인재와 T자형 인재"를 말하다

　멀티 프로세싱형(Multi Processing) 인재란 빠른 기술변화와 정보 흐름, 조직 내 인력관리, 경쟁사의 움직임 등 시시각각으로 돌아가는 다양한 부문들에 민첩하고 체계적으로 반응하는 사람을 말한다. 한 가지를 정말 잘하기 위해서는 여러 가지 멀티 프로세싱을 할 수 있는 능력이 있어야 한다는 것이다.

　또 T자형 인재란 빠르게 변화하는 시대에 적합한 인재로, 자신의 분야에 깊이가 있고 독특한 창의력을 갖고 있으면서 다양한 분야를 수용할 수 있도록 뛰어난 커뮤니케이션 능력으로 다양한 정보를 끌어 올 수 있는 사람을 말한다.

### 사회지도층 인사의 훌륭한 리더십 필요

　갈등과 대립이 끊이지 않는 지구촌에서 가장 필요한 리더십 덕목은 화합인 것으로 나타났다. 세계를 이끌 지구촌 지도자 베스트 11에서 제1위는 인종차별을 화합으로 풀어낸 넬슨 만델라 전 남아프리카공화국 대통령이 꼽혔으며, 제3위는 티베트의 정신적 지도자 달라이 라마로 나타났다('05.10.3 영국 BBC방송 전 세계 베스트 11 선정 발표).

여기에서는 전 미국대통령 케네디와 중국 전 주석 덩샤오핑의 리더십을 소개하겠다.

### ●케네디 전 미국 대통령의 미래지향 리더십

케네디 전 미국 대통령은 짧은 재임 기간에도 불구하고 미국 국민이 가장 사랑하는 지도자로 남고 있다. 그리고 그의 '대통령 후보 수락사'가 그 이유를 알려준다.

그는 집권 공화당 실정을 공격하는 대신 미래의 비전으로 승부를 걸고자 했다. "우리는 어두운 과거를 욕하기보다 미래를 위한 불을 밝히기 위해 이 자리에 있다. 우리가 만약 현재와 과거 간 싸움을 붙인다면 미래를 잃는 위험에 처할 것이다." 라고 출마의 이유를 밝혔다.

그가 미래의 비전으로 제시한 '뉴프런티어'는 국민에게 더 많이 베푼다는 '약속'이 아니라 더 자유롭고 풍요한 미래를 위한 국민의 인내와 희생의 '요구'였다.

케네디가 대통령에 도전했을 때도 세계정세는 급변하고 있었다. 소련이 군사, 기술적으로 바짝 추격하고 있는 가운데 전 세계에 걸쳐 공산주의가 세력을 넓히고 있었다. 미국 경제와 기술력은 정체되면서 인종 간 문제가 심화되고 국민의 사기도 떨어지는 상황이었다. 그는 미국을 그렇게 만든 과거 집권세력을 비판하기보다는 국민 에너지를 규합할 수 있는 비전을 제시하는 길을 택했던 것이다.

## ●덩샤오핑 주석의 실사구시 철학과 포용의 리더십

80년 권력의 정점에 오른 후 그가 가장 먼저 한 일은 쥐를 잡는 고양이가 좋은 고양이라면 돈 버는 농민이 좋은 농민이라며 마음껏 농지를 활용케 하는 것이었다. 그리고는 마오쩌둥이 외국산 기계 수입과 외자유치를 금지한 쇄국정책을 즉각 바꿔 1인당 소득 2000달러 달성 목표를 정했다.

덩샤오핑이 첫 번째로 잘한 것은 15년간 경제와 개혁개방을 줄기차게 밀고 나간 점이다. 바로 '1개 중심점 2개 기본점'이 그것이다. 1개의 중심점은 경제건설이고, 2개의 기본점은 개혁과 개방이란 2개의 기둥을 말한다.

'78년 선전의 뤄후에 이르렀을 때 안내자가 "해마다 1만8000여 명이 홍콩으로 탈출하거나 대책이 없다."고 하자 덩샤오핑은 "그럼 여기에 홍콩 못지않은 도시를 만들면 되지 않겠느냐."고 했다. 특구의 발상이 나온 순간이었다.

그는 '91년 남순강화(南巡講話)의 길에 상하이에 들러 "몇 년 전에 상하이를 특구로 지정하지 않은 것은 나의 실수."라고 했고, 선전과 주하이에 들러서는 "더 개혁하고 더 개방하라. 우려해야 할 것은 다급함이 아니라 주저함이다."라고 했다고 한다.

두 번째로는 결속과거 개벽미래(結束過去 開闢未來 : 과거를 닫고 미래를 열자)노선과 화합을 강조하는 포용력이었다.

당시 중국은 국경분쟁으로 러시아와 줄곧 앙숙이었다. 그리고 마침 고르바초프가 찾아왔을 때 그가 꺼낸 첫마디가 바로 위의 여덟 글자였다. 중국을 가난과 피폐에 빠뜨린 문화혁명을 비판하는 '혁명에 대한 혁명'을 전개해 자본주의 노선을 접목하면서도 마오쩌둥 체제를 부인하지 않음으로 인민을 통합한 것이다.

문화대혁명을 통해 덩샤오핑이 주자파라 해서 건국 동지 마오쩌둥에게 받은 박해는 인간적 증오심을 갖기에 충분하다. 그 당시 65세의 당 총서기가 시골 트랙터 공장 선반공으로 쫓겨나고 집안은 풍비박산이 됐으며 장남은 홍위병의 폭행으로 반신불수가 되었다. 덩샤오핑뿐만 아니라 건국의 공로자들이 참혹한 핍박을 받았고, 마오쩌둥이 죽고 나서야 덩샤오핑과 그 동지들이 다시 권력을 잡았다.

마오쩌둥에 대한 원한과 상처는 많았지만 그들은 천안문의 초상화에 손대지 않았다. 당 주석이었던 마오쩌둥의 권위를 훼손하면 현 권력의 권위도 손상된다는 것을 알았던 것이다. 오히려 그 권위를 나라를 다스리는 데 활용, 당의 정식 결의를 통해 "모주석이 만년에 과오를 범했지만 전 생애를 통해 볼 때 중국혁명에 대한 공로가 과오보다 훨씬 많으므로 공적이 먼저고 과오는 그 다음이다."라고 매듭을 지어버렸다.

세 번째로 정치가 경제의 발목을 잡지 못하게 확실하게 방풍막이 돼준 점이다. 정치적 파탄에서 경제적 재건으로 나라를 움직여간 그는 정치적 통합이야말로 경제성장을 위해서나 경제전쟁에서 중국을 방어할 방패이자 적을 공격할 창이라고 했다. 국가주석에 오르고는 지역감정이 싹틀까봐 고향에는 평생 한 번도 들르지 않았다.

네 번째는 해외관계에서의 줄타기 솜씨다. 그는 중국의 거대한 시장과 노동력을 커다랗고 기름진 고깃덩어리에 비유했다.

톈안먼(천안문)사태로 서방이 제재를 가하고 비판하자 "저들은 기름진 고깃덩어리를 뜯어먹으러 올 것이다."라고 확신했다. 그리고 과연 3년도 지나지 않아 일본과 영국은 물론 미국 자본까지 물밀듯 밀려 왔다. 덩샤오핑의 이교노선은 "미국을 재주껏 이용하고 단호하게 대처할 것." 이었다.

이 밖에도 그는 후계자 양성과 인물을 기용하는 데 비범함을 보였다. 마오쩌둥처럼 정신이 혼미해질 때까지 기다리지 않고 장쩌민(江澤民)을 확고한 후계자로 밀어준 데서 그의 위대함이 드러난다. 재주는 많지만 혼자만 튀는 차오스나 리펑(李鵬)은 배제하고 똑똑하지도 우둔하지도 않지만 원만한 장쩌민을 세운 것이다.

### ●세월을 알고 있는 느티나무 뿌리의 조율 리더십

유서 깊은 농촌마을의 정자그늘 아래 편안한 휴식처에는 커다란 아름드리 느티나무 고목이 있다. 이 나무는 그 동네의 역사를 상징한다. 이처럼 오랜 생존의 비결은 바로 느티나무의 뿌리가 주춧돌 역할을 다하며 줄기를 통하여 마지막 잎새 하나에까지 양분을 골고루 공급하기 때문이다 지금 우리 사회에는 바로 이 느티나무 뿌리의 주춧돌과 같은 역할과 조율 등 다른 사람을 위하여 보다 많은 것을 헤아려 볼줄 알고, 배려하는 리더십이 필요하다.

### ●갈대의 유연성과 균형의 원리를 갖춘 리더십

갈대는 마디와 마디 사이가 여러 개의 잎으로 부드럽게 연결되어 있어 비바람과 홍수가 덮쳐도 자연스럽게 충격을 완화, 바람 부는 곳과 물이 흐르는 쪽으로 향하여 쉽게 부러지지 않는 관성을 갖고 있다. 그래서 갈대가 유연한 것이다. 아마도 넓은 저수지나 들판에서 비바람을 엄호하여 줄 만한 은신물이 없기에 스스로가 어려움과 위기를 극복하기 위한 천혜의 자구책으로 보인다. 반면 갈대와 유사하지만 산가에서 주로 자라는 억새풀은 몇 개 소수의 마디로만 연결되어 있어 유연성이 떨어진다.

아울러 갈대의 꽃과 열매는 어느 한 쪽으로 치우치지 않고 좌·우 대칭으로 항상 균형을 유지하고 있어 매서운 한파와 눈보라가 몰아쳐도 뿌리에서 영양 공급이 끊길 때까지 잎과 꽃은 생존하고 있는 것이 일반적이다.

이처럼 우리 사회도 갈대의 유연성과 균형의 원리처럼 다른 사람을 위하여 이해하고 배려하는 마음을 갖으면서 자기의 중심을 잃지 않는 철학을 향유하였으면 한다.

도시의 복잡한 시멘트 문화의 공간을 잠깐 잊고서 넓고 넓은 강가의 소슬한 바람과 함께 부드럽고 유연한 갈대를 떠올려보라. 인생에 대한 새로운 의욕과 맛, 미래를 위한 자신의 무한한 가능성과 사명감을 마음껏 느낄 수 있지 않을까.

# 03 국가경쟁력이 살 길이다

일국의 생활수준은 그 나라의 기업들이
높은 수준의 생산성을 달성하고 장기적으로 생산성을
계속 증가시켜 나가는 능력에 의해 결정된다.


**국가경쟁력**(National Competitiveness)은 표현과 내용이 광범위하여 명확한 기준은 없다. 하지만 최근 세계 국가경쟁력 양대 평가기관인 세계경제포럼(WEF)과 국제경영개발원(IMD)의 권위와 신뢰도는 갈수록 영향력이 커지고 있는 실정이다.

특히 우리 산업구조는 수출과 해외의존도가 높은 산업임을 감안, 향후 국가경쟁력을 획기적으로 높이기 위한 양대 평가기관의 주요 이슈와 방향, 특징 등을 철저히 분석하여 이에 대한 대응체제를 강구하고, 객관적인 통계수치 등도 재정립해야 하며 아울러 양대 평가기관에서 제외된 내용이라도 우리 국민들이 갖고 있는 성장잠재력, 보이지 않는 결집력 등은 국가경쟁력 향상에 적극적으로 포함시켜야 한다.

이번 장에서는 국가경쟁력의 개념과 주요평가기관의 평가기준과 특징, 최근 우리나라의 국가경쟁력의 실태와 취약점, 국내·외 국가경쟁력의 훌륭한 사례 등을 소개하여 경쟁력 향상방안으로서는 기업 경쟁력, 산업 경쟁력, 국민 경쟁력, 정부 경쟁력 등으로 세분하였으며 정부 경쟁력강화 방안에서는 설문결과를 참조하였다.

## 국가경쟁력의 개념 및 평가기관

### 개념

국가경쟁력(National Competitiveness)은 국민들에게 높은 생활수준을 제공할 수 있는 생산성의 향상이라는 국가의 중요한 목표이다. 여기서 생산성이란 한 단위의 노동이나 자본으로 생산되는 산출량의 가치를 말하며, 이러한 생산성은 일국의 장기적 생활수준을 결정하는 중요한 요소이다.

국가경쟁력에 영향을 미치는 중요한 요소들은 정치체제, 경제체제, 교육제도, 국방비 지출수준, 사회간접자본, 사회보장제도, 자본비용, 정부의 역할, 국민의 자세 등을 들 수 있으나 이에 대한 세계 각 국의 평가기준과 방법은 다양하다.

### 국가 경쟁력 평가기관

통상적으로 세계에서 가장 많이 인정받고 있는 국가경쟁력에 관한 평가기관은 WEF(스위스 세계경제포럼연구소), IMD(스위스 로잔 국제경영대학)가 있고, 국내에는 IPS(산업정책연구원)가 있다.

IMD는 국가경쟁력보고서의 창시기관으로 1979년 이후 8개의 경쟁력 요소와 288개의 지표 등을 바탕으로 연간 발표를 하고 있으며, 주로 통계비중에 중점을 두고 있어 미국과 같은 대국에 유리하다.

WEF는 1996년 이후 4개 분야 (거시경제, 기술, 공공기관, 기업경쟁력)를 대상으로 계속 발표를 하고 있으며, 주로 기업중심 보고서(기업인 체감도 )로서 핀란드·싱가포르 등 소수 국가에 유리하다.

우리나라의 평가기관인 IPS는 2000년부터 9Factor 이론과 9가지 요소를 바탕으로 경쟁력을 발표하고 있다. 참고로 기업경쟁력에 초점이 맞추어진 개념으로서는 IMD 방식, 고부가가치 산업 등 매력적인 산업에서 높은 점수가 부여되는 M. Porter 교수의 개념, 높은 생활수준을 유지할 수 있는 국가능력에 중점을 두는 WEF 개념이 있다.

이러한 3가지 국가경쟁력 개념은 서로 공통적인 요소를 많이 가지고 있는데, 그중에서도 중요한 공통점은 국가경쟁력을 단순히 나타난 실물경제의 경제성과로 평가하는 것이 아니라 경쟁력의 원천이 되는 요소, 이들 요소를 활용하는 기초가 되는 경제시스템과 구조, 그리고 기업과 정부 등 경제주체의 능력과 효율성 등을 종합적으로 평가하고 분석하는 것이라는 점이다.

## 우리나라의 최근 국가경쟁력 실태

### '04년, '05년도 세계경제포럼(WEF) 평가기준

#### ● '04년도 기준

WEF 기준 우리 한국의 글로벌 경쟁력 지수 순위는 26위로 아시아에서는 싱가포르(7위), 홍콩(8위), 일본(10위), 대만(11위), 중국(32위) 다음이다.

부문별로 보면 기술경쟁력과 환경관리체계는 9위, 에너지효율성 18위, 기업연구개발지원 21위, 경쟁력 향상 위한 노력 24위 등이며, 반면에 거시경제 환경지수(정부의 재정능력, 은행시스템, 인플레이션 압력 등)에서는 35위로 국가경쟁력 순위보다 나빠지고 있다. 이는 중소기업의 자금난, 신용불량자, 건설경기의 하락, 실업률의 증가 등이 영향을 미친 것이다.

또 공공부문의 경쟁력은 41위로서 역기 국가경쟁력 순위보다도 낮다. 기업경쟁력지수는 24위로 지난해와 비슷한 것으로 나타났다. 또한 입법기관의 효율성 81위, 노동시장 효율성 85위, 은행건전성 77위, 외국인노동자 고용의 용이성 99위, 농업정책의 비용 77위, 모성보호관련 법률이 여성고용에 미치는 영향과 민간분야 여성고용 102위 등으로 나타났다.('04.10.14, '04.12.10 동아일보)

● '05년도 기준

'05년의 경우 17위로서 전년도에 비해 상승폭이 높았으며 일본, 영국, 독일과 비슷한 경쟁력을 보이나 낮은 경제성장률과 높은 실업율을 기록하고 있는 프랑스나 이탈리아 보다는 경쟁력이 앞서는 것으로 나타났다.

부문별 내용을 보면 광대역통신망 가입지수 1위, 특허생산성 및 환율안정성 2위, 인터넷 사용자수 3위, 기업에서 소비자 만족도의 중요성 4위 등으로 발전 인프라와 기술관련 분야는 세계에서 유수의 수준인, 반면에 정부 분야에서는 42위로서 조세관련 부패 61위, 수출입관련 부패 51위, 공공요금관련 부패 49위 등으로 나타났다.

또한 기업분야에서 노사관계의 적대성 81위, 한국기업에 대한 외국인 소유의 배타성 61위로 나타났다. 경제분야에서는 25위이지만 국제투자 51위, 정부낭비요소 32위, 국가신용등급 28위로서 국가경쟁력보다 하위로 나타났다.

## 국가경쟁력의 취약 분야

### ● 정치인들의 정치 행태

지금으로부터 2500년 전 「공자」는 세계평화와 백성들을 위하여 천하를 순회하면서 치국 3요소, 즉 식(食), 병(兵), 신(信)을 주창하면서 "먹을 것이 풍부하며, 군대가 막강하고, 믿음이 서야한다." 라고 강조하였다. 특히 정치의 중요성에 대해서는 "가혹한 정치는 호랑이보다도 무섭다."는 일화를 다음과 같이 소개하였다.

공자가 제(齊)나라를 방문할 때 태산을 지나가게 되었는데 어떤 부인이 슬프게 우는 소리가 있어 제자 자공을 시켜 무슨 이유가 있는지 알아보았다. 그 부인이 말하길 시아버지와 남편, 아들까지 모두 호랑이에게 물려서 죽어 너무 운명이 가혹하여 울고 있었다고 대답하였다. 자공이 그러면 왜 이곳을 떠나지 않고 있는지를 물었더니만 다시 대답하길, 이 고을의 정치가 안정되어 생활이 편하기 때문이라고 대답하였다.

우리나라의 정치지도자들의 행태는 국민들에게 희망과 꿈 등 새로운 비전을 제시하기보다는 정치적 무관심과 더불어, 무력감과 피해의식을 불러들이고 있어 국가경쟁력의 커다란 저해요인이 되어 있다('04년 WEF 기준 입법기관 효율성 81위).

참고로 학생들에게 가장 존경하는 직업인을 선택하도록 하는 설문에서 국회의원을 선호하는 학생은 단 한 명도 없는 것으로 나타났다('05년 8월 초, 중, 고, 대학생 519명 조사).

## ●노 · 사간의 갈등문제

'04년도 우리나라 노동시장의 효율성은 WEF기준 85위이며 '05년도에는 노사관계의 적대성이 81위로 나타났다.

60~80년대 중반까지의 열악한 근무환경과 통제된 여건 아래서는 대다수 국민들이 근로자들의 권익보호 등에 대하여 공감대를 형성하여 이해를 같이하여 왔지만, 지금은 그 당시와 상황이 많이 바뀌어 노 · 사간의 원만한 타협과 대화를 중시하는 상생의 노사관계를 원하고 있는 것으로 나타나고 있다.

이러한 분위기 속에서 경영활동이 원활해져 생산성과 효율성이 극대화되고, 국내경제와 국제무역을 개선시켜 고용창출을 이룰 수 있다고 본다.

## ●공공부문의 경쟁력 하락문제

공공부문지수는 공공기관의 건전성과 효율성, 부패정도, 법의 공정성 등을 평가하는 것으로 우리나라의 순위는 '02년 32위, '03년 36위, '04년 41위, '05년 42위로 계속 하락하고 있는 실정이다.

공공분야의 조세관련 부패, 수출입 관련 부패, 공공요금 관련 부패 등이 하락률의 주원인이니 부정부패를 근절하고 또한 정부정책의 예측가능성과 확실성을 높이고 일관성을 유지하고 불필요한 규제를 철폐하여 행정의 투명성을 높여야 할 것이다.

# 국내·외의 주요한 사례를 중심으로 본 국가경쟁력 우위의 사례

### 일본 캐논의 기업경쟁력

지금 일본 열도는 캐논 배우기 열풍에 휩싸여 있다. 어느 기업이건 캐논의 경영전략을 배우려는 연구회가 우후죽순처럼 생겨나고 있고 서점에서는 캐논 관련 서적이 날개 돋친 듯 팔려나고 있다. 뿐만 아니라 각 언론은 전자왕국 일본의 미래는 일본식 경영을 고수해온 캐논이 이끌고 갈 것이라며 극찬을 아끼지 않고 있다.

캐논의 지난해 영업이익률은 15.7%로 일본의 전자메이커들이 대부분 1~3%의 낮은 영업이익률을 보이고 있는 것과는 대조적이다. 또한 투하자본수익률, 자기자본이익률도 각각 17.9%, 16.8%로 세계 최고수준이다.

캐논은 니혼게이자이신문이 2200여개의 일본기업을 대상으로 실시한 우수기업 평가에서( '05년 3월) 도요타, 소니 등 쟁쟁한 회사를 물리치고 제1위에 올라섰다. 캐논은 매년 3000건이 넘는 특허를 취득하는 세계 최고의 기술기업이자 셀(cell)방식으로 대표되는 독특한 생산방식으로 혁신을 주도하는 벤치마킹의 대상이기도 하다. 캐논의 특징은 종신고용제로 대표되는 「일본식 경영」에 성과주의를 접목한 것으로, 일본 기업이 나아가야 할 새로운 방향을 제시한 것이다.

### 원칙과 청렴의 상징인 싱가포르 리콴유, 공공부문의 경쟁력

아시아의 리더, 권위주의적 독재자, 철인왕(Philospher King) 리콴유 왕조. 리콴유 싱카포르 고문장관(minstor mentor)에 대한 서방

언론의 평가는 이처럼 극단을 오간다. 하지만 그가 '싱가포르주식회사'의 최고경영자 역할을 하며, 총리에 취임하던 당시 1인당 500달러에 불과하던 GDP(국내총생산)를 1990년 물러나던 때에는 1만 2200달러로 키워 변방의 작은 나라를 일류국가로 발전시켰다는 데 이의를 다는 사람은 없다.

그는 1965년 총리에 취임한 후 26년간 총리직을 맡았으며, 퇴임 후에도 선임장관, 고문장관, 싱가포르 투자청 회장직 등의 직함을 유지하며 막강한 영향력을 행사하고 있다. 하지만 다른 독재자와는 달리 국민들로부터 신뢰를 받고 있다. 그의 철저한 원칙 준수가 이유다.

그는 잘못을 저지른 고위층을 가차 없이 처벌했을 뿐 아니라 자신에게도 엄격한 도덕적 잣대를 적용하여 모범을 보여 왔다. 예를 들면 고급 콘도미니엄 구입과정에서 분양금 중 일정액을 할인받았다는 의혹을 받자 주저 없이 자신에 대한 조사를 요구한 게 단적인 예다. 조사결과 부패의혹은 사실무근으로 판명됐지만 그는 국민들에게 심려를 끼쳤다며 합법적인 할인금 전액을 자선단체에 기부했다.

원칙준수는 노동조합에도 그대로 적용됐다. 그는 노조를 대상으로 싱가포르의 불안한 경제상황을 설명하며 국가발전을 위해 '노동시간' 대신 '노동성과'에 따라 임금이 결정돼야 한다는 점을 꾸준히 설득했다. 하지만 불법 파업이 발생하면 노조해산이란 강경책을 과감히 선택하였다. 참여를 유도하고 설득을 지속하되 원칙을 지키고, 이해관계들에서도 넘을 수 없는 선을 명확히 제시하는 공정한 절차와 방법을 사용한 것이다. 그는 국가발전이란 목적에 부합되면 아무리 민감한 문제라도 소신을 당당히 밝힌 뒤 밀고나가는 추진력을 갖추었다는 평가를 받고 있다.

## 노르웨이 바이킹의 저력

노르웨이는 바이킹의 나라다. 바이킹(viking)이란 말은 '입구'를 뜻하는 노르웨이어 비크(vik)에서 나왔다. 바이킹의 침략을 받은 영국이나 프랑스는 그들을 '머리에 뿔이 난' 해적으로 묘사했다.

8~11세기경 배를 타고 먹을 것을 찾아 나섰던 바이킹이야말로 경쟁이 없는 '블루오션' 전략의 원조였다. 그래서 노르웨이 사람들은 선조 바이킹들에 대해 대단한 자긍심을 갖고 있다.

중세 노르웨이의 부유층은 1부 2처제로 장남이 모든 재산을 상속받는 관습이 있어서 동생과 서자는 생존을 위하여 바이킹이 되어 외부로 나갈 수밖에 없었는데, 이때 바이킹이 이용한 수단이 배였다. 스칸디나비아의 넓은 삼림에 많은 나무들과 주변의 바다, 빙하가 녹아서 생긴 피오르드와 함께 해안선도 복잡하여 자연히 조선술과 항해술이 발달한 것이다.

바이킹은 한 배에 30명가량을 태운 전투함을 이끌고 잉글랜드와 프랑스, 아일랜드, 스코틀랜드 등을 정복했다. 뱃머리와 후미가 똑같아 앞뒤 방향전환이 필요 없는 뾰족한 배는 기습작전에 안성맞춤이었다. 이 때문에 바이킹은 유럽에서 공포의 대상이었다.

이후 바이킹의 후예들은 조선과 해운업을 발달시켜 오늘날 부국의 원천을 만들었고, 지금은 한국 면적의 4배정도인 노르웨이는 인구 500만 명이 1인당 4만 2200달러의 소득으로 풍요롭게 살고 있다.

## 민·관의 혼연일체 신화, 한국의 새마을 운동

60년대 후반 우리 농촌은 사람은 많고 먹을 것은 부족해 새로운 재건운동이 필요했다. 이에 따라 근면, 자주, 협동정신을 바탕으로 '잘 살아 보자' 라는 구호 아래 마을, 면, 군 단위로 주민들과 관이 몸과 마음을 같이 하면서 농로와 도로, 농촌주변 환경 등을 새롭게 단장하였다. 이 재건운동은 정신적으로는 할 수 있다는 강한 신념을 주었고, 우리는 자신감을 회복하였다.

이와 같은 평범한 운동이 기폭제가 되어 전국적으로 확산, 지금의 농촌 근대화운동의 효시가 되었고, 아울러 도시에서도 '도시 새마을 운동'이 전개되어 도시주변 환경을 깨끗이 하고 협동하는 운동이 전개되었다.

최근에는 이 새마을 운동이 베트남, 캄보디아, 인도네시아, 말레이시아 등 동남아 주요국가와 중국 등에서 높이 평가 받고 있어 우리에게서 경험 등을 전수 받고 있다.

## 전자정부 세계 1위, 서울

한국의 수도 서울시가 2005년 세계100대국가 도시전자정부 평가에서 2003년에 이어 2004년에도 세계에서 연속 1위에 올랐다. 2위는 미국의 뉴욕이며 중국 상하이, 홍콩, 호주 시드니, 싱가포르, 일본 도쿄 순으로 나타났다('05년 성균관대와 미국 럿거스 뉴저지주립대, 세계 100대국가 공동 조사 결과). 이는 세계 100대국가 도시의 보안 및 개인정보 보호, 사용편이성, 내용구성, 행정서비스, 시민참여성 등 5개 영역을 공동분석한 결과로 밝혔다.

서울시의 경우는 보안 및 행정서비스, 내용구성, 시민참여도 등 4개 부분에서 1위를 차지했는데 특히 홈페이지(www.seoul.go.kr)에 모바일 서비스와 실시간 토론, 제안마당, 사이버 정책포럼 등을 이용해 공무원과 시민이 양방향 대화의 창구로 활용한 것이 높은 점수를 받은 것으로 보인다.

성균관대 국정관리대학원 김성태 원장은 서울시 전자정부가 세계의 100대 도시 가운데 1위를 차지한 것은 한국이 미래정부의 표본이 됐다는 점에서 의미가 깊다고 평가했다.

또 국내 33개 지자체의 전자정부 가운데 29곳이 세계 10대 도시 수준인 것으로 나타났다. 성균관대가 지난해 국내 지자체의 전자정부를 분석한 전체평균은 61.25점으로 국제도시 상위권 20개국 평균이 54.94점에 비해 높은 것으로 평가되었다.

## 세계에서 IT 강국을 재천명한 황의 법칙

삼성전자는 세계 최초로 50나노 16기가 낸드(데이터 저장형)플래시를 개발함으로써 세계 반도체 업계를 다시 한 번 놀라게 했다. '99년 256메가에서 시작하여 '05년 16기가에 이르기까지 해마다 반도체 메모리 집적도를 2배씩 늘리는 성과를 이룩한 점에서 비춰볼 때 '황의 법칙'으로 알려진 반도체 신성장론이 이젠 완전히 정착되었다고 볼 수 있다.

2000년대 초까지만 해도 반도체 마이크로칩에 저장할 수 있는 데이터양이 18개월마다 2배씩 늘어난다는 이른바 '무어의 법칙'이 정설인 것처럼 알려졌으나 황창규 사장이 이끄는 삼성반도체 팀에 의해 이것이 완전히 깨지게 된 셈이다.

이번 기술개발로 특히 2001년 100나노 이후 올해 50나노에 이르기까지 5년 연속 10나노 단위로 반도체칩의 회로선폭을 줄일 수 있게 됨에 따라 삼성은 나노기술 절대 우위를 재확인 했다. 삼성이 세계 최초로 차세대 극한 나노기술 상용화에 성공해 앞으로 성능이 획기적으로 향상된 디지털 제품의 출현은 물론 사람들의 일상생활에 변화의 돌풍을 몰고 오게 하는 계기가 될 것으로 여겨진다.

손톱만 한 칩 안에 일간지 200년분, MP3파일 기준 8000곡 저장이 가능하게 됐으니 한국의 경우 IT 강국의 위상을 더욱 높일 수 있는 터전이 마련된 셈이다.

1990년대 들어 삼성이 일본 업체들을 누르고 메모리 분야 선두자리에서 설 수 있는 비결로 신속한 의사결정과 과감한 투자전략이 유효했던 것으로 보인다.


## 우라나라의 국가경쟁력 향상 방안

### 기업경쟁력 강화 방안

우리나라는 IMF 경제위기를 겪으면서 기업가들의 방만한 경영과 도덕적 해이가 큰 문제가 되고 있음을 직시하게 되었다. 이로 인한 뼈아픈 구조조정과 인수·합병으로 외국에 우리의 국부를 헐값으로 매각하는 등 커다란 고통과 시련을 거치게 되었다.

이 모든 것은 취약한 재무구조, 사적이익을 우선시하는 기업 내부적 환경, 합리적인 근거를 갖추진 못한 경영기법 등이 원인이 된 것이다. 이를 극복하기 위해서는 지속적인 기업혁신을 통해 원가를 절감하여 기업의 생산성을 높이고, 변화를 끊임없이 모색하여 경영혁신을 이룩해야 한다.

또 선진기술의 모방에만 의존하지 말고 기술개발에 적극 투자하여 쉽고 작은 것부터 기술개발을 추진하여 도입기술을 고유기술로 축적

함과 동시에 고난도 기술과 신제품을 개발하여야 할 것이다.

슘페터(Joseph. Alois Schumpeter)는 "혁신가들은 미래를 보는 눈을 가지며, 변화에 대한 장애를 극복하는 용기와 능력을 지녔기에 혁신을 성취하여 경제성장의 원동력을 이룬다."고 하며 기술혁신의 중요성을 강조하였다. 기술혁신은 기술의 발전뿐만 아니라 새로운 시장의 개척, 상품공급 방식의 개선 등으로 기존의 경영방식에 충격을 야기하여 끊임없는 이윤동기를 낳는다, 즉 영혼이 있는 기업이 승리를 거둘 수 있다는 것이라 주장했다.

또한 새로운 국내·외의 환경에 적극적으로 대응하고 앞서가는 하이브리드 경영기법을 도입하고, 생산자와 소비자 등 쌍방을 고려하고 책임질 수 있는 기업 윤리성이 필요하며, 사회책임투자(세계의 사회책임투자 시장은 84년 400억불에서 '03년 2조 1,600억불로 20년 동안 5000% 확대)도 확대되어야 할 것이다.

아울러 기업이윤은 종업원과 공동으로 나누어 갖고, 동 이윤도 투명한 공개하는 사회적 책임성도 갈수록 커지고 있는 실정이다. 이렇게 하면 근로자들도 기업에 대한 귀속의식을 강하게 느끼면서 생산성을 높일 수 있을 것이다(참고로 '04년도 WEF 기준 노동의 효율성은 각각 세계 85위, '05년도 노사적대성 기준 81위 임).

### 산업경쟁력 강화 방안

최근의 한국경제는 성장잠재력 둔화(투자부진, 노동보급 둔화, 기출축적과 인적자원 개발 지체 등)와 경제의 양극화 현상(수출과 내수, 동일 산업·업종, 기업 간, 비정규직 확대 등으로 소득불균형 심화)이 심화되고 있는 것이 지적되고 있다.

우선 산업경쟁력 요인으로는 임금, 노동의 질, 지가, 세제, 사회간접자본, 정부지원 및 규제 등을 볼 수 있고, 제조업 경쟁력 강화를 위해서는 금리, 지가, 임금안정이 필수적이며, 정부의 불필요한 규제의 조정이 필요하다. 농업부문 육성을 위해서는 기계화·자동화로 생산비 인하, 품질경쟁력을 강화하고 과거의 피해보상적 보호에서 시장지향적인 경쟁제도를 구축하여야 한다. 서비스 부문에서는 유통과 금융 등 분야에서 외국기업의 선진 경영기법을 도입하고, 종전의 내수중심의 규제와 보호에서 개방을 통한 경쟁력을 높여야 할 것이다.

또한 산업의 근본적인 경쟁력 확보를 위해서는 종전의 수출 중심에서 수출과 내수의 연계 강화, 제조업 중심에서 제조업과 서비스업을 연계, 산업간 분업에서 산업내 분업, 차세대산업성장에서 차세대성장과 함께 일자리 창출로 성장동력을 확보해야 한다.

산업구조의 고도화에서 모든 산업을 고부가가치화, 최종재 중심에서 중간재(부품 등)를 중심으로 정책적인 중소기업 보호에서 글로벌 혁신중소기업 육성, 주식투자 등 자본거래 치중에서 외국인 직접투자와 주식투자의 균형을 유지해야 하는 것도 당연하다.

참고로 '05년 10월 산업자원부는 2015년 「신산업발전 비전보고서」를 통하여 각 업종별 중장기적인 발전전략을 소개하였는데, 주요한 내용을 보면 반도체·바이오·디지털가전, 항공·전자의료기기 등 첨단제조업의 경쟁력을 세계 최고수준으로 키워 현재의 4%대에 머물고 있는 성장률을 1%이상 더 올리고, 2015년에 국내총생산(GDP) 세계 10위, 1인당 GDP 3만 5,000달러에 진입하고 2,660만 개의 일자리를 창출한다는 것이다.

그리고 이에 따라 현재의 산업구조를 바이오·반도체 등 첨단제조업과 신기술융합산업, 자동차·조선주력제조업, 환경·물류 등 인프라스트럭처 서비스업, 교육·의료 등 소프트 서비스업 등 4개로 발전전략을 제시하였다.

또한 세계의 분업구조가 정착되는 추세를 감안, 정부는 세계의 분업구조의 보완자(Integrator)역할을 하고 기업가는 종전처럼 해외 선진기술을 빨리 따라잡아 경쟁력을 확보하던 기존 전략에서 벗어나 새로운 시장질서를 선점하는 창조자(Rule Creator)로 역할을 하고, 혁신에 있어서도 정부는 기업의 동반자로서 기업의 창조적 혁신활동 지원과 지속가능한 산업발전 여건조성에 여건을 집중하도록 했다.

### 국민경쟁력 강화 방안

국민경쟁력의 결정요인을 국민의 창의성, 합리성, 윤리성과 기타 우리 현실을 감안한 독자성 등으로 구분하여 볼 때 소비자는 건전하고 합리적인 소비를 통해 기업의 생산 활동을 북돋아 주고, 저축을 통하여 기업이 필요로 하는 자금의 공급이 원활하게 이루어지도록 하여야 할 것이며, 생산자는 기술개발과 혁신을 추구하여 소비자가 원하고 찾는 세계 최고의 브랜드 상품을 생산하고 기업의 사회적 책임을 확대해 나가도록 해야 한다.

또한 정부는 행정서비스의 향상으로 국민들에게 고부가가치의 서비스를 제공하고, 일관성 있는 정책을 추진을 통하여 정부의 신뢰도 향상과 투명한 행정을 구현시켜야 할 것이다.

최근의 양극화 심화현상은 국민들의 합리적인 욕구 추구와 창의성 증대에 커다란 지장이 되고 있다.

우리나라는 IMF 위기 후 기업의 구조조정을 급격히 시행한 결과, 현재 사회구성원 간의 소득양극화 심화 및 상대적 국민 간 위화감 확대가 급속히 진행되고 있다. 외형상으로 도소매 음식점 등 일반서비스 업종의 기형적 확대와 늘어난 비정규직 노동자의 문제가 특히 심각하며, 장기적으로는 이러한 소득 양극화가 교육 기회의 차별 및 대물림으로 이어져 결과적으로 빈곤의 세습이라는 구조적 악순환을 초래할 우려가 높아 보인다.

이에 따라 최근 정부는 대기업과 중소기업 간의 상생협력 확대, 자산재분배를 통한 제도적인 빈곤 세습관행 타파, 노·사·정 협력관계를 통한 신노사문화 구축으로 쌍방의 블루오션 전략 도입, 일자리 확대를 통한 복지 확대 및 사회안전망 기반 구축과 예산 확대 등 양극화 해소를 위한 정책을 도입하고 있으며 특히 선택과 집중으로 정책의 실효성을 높이고 있는 실정이다.

기타 우리만의 독특한 현실을 반영한 경쟁력 향상 방안으로 세계시장에서 고급인력을 활용할 수 있는 경쟁력 있는 교육체계 개편과 언어구사능력이 시급하다고 본다.

이를 정리하면 다음과 같다.

첫째, 우리나라는 부존자원이 빈약하고 좁아 오로지 해외시장 동향에 따른 유리한 교역조건 확보, 핵심 상품의 수출전략 등으로 산업 및 기업경쟁력과 연계가 되어야 한다. 이에 따라 초·중·고의 교육제도를 전면 개편하여 직장과 사회, 세계의 흐름을 쉽게 알아 볼 수 있도록 하는 비즈니스 체계(싱가포르의 경우 차관과 고등학생이 경영전략에 대한 가치혁신 교육을 실시)가 필요하고, 또한 세계의 문화와 특징, 관심사 등을 이해하려면 당연히 언어구사능력(영어와 중국어 등)이 필수적이다.

둘째, 우리나라가 세계에서 유일한 분단국가라는 여건을 감안한 경쟁력이어야 한다. 국제사회에서 한국의 분단국가 현실은 '기업하기 좋은 나라' 건설에 많은 장애요인으로 작용하고 있으며 국가 신임도에도 어려움으로 나타나고 있다. 따라서 대외적으로는 당사자인 남북관계, 미국이나 중국 등 한반도 주변 당사자국과의 원만한 관계 등이 필수불가결하며, 대내적으로는 국민들 간에 민감한 통일문제, 남북협력 문제 등에서 공감대를 형성하여 하나로 결집하는 자세가 필요하다고 본다.

셋째, 문화적 배타주의의 극복이 필요하다. 현재 국제환경은 정보화, 개방화, 글로벌화 영향으로 상호 개방주의는 필수불가결이다. 하지만 최근 우리 사회에 만연한 국내투자 외국자본에 배타적 경향('05년 WEF 기준 한국기업의 외국인 소유에 대한 배타성 세계 61위)은 대외의존도가 높은 우리의 경우에 오히려 국가경쟁력에 커다란 병폐가 될 수가 있다. 향후에 제도의 개선을 통하여 외국자본 유치에 저해된 규제요인을 과감히 철폐하고, FTA 협상에도 적극적으로 대응하여 우리에게 유리한 방향으로 선점해야 할 것으로 보인다.

### 정부경쟁력 강화 방안

최근 우리나라 공공부문의 국가경쟁력 실태를 보면 WEF(세계경제포럼)기준 '04년의 경우는 41위, '05년의 경우는 정부 분야에서는 42위, 조세관련 부패 61위, 수출입관련 부패 51위, 공공요금관련 부패 49위 등으로 나타났다.

이는 우리나라 국가경쟁력 종합순위('04년 26위, '05년 17위)보다 훨씬 낮은 수준으로 공공부문이 국가 경쟁력 하락의 주요인이 되고 있다. 이에 따라 국민들에게 고부가가치 서비스를 제공하여 정부의 경쟁력을 높이는 것과 부정부패를 감소하는 것 등이 정부의 경쟁력 향상에 필수적인 것으로 보인다.

여기에서는 정부의 경쟁력 강화에 가장 우선적인 사항과 공직자들이 국민들에게 효율적인 서비스를 제공하려면 공직자 중 어느 계층의 도움이 가장 필요한 것인가, 혁신의 추진 방법에 대한 견해, 또한 과거 정부정책의 실패사유 중 고려해야 할 사항, 향후 공직자들이 부정부패를 예방하고 감소하기위한 방법 등에 대한 설문조사의 결과를 소개하고, 최근 기업활동 등 여러 가지 분야에서 경쟁력 제고에 걸림돌인 규제개혁에 관한 사항에 대해서 설명하고자 한다.

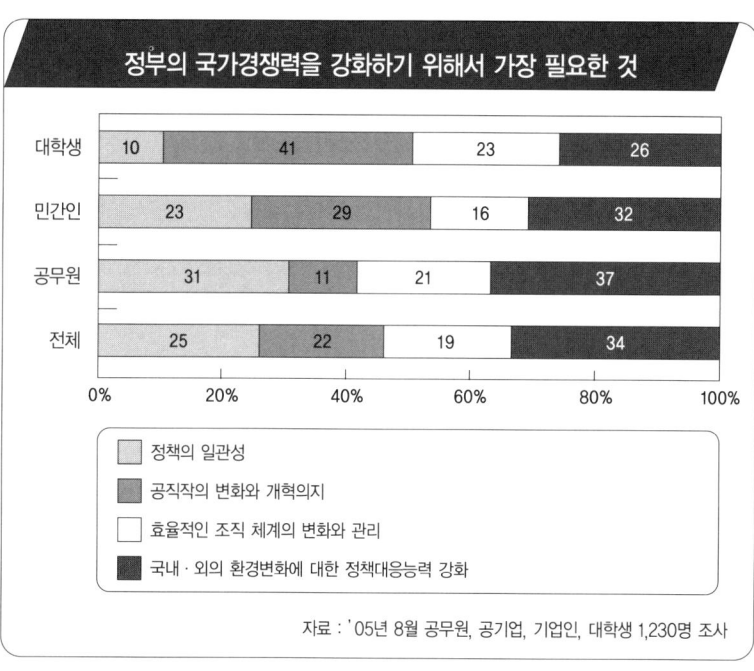

**정부의 국가경쟁력을 강화하기 위해서 가장 필요한 것**

| | 정책의 일관성 | 공직작의 변화와 개혁의지 | 효율적인 조직 체계의 변화와 관리 | 국내·외의 환경변화에 대한 정책대응능력 강화 |
|---|---|---|---|---|
| 대학생 | 10 | 41 | 23 | 26 |
| 민간인 | 23 | 29 | 16 | 32 |
| 공무원 | 31 | 11 | 21 | 37 |
| 전체 | 25 | 22 | 19 | 34 |

자료 : ′05년 8월 공무원, 공기업, 기업인, 대학생 1,230명 조사

● **시사점**

　　정부의 경쟁력 강화방안으로는 국내·외의 환경변화에 대한 정책대응능력 강화가 34%, 정책의 일관성 25%, 공직자의 변화와 개혁의지 22%, 효율적인 조직관리 등 19%로서 정부가 경쟁력 강화의 초점을 국내·외의 환경변화에 능동적으로 대응하여 글로벌화, 국제화에 선점하여 대비하여야 한다는 것이다. 아울러 대학생들이 공직자의 변화와 개혁의지를 제1순위로 선정하는 것도 커다란 의미가 있는 것 같다

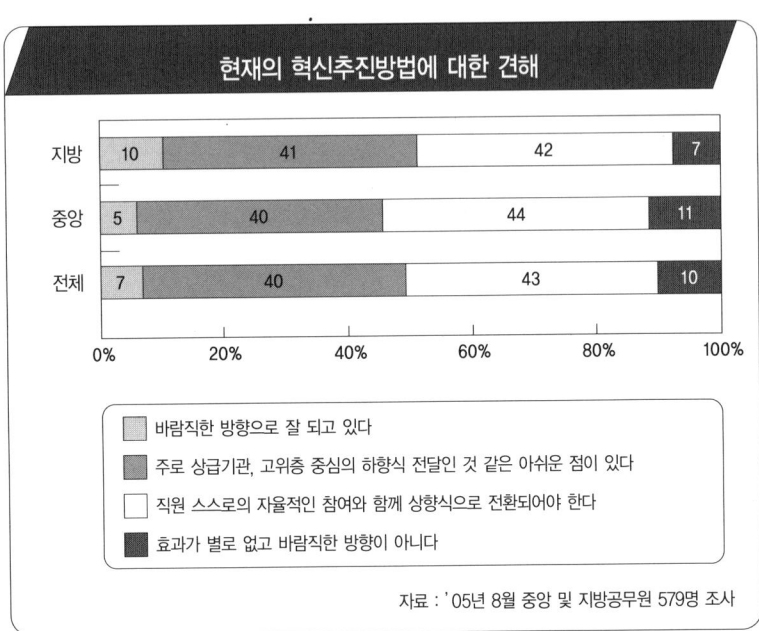

현재의 혁신추진방법에 대한 견해

| | | | | |
|---|---|---|---|---|
| 지방 | 10 | 41 | 42 | 7 |
| 중앙 | 5 | 40 | 44 | 11 |
| 전체 | 7 | 40 | 43 | 10 |

0%    20%    40%    60%    80%    100%

- 바람직한 방향으로 잘 되고 있다
- 주로 상급기관, 고위층 중심의 하향식 전달인 것 같은 아쉬운 점이 있다
- 직원 스스로의 자율적인 참여와 함께 상향식으로 전환되어야 한다
- 효과가 별로 없고 바람직한 방향이 아니다

자료 : '05년 8월 중앙 및 지방공무원 579명 조사

● 시사점

　　최근 정부에서 추진하고 있는 혁신추진 방법에 대한 공직자에 대한 평에서 바람직한 방향으로 잘 되고 있음(7%), 혁신추진 방법이 주로 상급기관·고위층 중심인 하향식 전달(40%), 직원 스스로의 자율적인 참여와 함께 상향식으로 전환 필요(43%), 바람직한 방향이 아니며, 효과가 별로 없을 것(10%)으로 나타나 정부의 혁신추진 방법이 주로 상급기관, 고위층 중심으로 추진된 것이 문제점으로 지적되고 있어, 향후에는 추진방법을 직원 스스로의 창의력을 높이는 자율적인 방법으로 추진되어야 할 것으로 보인다.

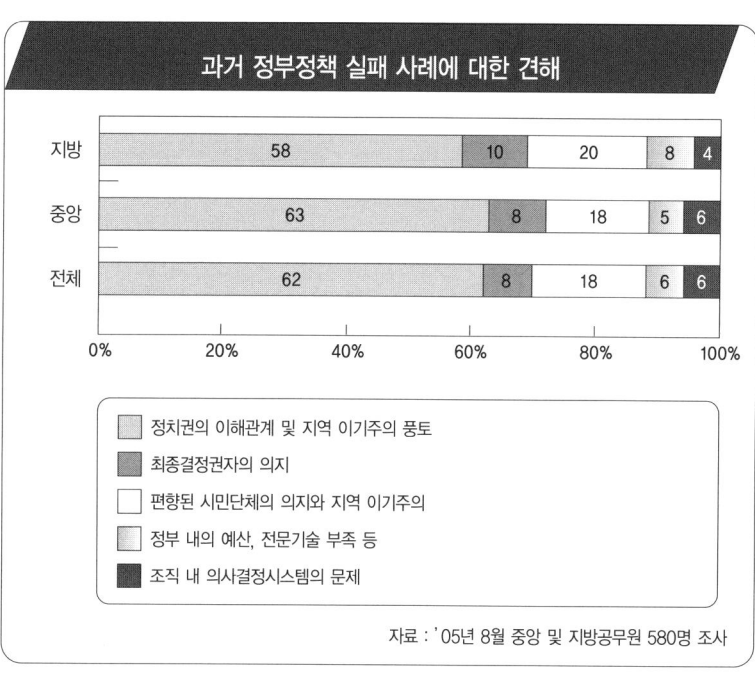

● 시사점

　　과거의 정부정책 실패 사례 중 다른 여러 가지 사유도 있지만, 가장 큰 요인이라고 볼 수 있는 것 중 정치권의 이해관계 및 지역이기주의 풍토 (62%), 편향된 시민단체의 의지와 지역이기주의(18%), 최종결정권자의 의지 (8%), 정부 내의 예산·전문기술 부족 등(6%), 조직 내 의사결정시스템의 결여(6%) 등으로 조사되었다.

　　본 조사결과에서처럼 정부의 주요한 정책을 객관적, 합리적으로 추진하지 못하고 정치적인 이해관계 등 다른 요인에 따라 좌지우지되는 사례는 정부의 국가경쟁력을 저해하는 주요한 요인으로 나타나고 있다.

다음으로 국가경쟁력 제고를 위해서는 정부의 기업 및 불필요한 분야에 대한 각 종 규제를 혁파해야 할 것으로 보인다.

　정부 규제(Government Regulation)정책이 필요조건은 되나, 결코 충분조건은 되는 것은 아니다. 정부조직이 결코 민간기업보다 경쟁력이 뛰어난 조직이라 단언할 수 없고, 때로는 정부의 규제정책이 오히려 국가경쟁력 제고에 제약 요인으로도 작용할 수 있기 때문이다.

　여기에서는 정부의 규제정책에 대한 실효성 및 적시성 문제에 대한 각각의 사례를 들어 설명하여 보고자 한다.

　먼저 정부의 규제정책 중 실효성 문제와 관련하여 수도권 공장 신·증설 허용문제를 보면, 최근 정부는 국가균형발전이란 새로운 국토 개조 청사진을 제시하면서 이를 위한 재원조달방안과 선택과 집중을 해야 할 지역별 과제 안배와 같은 세부실천 전략을 구체화하지 않는 상태에서 여전히 인프라 구축이 완비된 수도권에 대해 손발을 묶는 정부의 규제정책을 고집하고 있다.

　이러한 수도권 규제가 현재와 같은 국제 경제 환경 속에서 과연 우리의 경쟁력 강화에 적절한 것인지, 또한 수도권을 동북아 경제 중심지로 구축하겠다는 정책과 기업하기 좋은 환경을 조성하겠다는 정부의 정책과 양립성은 없는지 등을 사전에 검토하고서 수도권 공장 신·증설 규제문제를 제기하여도 늦지 않다고 본다.

　다음은 정부 규제정책의 적시성 문제와 관련 디지털 컨버전스(Digital Convergence) 시행시기 건이다. 우리나라는 디지털 강국으로서 세계에 그 명성을 떨치고 있지만 그 내실은 염려스럽다. 디지털 컨버전스로 인하여 방송분야와 통신분야의 경계가 이미 사라지고 관련 서비스, 산업, 기술 등 전 분야에서 컨버전스를 이미 오래 전부터 경험하여 왔다. 민간분야에서는 이에 대한 대비를 하여 왔음에도 불구하고, 디지털 컨버전스 관련 정책과 규제체계 등에 대한 정부의 국가적 대응이 미온적이라는 것이다.

미국, 영국, 캐나다, 호주 등 관련 선진국에서는 이미 오래전부터 이에 대한 변화에 대응하여 관련 정부가 추진체계의 정비, 규제정책에 대한 청사진을 오래 전부터 내실 있게 추진하고 있다. 하지만 우리나라는 이에 대한 중요성과 이슈에 대해서는 논의만 하고 있고, 이렇다 할 확실한 정책에 진전을 보이지 않고 있다.

한마디로 21세기의 지식기반사회 패러다임의 전환에 대비하여 가장 전략적 우선순위를 두고 국가가 추진하여야 할 제도와 추진체계 정비를 국가가 준비하지 못하고 중요한 시기를 놓치고 있다는 것은 정부가 국민이 누려야 할 현재와 미래의 삶의 질을 박탈하고 있는 것으로 볼 수밖에 없으며 이에 대한 책임도 크다고 볼 수 있다.

## 04 핵심선진국으로 가다

세계 1등 국가,
핵심 선진국으로 가는 길은 어떻게 찾아야 할까.
대한민국이 핵심 선진국이 될 수 있는 길을 모색해보자.

**우리나라**는 근면과 성실성 등으로 세계에서 보기 드물게 근대화에 성공한 나라이다. 60~70년 당시에는 모든 국민이 가난과 배고픔을 이겨보자는 취지, 즉 '잘 살아 보자'는 슬로건 아래 남녀노소가 하나가 되어 오늘의 경제적 부강의 기반을 마련하였고, 그 주역은 지금의 40대 후반 세대라고 볼 수 있다.

하지만 80년대 후반부터 최근까지는 민주화와 국민들의 개성화, 다양성 욕구 등으로 이렇다 할 이슈가 없이 보내 온 것 같다. 달리 표현하면 위기와 기회에 매우 둔감해진 것이다. 이제 신세대들이 40~50세대의 훌륭한 정신력을 계승, 발전시켜 새롭고 강한 슬로건을 다시 탄생시켜 정상에 우뚝 서야 한다.

다만 이 새롭고 강한 비전에는 반드시 몇 가지 전제 조건이 필요하다.

첫째는 좁은 국토, 자원빈약, 해외의존의 불가피성 등 취약한 우리의 현실을 반영하여 외화획득을 확실히 할 수 있는 글로벌체계에 대응할 수 있는 능력이다. 예를 들면 정보화 강국에 알맞게 세계의 흐름을 한눈에 볼 수 있는 정보장악능력과 세계 각국의 문화와 특성·소비자의 기호 등을 분석할 수 있는 유창한 언어구사능력 등이다.

둘째는 우리의 고유문화를 건강하게 계승, 발전시킬 수 있는 능력이다.

셋째는 균형의 자세다. 예를 들면 유교문화의 꽃이라고 할 수 있는 공자·맹자의 인과 덕, 도덕성, 중용의 정신, 타인의 마음을 헤아릴 수 있는 마음, 자신 스스로가 메마르지 않고 순수함을 유지할 수 있는 자연과 동화할 수 있는 마음 등이다.

마지막으로는 글로벌경쟁에서 우위를 점유하기 위해서 대립과 갈등보다는 화합할 수 있는 자세, 즉 하이브리드적 코드가 필요하다는 것이다. 향후 우리국민은 불가피하게 해외거주자가 많아질 수밖에 없을 것이며, 이것은 우리의 생존능력과 일치한다. 항상 해외거주자와 국내거주자가 서로를 이해하고 격려하는 공존·상생하는 화합하는 자세가 필요한 것이다.

이번 장에서는 우리가 핵심선진국이 되는 길로서는 경제적으로 부강, 글로벌화에 유연한 대응과 주도권 장악, 국민들의 자긍심을 높이고 진정한 행복추구권을 누릴 수 있는 사회 조성, 남·북의 원만한 관계 속에 통일달성, 확실한 국토방위 체계 유지 등을 제시하였다. 또한 참고로 우리가 핵심선진국이 되기 위한 전제조건과 시기 등에 대해서 본 설문결과를 소개하였다.

## 경제적으로 부강한 나라

글로벌화 세계에서 가장 필요한 것은 경제적 주도권과 선점이다. 최근 우리나라는 무역규모(5,459억 불)의 성장이나 경제적 영향력에서는 선진국의 대열에 들어 왔다고 볼 수 있다(무역규모가 5,000억 불 이상인 나라 중 중국을 제외하고는 1인당 국민소득 2만 불 이상의 개방형 선진국가임). 하지만 최근 급부상하고 있는 중국과 인도가 우리를 부지런히 쫓아오고 있고, 무역규모 1조 불 이상의 핵심선진국들(참고로 달성시기와 당시 국민소득 보면 미국 '92년(4만 1,400불), 독일 '98년(3만 ,120불), 일본 '04년(3만 7,180불), 프랑스 '05년(3만 90불)은 자기의 경제적 우위를 위하여 철저한 방어와 견제를 하고 있는 실정이다.

이러한 어려운 여건을 극복하여 경제적으로 부강한 나라로 가기 위해서는 핵심 수출품목의 전략적 육성 및 관리, 차세대 성장 동력의 확보, 중소기업의 혁신 역량 및 경쟁력 강화, 사회간접자본 및 물류시설의 획기적 개선, 금융허브 육성 및 금융 서비스체계의 획기적 개선, 대외개방을 통한 경쟁력 강화, 글로벌에 유연한 대응과 일자리를 창출할 수 있는 교육체계의 개편 등이 필요하다.

### 핵심 수출품목 전략적 육성 및 관리

다른 나라와 상품교역관계에서 항상 수출 중심의 우위를 점유하지 못한다면 살아남을 수가 없다. 조선, 반도체 등 세계의 1등 상품들을 다른 경쟁자와 차별화하고 동 상품에 대하여는 계속적인 연구개발과 지원이 필요하며, 이러한 1등 상품을 제조하는 대기업과 중소기업이 각자 분야별 영역을 존중하는 전략적 제휴가 필요하다.

예를 들어 갑이라는 중소기업이 자기 상품제조에 있어서 창의력을 발휘하여 고유의 상품을 개발하여 특허를 받았지만 자금력이나 해외 판로 등에 있어서는 매우 취약하다고 치자. 이때 을이라는 대기업이 갑이라는 중소기업 상품의 특허권을 존중하면서 취약한 자금력과 판로 등에서 협력관계를 유지하는 것이다.

## 차세대 성장 동력의 확보

최근 진행되고 있는 세계화, 기술혁신 등 경제 환경의 급격한 변화의 물결은 산업차원과 기업수준의 신속한 적응을 요구하고 있다. 현재의 자동차, 조선, 반도체 등 주력 제조업이 우리 경제를 지탱해 나가고 있지만 급속한 대내외 여건 변화 속에서 10년 후 또는 향후에 우리 경제를 이끌고 나갈 견인차가 무엇이며 다음 세대로 이어질 새로운 성장 동력이 무엇인지에 대한 심각한 고민이 절실한 것이다.

이에 따라 새 성장 동력 후보로는 향후 주력산업으로 예상되는 신기술산업, 시장의 확대가 예상되는 부품소재산업, 일자리의 확대가 예상되는 지식서비스산업 등이 있다.

신기술산업은 각 분야가 단독으로 우리 경제의 성장성을 확대시키는 동시에 기존 주력산업과 융합을 통하여 기존 주력산업이 성장할 수 있는 새로운 영역을 지속적으로 확대시키는 원동력이 될 것이다. 특히 10대 차세대 성장동력산업을 중심으로 한 전략적인 R&D투자와 산업 발전 기반조성을 통해 현재 선진국대비 50~60% 수준에 머물고 있는 첨단산업의 기술경쟁력을 80~90% 수준까지 제고해야 할 것이다.

부품소재산업은 중국과 인도의 세계 물품공급지지화 현상으로 인한 수요증가와 산업간 분업에서 산업 내 분업으로의 전환이라는 국제분업 구조의 변화추세를 충분히 활용하여 '부품소재의 국제적 공급기지화' 목표를 달성해야 한다.

지식서비스산업은 고부가가치의 서비스를 제공하면서도 고임금의 지식집약적 일자리 창출 역할을 담당하는 방향으로 발전하게 될 것이다. 동 산업의 발전은 제조업의 서비스화에 부응한 서비스산업의 업그레이드를 의미하여 자동차, 조선, 통신기기 등 기존의 주역산업들이 글로벌 시장에서 경쟁력을 갖도록 하는데 크게 기여할 수 있을 것이다.

특히 사업지원 서비스업, 문화오락관련 서비스업, 정보통신 서비스업 등은 기존의 주력산업을 지원하거나 자체 수출을 통한 시장창출 가능성이 매우 큰 분야로, 경쟁력강화를 통해 국민경제의 성장과 고용을 견인하는 주력산업으로 자리매김하게 될 것이다.

## 중소기업의 혁신역량 및 글로벌 경쟁력 강화

중소기업은 앞으로 우리 경제에서 혁신적 성장동력을 갖춘 경제활력의 원천으로서, 고용창출 담당자로서 역할을 수행하여 향후 3만 달러 시대를 열어갈 주체로 자리를 잡아야 한다.

중소기업은 대기업과 협력 및 자체역량 정도에 따라 대기업 협력형 발전모델, 독자적 발전모델 등으로 유형화하여 차별화된 R&D(연구개발) 지원, 자체브랜드 개발, 조기 글로벌화 전략이 강구되어야 한다. 협력형 중소기업의 발전을 위해서는 중소기업 자체의 혁신노력 및 역량 이외에 대기업의 대 중소기업 상생협력 노력과 정부의 협력 유인 제공 등 공동의 노력이 요구된다.

## 사회간접자본, 물류시설 획기적 개선

국토가 좁은 우리나라는 사회간접자본시설과 물류시설을 획기적으로 개선하지 않는 한 국가경쟁력에서 우위를 점할 수 없다고 본다. 다행히 정부는 최근 세계물류흐름상 주간선 항로상에 위치한 지리적 이점 등을 활용하여 동북아 물류허브정책을 적극 추진하고 있다.

동북아는 하나의 균일한 시장이 아니라 국가별, 성(省)별로 세분화된 시장으로서 하나의 허브에서 전체지역을 담당하기는 불가능하며 복수의 물류허브가 필요하다. 부산항, 광양항, 인천공항을 중심으로 한 국내물류거점들이 국외물류거점들과 연계되어 동북아물류 네트워크상에서 일정 역할을 하면서 경쟁과 협력을 하는 것이다. 또한 단순히 물동량이 상대적으로 많고 적은 것보다는 주변지역에 고급의 물류서비스를 제공하여 부가가치를 창출하는 지역을 의미한다.

## 금융허브와 금융 선진화 필요

오늘날 경제가 점차 고도화되고 복잡해짐에 따라 금융부문에서는 위험관리, 정보생산, 모니터링 등 고도의 금융기능이 요구되고 있으나 우리 금융의 현실은 이에 미치지 못하고 있는 실정이다. IMD의 보고에서도 한국의 금융서비스 수준은 세계 42위에 그치고 있다.

세계적으로 금융산업이 고도화되면서 금융은 이러한 실물지원 인프라로서 뿐만 아니라 그 자체로서 고부가가치를 창출하고 고학력 실업 문제를 해결하는 미래 성장동력 산업의 하나로 인식되고 있다. 이와 같이 금융부문 서비스의 획기적 개선과 경쟁력 강화는 국민경제의 건전한 발전을 위한 절박한 과제다.

## 대외개방을 통한 경쟁력 강화

우리나라가 지속적인 경제성장을 이루기 위해서는 대외지향적 경제정책 추진이 불가피한 상황에 있다. 1960년 이후 우리는 수출드라이브 중심의 경제성장정책을 추진하여 왔고, 2004년 우리의 대외의존도는 서비스수출을 포함하여 83.8%에 이르고 있다. 또 WTO 중심의 다자차원의 경제통합과 FTA를 중심으로 한 지역경제통합이 빠르게 진전되고 있고, 정보통신기술의 급속한 발전과 지식기반경제화 등을 감안할 때 우리나라가 보다 높은 수준의 개방을 이루지 못할 경우 지속적인 수출증대와 산업경쟁력 제고가 어렵게 될 것이다. 대외개방은 글로벌시장에서의 생존을 위해서는 우리가 선택해야 할 필수조건이다.

## 고등교육 · 평생교육 강화를 통한 인적자본의 확충

'90년 이후 우리나라의 대학진학률은 급속히 증가하여('90년 33.2% → '04년 81.4%)전문대학 및 대학졸업 인력의 공급이 수요에 비해 크게 늘어난 반면, 고등학교 졸업인력의 공급은 줄어들고 있다. 이는 청년실업의 증가를 심화시키는 등 사회불안요인으로 작용하게 된다.

인력의 질적 측면에서도 문제가 큰 것으로 지적되고 있다. 산업체에서 필요로 하는 지식과 기술이 급속히 변화하고 있는데도 공급자 위주의 폐쇄적인 교육체제로 노동지상 수요에 부합하는 양질의 인력을 적기에 양성, 공급하지 못하고 있다. 신입사원들이 대학에서 습득한 지식과 기술은 기업에서 필요한 수준의 26%에 불과하며(전경련, 2002), 우리 대학교육의 경제사회 요구부합도가 60개국 중 52위에 불과한 것으로 조사되어(IMD, 2005) 산업현장의 수요와 유리된 대학교육의 현실이 심각한 것으로 나타나고 있다.

사회가 요구하는 양질의 인력을 공급하는 교육시스템을 갖기 위해서는 수요와 공급의 원리가 제대로 작동하고, 평생고용이 가능한 교육시장이 구축되어야 한다. 무엇보다도 교육수요자의 선택권과 교육공급자간의 공정한 경쟁이 보장된 교육시장의 구축은 교육 책무성과 수월성을 담보하게 될 것이며, 결과적으로 고용가능성 증대 및 국가경쟁력 향상에 기여하게 될 것이다.

# 글로벌에 유연한 대응과 주도권 장악

### 글로벌에 유연한 대응과 정보관리

세계화, 글로벌화의 세계에서는 매스컴, 인터넷 등의 발달로 세계 각국의 정보와 주요한 이슈들을 쉽게 접근할 수 있어 우리 모두가 끊임없이 영향을 받고 변화를 하고 있다. 이러한 정보화의 흐름에는 반드시 관심사항, 문제 사항 등 변화의 추세를 나타내는 징후들이 있을 것이다. 세계 각 나라에서 발생한 여러 가지 정보가 자국의 이해관계에 따라 순기능과 역기능 등 영향을 미치고 있다는 것이다.

예를 들면 '나뭇잎 하나 떨어지는 것으로 인하여 가을이 올 것임을 미리 예측할 수 있다'고 쓰인 회남자(淮南子)나, '05년 10월 파키스탄 아슬라마바드의 대형 지진 직전 새들이 둥지에 앉지 못한 채 나무를 선회하며 시끄럽고, 찢을 듯이 날카로운 소리를 내어 위험을 예고했던 것, 과거 KGB, CIA 등 정보기관이 매일 일어나는 일상의 신문·잡지·정부간행물·TV 등에서 은밀하게 정보를 분석하여 조그마한 변화나 징후를 예측하였던 사례를 볼 수 있을 것이다.

또한 주변의 정보를 최대한 활용했던 과거 이충무공의 명량대첩의 사례를 보면, 명량해협에서 불과 12척의 함선으로 133척의 적선을 맞이하여 대승을 거두었던 전쟁이 있다.

이순신 장군은 왜적과 전쟁이 불가피하다는 것을 판단하고 적군의 병력에 비하여 아군의 병력이 열악하고 소수인 점을 감안, 최대한 자연의 힘과 지형지물을 이용할 수 있는 전쟁터를 찾던 중 10배가 넘는 적군들이 자유로이 기동할 수 없게끔 진도의 벽파진을 버리고 폭이 좁으며 물결이 거센 해남의 울돌목을 전쟁 장소로 택하였고, 아울러 전법도 일자진(一字陳)법을 선택하여 대승을 거두었던 것이다.

우리가 확실한 선진국이 되기 위해서는 세계의 주요한 화제, 관심사항, 각 나라의 문화와 역사, 소비자의 기호와 특성 등을 네트워크 하는 체재를 구축하고 정보를 공유하여 피드백(Feedback)화 시켜야 할 것이다. 또한 사소한 변화에도 주의 깊게 흐름을 관찰, 분석하여 우리에게 유리한 방향으로 정보를 선점해야 한다.

### 차별화 전략에 따른 주도권 장악

우리는 지리적으로 좁은 국토와 빈약한 자원이라는 취약점이 있지만 우리만의 독특한 항아리 문화와 빨리빨리 문화의 장점, 뛰어난 결집력과 위기관리능력을 보유하고 있다. 이러한 좋은 점을 적극 개발, 다른 나라와 차별화하여 주도권을 장악하여 여타 핵심 선진국과 대등한 대열에 올라서야 할 것이다.

예를 들면 6 · 25 전쟁 당시 맥아더 장군은 철저한 보안 속에 '인천상륙작전'을 감행하여 적을 놀라게 했다. 그는 작전이 들통나는 것을 막기 위해 미조리호 전함의 16인치 포는 동해안의 삼척을 사격하였고, 해군 특공대들은 포항 북쪽과 군산 등의 적을 공격하여 적의 신경을 딴 곳으로 쏠리게 함과 동시에 교묘하게 인천상륙부대의 수송선을 인천 앞바다에 도착케 하는 작전을 감행하였다. 적은 우리가 감히 지리적인 악조건을 무시하고 인천에 상륙하는 모험을 하지 않으리라고 믿고 있었지만, 역으로 이 점을 이용하여 적이 불가능하다고 생각하는 곳에 상륙해서 결정적인 승리를 거둘 수 있었던 것이다.

# 자긍심을 높이고, 행복추구권이 보장된 사회 조성

### 국민편익중심 환경으로 시스템 전환 조성

정치적으로는 국민, 유권자, 고객 중심으로의 서비스를 향상시킬 수 있는 정치행태로 시급히 전환되어야 할 것이며, 사회적으로는 항아리 문화의 특성을 존중하면서 보다 신뢰받는 사회를 구현하고 국민들을 화합할 수 있는 분위기를 조성해야 할 것이다.

문화적으로는 과거와 현재, 미래를 공유하면서 상호간의 문화를 존중하고 점증적인 변화를 유도해야 할 것이며, 특히 우리 고유문화를 철저하게 보존·유지하도록 노력해야 할 것이다.

교육면에서는 글로벌화에 유연하게 대응할 수 있는 교육체계와 사회와 연계된 실용위주의 교육과정을 개발하고 최근의 과열 입시경쟁을 지양, 기본과정 충실과 인간성 개발에 중점을 둔에 선 대학입학 후 졸업 시에 사회와 연결된 교육을 강화하는 방향으로 전환해야 할 것이다.

## 국민들의 신뢰 속에 생동감 있는 사회 조성

우리 국민의 항아리 문화 근성은 항상 절차와 과정을 중요시하여 사소한 일이더라도 자신을 무시하거나 소외시키는 것을 싫어해 참여를 원하며 모든 분야에 대하여 관심을 갖고 있는 성취동기가 강한 특징이 있다. 이에 따라 각 가정, 기업, 사회, 정부, 국가 등 정보흐름을 상호 간의 공유하는 체계를 갖추고 필요한 정보는 국민들에게 적극 공개하여 국민들의 신뢰를 받아야 할 필요가 있다고 본다.

예를 들면 도시에서는 아파트 등 공동주택, 농촌에서는 마을 또는 동 단위를 중심으로 지역사회 흐름, 국가의 중요한 정보사항 등을 주민들과 정기 또는 수시로 접촉할 수 있는 창구가 필요하다는 것이다.

또한 신문이나 TV 등 언론사들도 이러한 국민들과 신뢰감을 조성하는 데 적극적인 역할을 하여야 할 것으로 보인다. 이러한 분위기가 조성된다면 우리 국민들은 생동감과 긍지를 갖고서 누구든지 신분이나 직업의 귀천을 떠나 주어진 여건 아래 자기 자신의 고귀한 삶을 찾아 최선을 다할 것이다.

## 자율성과 창의성이 적극적으로 보장된 사회 조성

우리 주류문화는 주로 농경사회와 유교문화의 영향을 많이 받아 전통적으로 개인의 자율성과 창의력 존중의 수평적 문화보다는 가족 또는 집단중심의 수직적인 문화가 발달되었다. 이러한 수직적인 문화의 기저 아래서는 복잡하고 다양한 글로벌화, 정보화된 세계에서 경쟁력 우위를 확보하기에는 한계가 있다. 이에 따라 초·중·고 등의 교육과정에서 부드럽고 유연한 토론식 교육방법의 확대와 창의력을 존중하는 교육기법을 도입하고, 대학교육이나 직장·사회에서도 개인능력과 개성을 존중, 가치가 보장되는 다양한 문화의 형성과 지식을 산출하는 터전을 마련해야 한다. 또한 사회 각 분야에서 전문성을 갖춘 직업인이 긍지를 갖고 우대를 받는 사회를 조성해야 할 것이다.

### 국민들의 합리적인 사고 지향 조성

우리 국민의 항아리 문화, 빨리빨리 문화, 강한 결집력 등은 대표적인 정서 중에 하나다. 이러한 정서는 개인의 합리적이고 객관적인 사실에 근거하기 보다는 보다 큰 것을 지향한 따뜻한 정과 의리 등 연대의식이 강하게 나타난 결과로 볼 수 있다. 향후에는 이러한 대표적인 정서와 더불어 능률과 성과 개념을 도입, 보다 합리적인 마인드로 전환해야 할 것이다.

### 기업 기(氣) 살리기 풍토 조성

세계는 지금 경제적으로 국경이 없는 전쟁을 하고 있다. 과거 국내 고용의 상당부분을 담당하던 가전, 섬유, 컴퓨터 등 노동집약적 산업들의 해외이전이 확대되면서 국내 제조업의 공동화현상이 현실화되고 있고, 조립·완성재산업의 경우에도 기술집약적 투자가 확대되면서 제조업의 고용창출력이 크게 감소하고 있다. 이것이 바로 선진국에서 논의되고 있는 고용 없는 성장이며, 이로 인해 최근 청년실업이 급증하고 있는 추세이다. 반면에 기업의 주변 환경은 어려운 여건이 많아 제조업의 비율은 갈수록 낮아지고 있으며 기업주의 사기는 무척 떨어져 있다. 늦은 감은 있지만 지금부터라도 정부와 지방자치단체, 온 국민이 이들의 공로를 재평가하여 사회와 국가에 커다란 기여와 공헌자로서 자리매김을 다시 하여 기(氣)를 살려 줄 필요가 있다.

## 남·북의 원만한 관계 속에 통일 달성

한반도는 지정학적으로 항상 주변국과 인접하여 직·간접적으로 영향을 주고받고 있으며, 역사적으로 이를 잘 증명하여 주고 있다. 이러한 상황에서 남과 북의 대립은 주변국의 이해관계 여하에 따라 안정과 불안을 촉발시키고 있으며, 이것은 대외적인 신임도 등 우리의 장래에 결정적인 영향을 미치고 있다.

결론적으로 우리는 반드시 통일을 이루어야 한다. 우선 시급한 문제는 당사자들의 통일의 방식이며, 이 문제는 남과 북의 국민들이 공감대를 형성하여 추진하여야 한다.

예를 들면 독일식 통일방식(일방적인 지원 등)을 지양하고, 북한이 자립할 수 있는 여건과 발전할 수 있는 기반을 조성하여 양쪽의 당사자가 여건이 비슷해진 후 본격적으로 통일을 추진하자는 것이다.

물론 이러한 방식은 약간의 시간이 필요할지도 모르지만 쌍방의 자존심을 존중하여 원만한 관계를 유지할 수 있는 장점이 있다. 이러한 남과 북의 원만한 관계에 의한 통일의 달성은 주변국들에게도 커다란 이해관계를 촉발시키지 않아 외교적으로도 좋은 방법이라고 볼 수 있다.


## 굳건한 국토방위능력과 필승 전략 필요

한반도는 역사적으로 주변국의 세력 확장 여하와 세력 균형에 따라 외적들이 힘으로 침략을 하여 왔고, 부당한 압력행사를 하는 등 순수하고 평온한 우리 민족의 평화와 안정을 파괴하고 짓밟고 유린하여 왔다.

우리는 과거 선조들의 비참했던 전쟁사를 거울삼아 두 번 다시 그러한 굴욕을 당하지 않기 위하여 일본과 중국 등 주변국들의 특성에 따른 차별화된 안보전략을 수립하고, 백년대계를 보는 전천후 국토방위체계를 구축해야 할 것이다.

아울러 과거 주변국들과의 전쟁사를 연구·분석, 이들의 침략의 원인, 전쟁실태, 대응전략, 결과 등을 철저하게 발췌하고 국민들에게 홍보하여 결속력을 강화해야 할 필요가 있다고 본다.


## 핵심선진국이 되기 위한 전제조건

이제까지 대한민국이 핵심선진국이 되기 위해 필요한 것들을 살펴보았다.

경제적인 부강과 글로벌화에 대한 유연한 대응력을 키워 주도권 장악, 국민의 자긍심을 높이고 행복추구권을 누릴 수 있는 사회적 분위기 조성과 통일, 국토방위 체계 유지 등 무엇 하나 소홀히 할 것이 없었다.

그렇다면 이 외에 핵심선진국으로 가기 위해 노력해야 할 일을 선택해보라 한다면 국민 개개인은 실제로 어떤 것이 필요하다고 생각할까? 국민들은 우리나라가 핵심선진국이 되기 위한 조건이 무엇이라 생각하는지와, 선진국이 되는 시기는 언제쯤이 될 것인가에 대한 다음 설문으로 위의 질문에 답해보자.

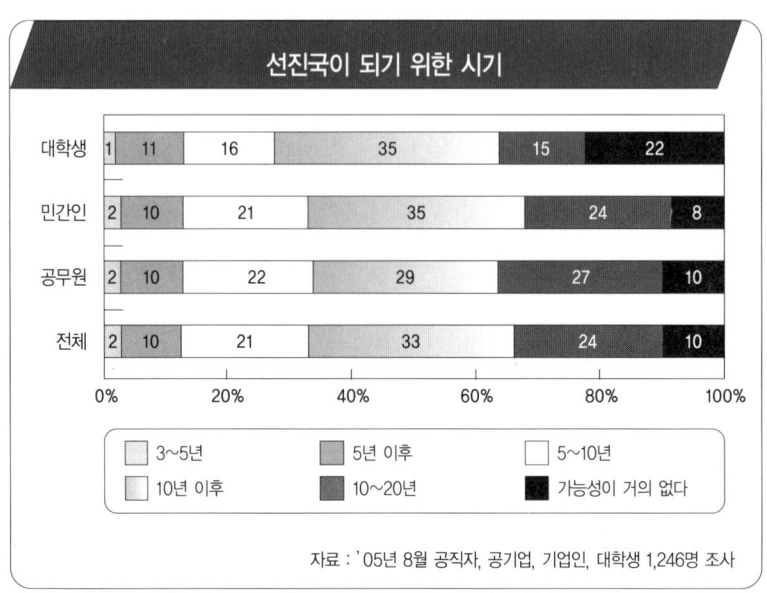

## 선진국이 되기 위한 시기

| | | |
|---|---|---|
| 대학생 | 1 11 16 35 15 22 |
| 민간인 | 2 10 21 35 24 8 |
| 공무원 | 2 10 22 29 27 10 |
| 전체 | 2 10 21 33 24 10 |

0%    20%    40%    60%    80%    100%

☐ 3~5년    ▨ 5년 이후    ☐ 5~10년
☐ 10년 이후    ▨ 10~20년    ■ 가능성이 거의 없다

자료 : '05년 8월 공직자, 공기업, 기업인, 대학생 1,246명 조사

● 시사점

　　우리나라가 핵심선진국이 되기 위한 시기에 대해서는 10년 이후 33%, 10~20년 24%, 5~10년 21%, 5년 이후 10%, 3~5년 2%, 가능성이 거의 없다 10%로 나타났다. 결과를 보면, 핵심선진국의 시기를 10년을 전후로 하여 78%가 찬성하고 있어 매우 고무적이다.

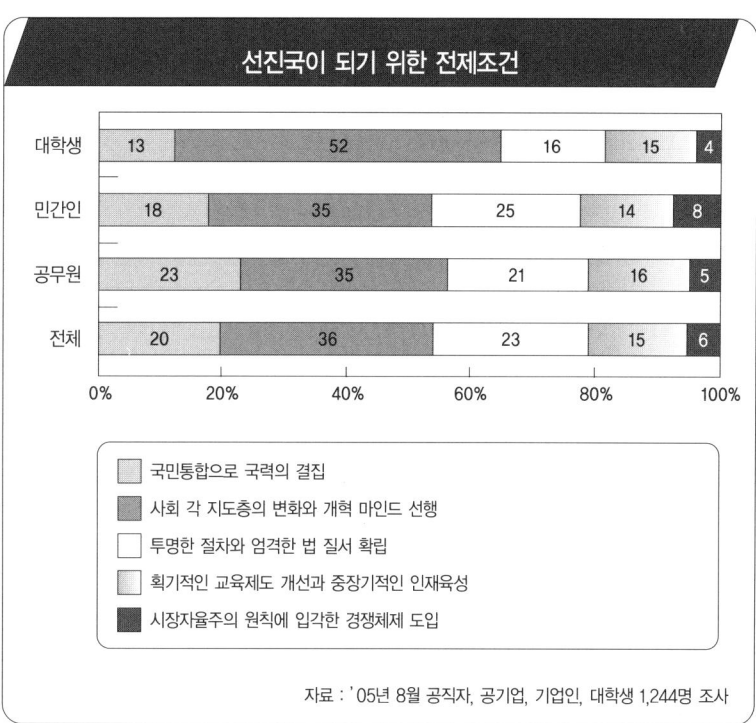

선진국이 되기 위한 전제조건

| | 국민통합으로 국력의 결집 | 사회 각 지도층의 변화와 개혁 마인드 선행 | 투명한 절차와 엄격한 법 질서 확립 | 획기적인 교육제도 개선과 중장기적인 인재육성 | 시장자율주의 원칙에 입각한 경쟁체제 도입 |
|---|---|---|---|---|---|
| 대학생 | 13 | 52 | 16 | 15 | 4 |
| 민간인 | 18 | 35 | 25 | 14 | 8 |
| 공무원 | 23 | 35 | 21 | 16 | 5 |
| 전체 | 20 | 36 | 23 | 15 | 6 |

**국민통합으로 국력의 결집**
**사회 각 지도층의 변화와 개혁 마인드 선행**
**투명한 절차와 엄격한 법 질서 확립**
**획기적인 교육제도 개선과 중장기적인 인재육성**
**시장자율주의 원칙에 입각한 경쟁체제 도입**

자료 : '05년 8월 공직자, 공기업, 기업인, 대학생 1,244명 조사

● 시사점

　　우리나라가 핵심선진국이 되기 위한 전제조건으로 가장 우선적인 사항에서 사회 각 지도층의 변화와 개혁마인드 선행 36%, 투명한 절차와 엄격한 법질서 확립 23%, 국민통합으로 국력의 결집 20%, 획기적인 교육제도의 개선과 중장기적인 인재 육성 15%, 시장자율주의 원칙에 입각한 경쟁체제의 도입 6%로 나타났다. 특히 핵심선진국이 되기 위해서는 지도층의 변화 성향을 중요시하였고, 투명한 절차와 엄격한 법질서 등이 59%로 나타나 미래의 방향을 암시하고 있다.

미래를 여는 지식의 힘—

**상상예찬** (주) :: 도서 출판 **선·미디어**

http://www.smbooks.com Tel. 02-325-5191